**그림책 공동체 놀이
50**

함께 잘 노는 아이가 행복하다!

그림책 공동체 놀이 50

그림책사랑교사모임 지음

학토재

들어가며

그림책 읽고, 함께 어울려 놀다!

공동체 역량

사회가 더욱 다양하고 복잡해지고 있다. 단일 민족 국가라는 용어 자체가 생소해지고 다문화, 융합 등의 용어가 더 익숙한 사회가 되었다. 지역, 국가, 인종 등의 구분이 모호해지고 통합되는 사회 구조 속에서 개방적, 포용적 가치와 태도를 가지고 상대방을 있는 그대로 받아들이는 능력이 갈수록 중요시된다. 사람들이 모이는 곳이면 어디서든 서로의 다름으로 인한 갈등이 발생한다. 학교 현장에서도 각자의 특성을 가진 개인들이 모여서 학급, 학년, 학교라는 공동체를 이루기 때문에 갈등 상황을 쉽게 볼 수 있다. 이때 요구되는 역량이 공동체 역량이다.

공동체 역량은 개인이 공동체의 구성원으로서 갖추어야 할 바람직한 사고와 행동 능력을 의미한다. 공동체 역량에는 협업과 소통 능력, 나눔과 배려, 성실성과 규칙 준수, 리더십이 있다. 우선 '협업과 소통 능력'은 공동체에서 구성원들과 협력하며 의사소통하는 능력이다. 타인의 의견에 귀 기울이고 공감하는 태도와 공동의 과제를 수행하고 완성하는 경험, 자신의 생각을 명확하게 전달하는 능력을 포함한다. '나눔과 배려'는 타인을 이해하고 공감하며 도움을 주는 태도를 말한다. 타인을 위해 양보하거나 배려하는 경험, 상대방의 입장을 이해하고 존중하려는 노력, 학교생활에서 나눔을 실천하고 생활화하는 경험으로 나타난다. '성실성과 규칙 준수'는 공동체의 규범을 이해하고 책임감 있게 따르는 자세이다. 이는 맡은 역할에 최선을 다하려는 노력, 공동체가 정한 규칙을 지키려는 태도, 어려운 상황에서도 자신의 역할을 다하는 모습을 말한다. 마지막으로 '리더십'은 공동체 내에서 구성원들을 이끌고 영향력을 발휘할 수 있는 능력으로, 공동체의 목표 달성을 위해 계획을 수립하고 실행을 주도하는 능력, 구성원들의 참여를 이끌고 조율하는 능력이다.

학생들은 또래 친구, 가족, 선생님 등 다양한 사람들과 관계를 맺으며 사회성을 배운다. 이는 혼자서 습득할 수 있는 기술이 아니기에, 공동체 역량을 통해 다른 사람들과 협력하고 서로의 차이를 이해하며 건강한 관계를 형성해 갈 수 있다. 공동체 역량은 팀 활동에서 다른 사람들과 협력하는 데 필요한 기술이다. 학생들은 이를 통해 공동체 안에서 자신의 역할과 책임을 다하는 법을 배우고, 친구들과 함께 목표를 이루는 건강한 즐거움을 경험한다. 또한 공동체 역량을 기름으로써 성장 과정에서 다양한 갈등을 만났을 때 상대방의 입장을 이해하고, 서로에게 도움이 되는 해결 방법을 찾는 갈등 해결 능력을 발휘할 수 있다.

무엇보다 공동체 역량은 학생들이 자신이 속한 학교, 가정, 지역 사회, 지구촌 사회의 중요한 일원이라는 사실을 인식하게 한다. 이는 공동체에 긍정적인 영향을 끼치려는 태도를 갖도록 해준다. 사회는 점점 더 협업과 소통을 중요하게 여기고 있다. 어린 시절부터 길러진 공동체 의식은 미래에 속할 직장이나 사회에서 적응하는 힘을 키우고, 공동체에 기여하고자 하는 긍정적인 마음을 심어 준다. 학생들은 초등학생 시기에 접한 공동체 역량을 통해 성장 과정의 중요한 기술을 익히고, 살아가는 법을 배워 민주시민으로 자라나게 될 것이다.

놀이

놀이(play)는 갈증이라는 라틴어 '플라가(plaga)'에서 유래한다고 한다. 인간이 놀이를 만들고 노는 것이 삶의 갈증을 해소해 주는 행동임을 반증하는 것 아닐까. 목마르면 물을 마시듯이 놀이는 인간의 삶에 꼭 필요한 것임이 분명하다. 놀이는 단순히 시간을 소비하는 무의미하고 비생산적인 행위가 아니다. 몰입의 즐거움과 인간 발달의 다양한 능력과 가치를 배울 수 있는 지극히 생산적이며 인간이 가진 최고의 창조적이고 가치 있는 문화 활동이다.

잘 노는 아이가 행복한 아이다. 놀이는 단순히 시간을 보내는 활동이 아니라, 아이들의 전반적인 발달에 중요한 역할을 한다. 놀이를 통해 아이들은 신체적, 정서적, 인지적 발달을 경험하며, 이러한 발달은 어린이의 행복에 크게 기여한다. 먼저, 아이들은 놀면서 신체를 자유롭게 움직이며 에너지를 발산하고, 이를 통해 스트레스를 해소한다. 신체 활동이 포함된 놀이는 특히 아이들의 스트레스 감소에 효과적이며, 일상의 긴장을 풀고 긍정적인 정서를 경험하게 한다. 이러한 과정은 아이들에게 정서적 안정감을 제공하여 행복을 느끼게 한다.

또한, 아이들은 놀면서 다른 친구들과 소통하며 협력과 팀워크를 경험한다. 이를 통해 사회적 기술을 배우고, 정서적 유대감을 형성하며, 타인과의 관계에서 지지를 받는다. 이러한 사회적 관계는 아이들에게 큰 만족감을 주며, 자신이 속한 공동체에서 사랑받고 있다는 느낌을 주어 행복감을 높인다. 아이들은 놀면서 자신의 생각과 감정을 자연스럽게 표현할 수 있다. 자기 이해와 자존감을 높이는 데 도움을 주며, 자신을 긍정적으로 바라보는 태도를 형성한다. 이는 궁극적으로 행복한 삶의 밑바탕이 된다.

결국, 잘 노는 아이는 신체적으로 건강할 뿐만 아니라 정서적으로도 안정되며, 사회적 관계에서도 긍정적인 경험을 쌓는다. 이러한 요소로 인해 놀이를 즐기는 아이들은 자연스럽게 더 행복한 아이로 자란다. 따라서 아이들이 충분히 놀 수 있도록 환경을 제공하는 것은 그들의 행복을 위해 매우 중요한 일이다.

그림책

그림책은 아이들이 세상과 자신을 이해하는 데 있어 중요한 도구이다. 인간관계, 감정, 사회적 이슈 등 다양한 주제의 이야기와 그림으로 풀어내며, 아이들의 삶과 자연스럽게 연결된다. 그림책을 읽는 과정에서 아이들은 이야기 속 등장인물의 감정과 행동에 몰입하며 공감하고, 나아가 자신의 경험과 감정을 돌아보는 기회를 갖는다. 이 과정을 통해 아이들은 상상력을 키우고, 자신만의 독창적인 이야기를 만들어가는 창의적 사고를 기르게 된다.

그림책은 접근하기 쉬운 매체로, 글과 그림이 조화를 이루어 독자의 관심을 사로잡는다. 같은 책이라도 읽는 시점이나 독자의 시각에 따라 새로운 느낌을 주며, 다양한 해석의 가능성은 그림책의 독특한 매력이다. 다른 사람들과 함께 그림책을 읽고 느낀 점을 나누는 활동은 서로의 차이를 이해하고 존중하는 태도를 기르는 데 기여한다. 특히, 그림책을 활용한 공동체 놀이는 책 속 이야기와 함께 서로 협력하고 소통하며 문제를 해결하는 기회를 제공한다. 이 경험은 사회적 기술과 감수성을 키워 줄 뿐 아니라, 긍정적인 관계 형성과 책임감을 학습하는 데도 도움을 준다.

결국 그림책은 단순히 이야기를 읽는 것을 넘어, 아이들이 자신의 세계를 넓히고 다양한 관점에서 세상을 바라보도록 돕는 강력한 교육적 도구이다. 그림책과 놀이를 결합한 교육은 이러한 그림책의 가치를 더욱 풍부하게 실현하는 방식으로, 아이들의 전인적 성장에 중요한 역할을 한다.

그림책 공동체 놀이

그림책과 놀이에서 공동체 역량은 중요한 역할을 한다. 그림책을 통해 우리는 다른 사람의 입장에서 생각하고, 다양한 감정과 상황을 이해하는 방법을 배운다. 이야기를 따라가며 등장인물의 행동을 관찰하고, 그들의 감정을 공감하는 과정에서 협력과 소통의 중요성을 자연스럽게 익힐 수 있다. 또한 그림책은 타인과의 관계에서 어떤 태도를 가져야 할지에 대한 중요한 메시지를 전달한다.

놀이 또한 공동체 역량을 키우는 데 효과적인 방법이다. 놀이를 통해 우리는 규칙을 지키고, 팀원과 협력하며, 서로의 의견을 나누고 조율한다. 놀이에서 겪는 다양한 상황은 공동체 내에서 발생할 수 있는 갈등이나 문제를 해결하는 데 중요한 훈련이 된다. 공동체 역량은 단지 이론으로 배우는 것이 아니라, 실제 경험을 통해 습득되는 것이다.

따라서 그림책과 놀이 활동은 공동체 역량을 자연스럽게 발휘하고, 실천할 수 있는 장을 제공한다. 이 과정에서 아이들은 타인을 배려하고, 함께 목표를 달성하기 위해 노력하는 방법을 배우며, 공동체의 일원으로서 필요한 행동과 태도를 익힌다. 그림책과 놀이가 결합될 때, 공동체 역량은 더욱 풍성하고 효과적으로 길러질 수 있다.

그림책으로 친구들과 함께 어울려 놀 수 있는 공동체 놀이는 학생들의 몸과 마음을 건강하고 즐겁게 하는 최고의 선물이 될 것이다.

그림책을 사랑하는 마음을 담아
그림책사랑교사모임

목차

들어가며 그림책 읽고, 함께 어울려 놀다! … 4

그림책 공동체 놀이 1-10

건너가세요 … 12
공을 살리고! 살리고! … 18
과녁 맞히기 … 23
구해 줘, 친구야! … 30
그날 내 마음은 … 36
그림 가위바위보 야구 … 41
긍정X스틱 … 47
김밥 완성 놀이 … 53
꼬리 꽃 떼기 … 59
나는 무엇이든 될 수 있어! … 64

그림책 공동체 놀이 11-20

날려 날려 내 고민 … 72
너와 나 사이의 섬 연결하기 … 77
눈치 끝말잇기 … 83
다 함께 변신! … 89
다 함께 빠르고 정확하게 순간 이동 … 95
다인 다각 달리기 … 101
대장을 찾아라 … 106
릴레이 수박 굴리기 … 112
모자를 지켜라! … 117
미덕 알밤 농구 … 123

그림책 공동체 놀이 21-30

범인을 찾아라! … 130
보자기 구멍에 공 넣기 … 136
보자기 배드민턴 … 142
선 따라 걸어요! … 148
소리로 보물찾기 … 155
소중한 바구니 … 160
신문지 길게 찢기 … 165
신문지 탑 쌓기 … 171
신호등 얼음땡 … 176
아슬아슬 중심을 잡아라! … 182

그림책 공동체 놀이 31-40

암호 이름 애벌레 경주하기 … 188
온라인 직소퍼즐 … 194
우리 반 ㄱㄴㄷ … 201
원바운딩 협력 … 206
잔칫상을 차려라 … 212
전기가 톡톡톡! … 217
주제별 낱말 릴레이 … 222
친구를 기억해 … 227
친절 풍선 물들이기 … 232
침묵 줄서기 게임 … 238

그림책 공동체 놀이 41-50

우리 함께 콩떡콩떡 … 246
투발루 섬을 완성하라 … 251
친구 얼굴 그리기 … 257
피사의 사탑 함께 쌓기 … 262
학급 미니 올림픽 … 267
한마음 모아 너트 쌓기 … 275
협동 나무돌 쌓기 … 281
협동 컵 쌓기 … 287
협력 풍선 배구 … 293
흔들탑 쌓기 … 298

그림책
공동체
놀이
1-10

건너가세요

놀이 소개

'건너가세요'는 학생들이 두 줄로 마주 보고 선 후, 교사가 제시하는 문장을 듣고 해당하는 사람들만 반대편으로 건너가는 놀이이다.

이 놀이를 하면 학생들은 친구들에 대해 조금씩 더 알아갈 수 있다. 놀이가 진행되는 동안 반대편으로 오가면서 걷기 운동의 효과도 보며, 제시문에 대한 반응으로 학생들의 성향이 어떤지 파악할 수도 있다. 특히 학생들 모두에게 궁금한 내용을 놀이 형식으로 쉽게 알아볼 수 있어 유용하다. 시간이 지남에 따라 초반부에 교사가 제시하던 문장을 학생들에게 순서대로 돌아가면서 말하도록 기회를 제공해 본다.

학생들은 자신이 표현한 문장에 대해 반응하는 친구들의 모습을 보면서 지식정보처리 역량을 키우고 공유지를 넓혀 간다. 친구들과 원만하게 상호작용하는 기반을 다지고, 마음속에 있는 이야기도 함께 나누면서 바람직한 관계를 조성하는 능력을 증진시킬 수 있다.

그림책 만나기

도망치고, 찾고
요시타케 신스케 글·그림, 권남희 옮김, 주니어김영사, 2021

『도망치고, 찾고』는 자신을 돌보고 지키면서, 함께 하고 싶은 사람을 찾아 나서라는 위로와 용기를 전하는 그림책이다. 못되게 구는 사람에게서는 도망치고, 건강한 관계를 형성할 만한 사람을 찾으라고 응원한다. 도망치는 건 부끄러운 일이 아니라 자신을 지키는 방법이라는 접근이 새롭다. 교사가 제시하는 말에 행동으로 반응하는 '건너가세요'는 친구들의 내외적 상황을 파악할 기회가 되어 소중한 관계를 조성하는 발판이 된다.

놀이 즐기기

 **준비물**: 토킹피스(무지개 공이나 기린 인형 등 말하는 사람을 표시하는 대상물)

1단계 • 그림책 읽고 이야기 나누기

그림책 제목을 보며 어떤 이야기일지 생각해 보고 학생들의 의견을 들어본 후에 함께 책을 읽는다. 책을 읽으면서 내용의 흐름에 따라 자신이 잘하는 것과 못하는 것, 좋아하는 것과 싫어하는 것에 대해 정리해 보는 시간을 갖는다. 또 '상상력이 부족한 사람'은 어떤 사람인지 각자의 생각을 나누는 것도 좋다. 이 책에서는 왜 상상력이 부족한 사람의 머리를 사각뿔대 모양으로 표현했는지 질문하고 답을 말해 보도록 한다.

어떤 학생은 상상력이 부족한 사람은 사방팔방이 꽉 막혀서 그런 모양으로 표현했을 것이라고 이야기한다. 상상력이 부족한 사람은 머리가 하얗기 때문이라고 말하는 학생도 있다. '위험한 것으로부터 도망치기 위해' 다리가 존재한다는 부분을 읽으면 모두 얼굴에 웃음이 번진다. 요스타케 신스케스러운 유머가 학생들을 무장 해제시키는 듯하다.

이어 도망치고 싶은 사람은 어떤 사람인지, 반대로 어떤 사람과 가까이 지내고 싶은지 이야기를 나눈다. 학생들은 자신에게 못된 짓을 하는 사람에게서 도망치고 새로운 관계를 형성해 갈 사람을 적극적으로 찾아 나서라는 작가의 유쾌한 반란에 박수를 보낸다. 멋진 누군가를 찾고 있는 나를, 또 다른 누군가가 망원경으로 바라보고 있는 마지막 장면은 압권이다.

2단계 • 나를 만나는 시간

『도망치고 찾고』에서 언급한 내가 잘하는 것과 못하는 것 등을 정리하는 활동으로 자기 스스로를 탐색할 수 있다. 도망치고 싶은 사람(멀리하고 싶은 사람)과 찾아 나서고 싶은 사람(가까이하고 싶은 사람)도 생각하고 적어 본다.

자신이 못하는 것은 쉽게 찾는데 잘하는 것이 무엇인지 생각해 내지 못하는 학생들이 많다. 학생이 잘하는 게 없어서 쓸 것이 없다고 하는 경우에는 교사가 지나가는 말로 "너 선생님 일 잘 도와주잖아.", "지난번에 뒷정리 잘하더라."라고 넌지시 말해 주면, 그것이 실마리가 되어 생활 속 자신의 모습을 떠올릴 수 있다. 도망치고 싶은 사람과 찾아 나서고 싶은 사람도 평소 경험을 바탕으로 기록한다. '나를 만나는 시간'으로 자신을 탐색한 후에 '건너가세요' 놀이를 진행하면, 진행자의 제시문에서 자신이 어디에 해당하는지 자신 있게 판단하고 움직일 수 있다.

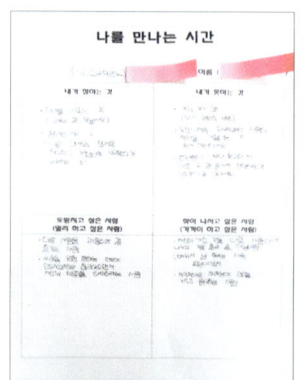 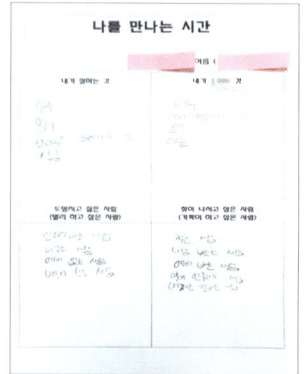 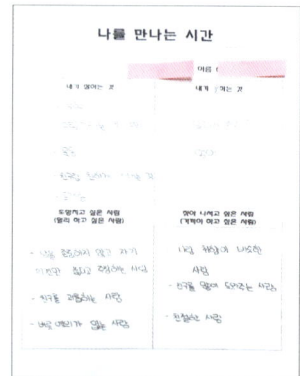

3단계 • 건너가세요 놀이

'건너가세요'는 좁은 교실 공간보다 다목적실이나 체육관에서 진행하는 것이 좋다. 먼저 학생들은 홀짝이나 남녀 등으로 구분해서 반으로 나누어 두 줄로 마주 보고 선다. 교사가 제시하는 문장을 듣고 그 내용에 해당되는 학생은 반대편으로 건너가서 선다. 제시 문장은 해당 학생들의 생활과 연관된 내용으로 한다.

- 혈액형이 O형인 사람 건너가세요.
- 다이어트를 한 적이 있으면 건너가세요.
- 함께 깔깔깔 웃어 줄 친구가 있는 사람 건너가세요.
- 우리 반에 좋아하는 친구가 있는 사람 건너가세요.
- 그리기를 좋아하는 사람 건너가세요.
- 지금 행복한 사람 건너가세요.
- 선생님 좋아하는 사람 건너가세요.

교사가 진행 문장을 몇 번 제시하면서 '건너가세요 놀이'를 연습한 후에 토킹피스를 한 학생에게 건넨다. 토킹피스를 받은 학생은 교사의 역할을 대신해서 한 문장을 제시하고 이에 해당하는 학생들은 반대편으로 건너간다. 토킹피스를 받은 학생만 말할 수 있으므로, 참가 학생들은 모두 토킹피스를 가진 학생이 하는 말을 주의해서 들어야 한다. 이동이 완료되면 처음 토킹피스를 받은 학생이 그다음 번 학생에게 넘겨 주고, 토킹피스를 전달받은 친구는 또 다른 한 문장을 제시하면서 놀이를 계속한다.

- 가족이 4명인 사람 건너가세요.
- 집에서 막내인 사람 건너가세요.
- 영화 〈라이언 킹〉 본 사람 건너가세요.
- 라면 좋아하는 사람 건너가세요.
- 산보다 바다를 더 좋아하는 사람 건너가세요.
- 자기가 멋지다고 생각하는 사람 건너가세요.
- 프랑스에 가 본 적 있는 사람 건너가세요.

4단계 ● 건너가세요 업그레이드

'순간이동 건너가세요'는 제시한 여러 장소에 맞는 걸음걸이로 반대쪽으로 건너가는 활동이다. 진행자는 다음과 같은 문장을 제시할 수 있다.

- 차가운 겨울 왕국, 스케이트장에서 스케이트 선수처럼 건너가세요.
- 시원한 바닷속, 꽃게로 변신해서 건너가세요.
- 광활한 오스트레일리아, 캥거루가 되어 건너가세요.
- 공연장, 발레리나 걸음으로 건너가세요.
- 월드컵 경기장, 축구공을 뻥 차며 건너가세요.
- 숲속, 토끼처럼 깡충깡충 건너가세요.
- 황새 공원, 황새가 되어 건너가세요.

이 활동에서는 모두가 매번 알맞은 몸짓으로 움직이면서 반대편으로 건너가야 한다. 학생들은 교사의 제시문에 따라 다양한 장소로 순간이동을 한다고 상상하고, 대상에 맞는 걸음걸이를 창의적으로 표현하여 움직인다.

하나 더! • 얼음땡 걷기 놀이

발견하며 걷기 놀이

'건너가세요'는 정해진 곳에서 서로 반대쪽으로 오가는 활동으로 움직이는 선이 정형화되어 있다. 이 이동선을 무너뜨리고 자유롭게 움직이는 다양한 걷기 놀이로 변형하여 진행할 수 있다. '얼음-땡' 놀이를 접목시켜 각자가 가고 싶은 곳으로 자연스럽게 이동하다가 교사가 "얼음" 하면 멈춰 서서 주어진 과제를 수행하는 것이다. 교사가 "땡" 하고 말하면 '발견하며 걷기 놀이'를 수행한다. 교사가 다시 '얼음'이라고 하면 움직임을 멈추고, "여기 껌 자국이 있어요", "천장에 거미줄이 있어요." 등 각자가 발견한 것을 돌아가며 말한다.

나 너 우리 걷기 놀이

교실 여기저기를 걷다가 교사가 "얼음" 하고 외치면 멈춰 서고, 이어 "나"라고 하면 멈춰 선 상태로 "나는 지금 배고파요." 등과 같이 '나'에 대해 돌아가며 말한다.

인원이 많은 경우, 교사가 터치하는 학생들만 말해도 된다. 교사의 '땡' 소리에 맞춰 학생들은 다시 움직이다가 "얼음" 하면 멈추고, 이후 교사의 "너"라는 말에 '너에게 하고 싶은 친구 칭찬 릴레이'를 이어간다. 학생들은 다시 교사의 "땡" 소리에 움직이고 "얼음" 하면 멈춘 상태에서, 교사의 "우리"라는 말에 3명이 한 팀으로 모여 서로의 공통점을 찾아 돌아가며 말한다. "우리는 모두 여학생이다.", "모두 잘 웃는다." 등 사소한 일상 이야기를 이어가다 보면 공통점을 더 수월하게 발견할 수 있다.

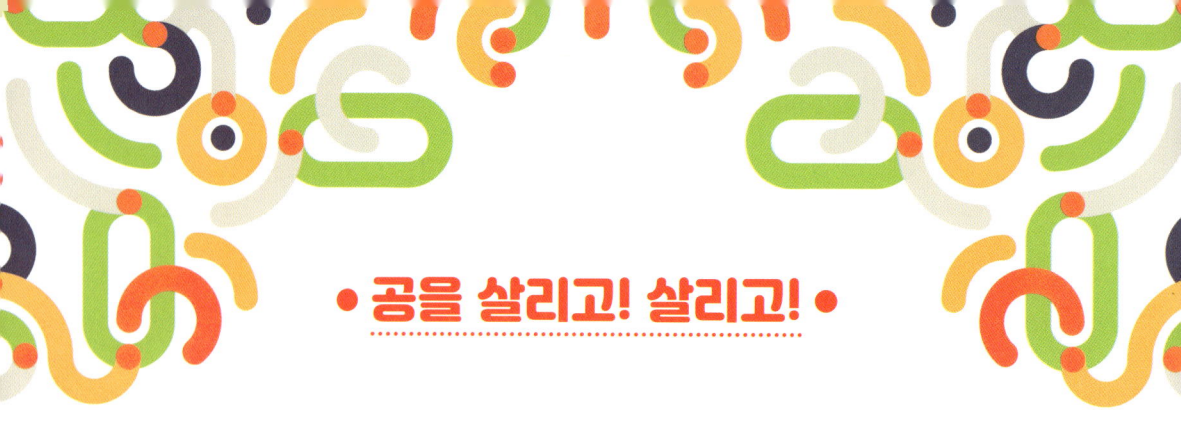

공을 살리고! 살리고!

놀이 소개

'공을 살리고! 살리고!'는 친구들과 협력하여 신체나 도구를 이용하여 공을 계속 치면서 땅에 떨어뜨리지 않고 다른 사람에게 넘기며 살리는 놀이다. 공을 쳐서 주고받으면서 서로 돕고 배려하면서 협동심을 키운다. 또한 공을 떨어뜨리지 않고 계속 치기 위해 몰입하여 집중력을 높이며, 공동의 목표를 세우고 도달하면서 공동체 역량도 기를 수 있다.

더 즐겁고 역동적인 놀이를 하려면 여러 종류의 채와 공을 준비하여 학생들이 다양한 조건에서 공을 주고받을 수 있도록 한다. 무작위로 선택된 채를 가지고 공을 치는 단계에서는 재미 요소를 더하여 놀이할 수 있다. 채의 종류에 따라 공을 쳐서 살리는 난이도가 달라질 수 있어서 학생들이 더 집중하고 협력하여 놀이에 참여할 수 있다.

그림책 만나기

살리고 살리고
이나래 글·그림, 향출판사, 2024

아이가 배드민턴 채로 공을 쳐서 보내고, 다음 고양이 선수가 공을 받아서 어디론가 넘긴다. 어려운 상황에서도 예상치 못한 인물이 등장해 공을 쳐서 살려낸다. 그렇게 살린 공은 어디론가 끊임없이 계속 살아서 날아간다는 이야기를 담은 책이다. 다음 공을 받아 살리는 인물이 누군지 상상하면 더 즐겁게 읽을 수 있다. 그림책의 내용처럼 친구들과 공을 계속 쳐서 주고받으며 살리는 과정을 통해 다른 사람과 협동하여 즐겁게 놀이할 수 있다.

놀이 즐기기

 **준비물:** 여러 가지 채(배드민턴 채, 풍선 치기 채, 핸들러 패드민턴 채, 피클볼 패들 채), 여러 가지 공(팀빌딩 투게더 킹셔틀콕(학토재), 셔틀콕, EVA 공, 피클볼), 풍선, 라벨지

1단계 • 그림책 읽고 이야기 나누기

그림책을 읽으면서 날아온 공을 살릴 다음 인물이 누군지를 예상해 보고 이야기를 나눈다. 그림책에 등장하는 어린이, 나무늘보, 거미 등이 배드민턴 채로 공을 잘 치는 인물인지 생각해 본다. 등장인물이 공을 잘 치지 못하지만, 자신에게 온 공을 최선을 다해 치고 살려서 다음 인물에게 전달하는 과정의 의미를 나눈다. 자기에게 주어진 일이 힘들고 어렵더라도 다음 사람을 믿고 최선을 다하는 태도를 배운다.

그림책처럼 공을 쳐서 떨어뜨리지 않고 계속 살리려면 무엇이 필요한지 이야기를 나눈다. 학생들은 서로 돕는 협동과 배려, 힘들어도 계속 칠 수 있는 끈기, 최선을 다하는 마음 등에 대해 말했다. 공을 계속 쳐서 살리는 놀이 과정에서 재미도 느끼고, 앞서 이야기한 협동, 배려, 끈기 등의 덕목을 기를 수 있다.

2단계 • 몸으로 풍선 살리기

채를 사용하여 공을 치는 것에 익숙하지 않은 학생들을 위해 자신의 몸 일부분을 이용해 풍선을 치고 다른 친구들과 함께 계속 살려보는 연습 놀이를 먼저 한다. 친구들과 몸을 이용해 풍선을 쳐서 땅에 떨어뜨리지 않고 계속 살리는 놀이다.

❶ 모둠별로 풍선을 띄우고 몸의 일부분을 이용해 땅에 떨어뜨리지 않으면서 많은 횟수를 칠 수 있도록 협력하여 놀이한다.
❷ ❶번에서 한 사람이 연속해서 풍선을 치지 않는다는 조건을 주어 오랫동안 치는 놀이한다.
❸ 모든 학생 또는 모둠원이 참여하여 많은 횟수를 쳐 본다. 여기에서는 다양한 조건을 주어 변형할 수 있다. 학생들이 모두 한 번씩 풍선을 칠 수 있도록 풍선을 친 사람은 정해진 자리로 가서 앉게 할 수 있다. 목표 횟수를 정하고 정해진 횟수를 치면서 놀 수도 있다.
❹ 놀이하는 데 필요한 협동, 끈기, 몰입, 집중력 등을 적은 종이를 풍선에 붙이면 그 가치들이 학생들에게 한 번 더 각인된다.

이 놀이는 다른 사람과 협력하여 최선을 다하는 마음, 풍선을 치는 방향이나 세기를 조절하는 능력, 공동의 목표를 세우고 이루면서 공동체 역량도 기를 수 있다.

3단계 • 여러 종류의 채로 공 살리기

❶ 여러 종류의 채와 공을 준비한다. 모둠원의 수는 채의 종류와 수에 따라 달라진다.
❷ 모둠끼리 모여서 채로 공을 땅에 떨어뜨리지 않고 계속 치며 주고받는다. 정해진 시간 동안 하나의 채와 공으로 놀이하다가 교사가 신호를 주면 다른 모둠과 채와 공을 바꾼다. 모둠별로 모든 채와 공을 돌아가면서 사용해 본다. 이 과정에서 어떤 채와 어떤 공으로 쳤을 때 더 많은 횟수를 칠 수 있는지 경험한다. 학생들의

신체 능력, 성향에 따라서 오래 칠 수 있는 채와 공이 다르다.

놀이에 사용한 공

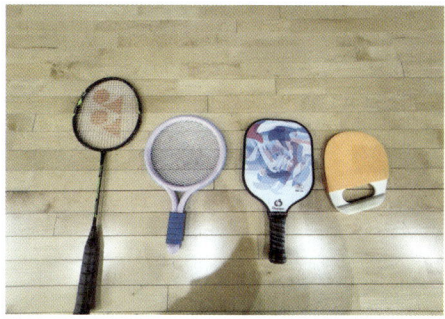

놀이에 사용한 채

❸ 여러 종류의 채와 공으로 놀이를 해 보고, 무작위로 선택된 채로 공을 친다. 놀이에 사용할 공은 학생들이 가장 선호하는 것으로 한다.

무작위로 채를 고를 때

먼저 모둠에서 한 명씩 나와서 가위바위보를 하여 모둠 순서를 정한다. 첫 번째 모둠 학생들이 채가 보이지 않는 곳으로 가고, 교사는 채의 배열 순서를 섞는다. 첫 번째 모둠 학생들이 1~4번 중 숫자 하나를 부르면, 그 순서에 놓여 있는 채를 사용하여 놀이한다. 예를 들어, 교사가 채의 순서를 배드민턴 채, 풍선 치기 채, 핸들러 패드민턴 채, 피클볼 패들 채를 놓고, 첫 번째 모둠이 2번을 외쳤다면 풍선 치기 채로 놀이한다.

❹ 공을 치기 전에 모둠 친구들과 모둠이 공을 칠 목표 횟수를 정한다. 목표했던 횟수를 칠 수 있도록 각자 집중하여 최선을 다하고 서로 협력한다. 모둠은 선택된 채를 가지고 주어진 시간 동안 공을 치며 주고받는다.

❺ 나머지 학생들은 놀이하는 모둠이 공을 친 횟수를 같이 세고, 응원과 격려를 보낸다. 첫 번째 모둠 순서가 끝나면 다음 모둠이 같은 방법으로 놀이한다. 이때 같은 놀이의 방법으로 조건을 다르게 하여 공을 무작위로 고르고 한 가지 채로 할 수 있다.

❻ 놀이가 끝난 후, 재미있었던 점, 좋았던 점, 힘들었던 점, 느낀 점 등 소감을 나눈다.

배드민턴 채로 놀이하는 모습

핸들러 패드민턴 채로 놀이하는 모습

하나 더! • 손가락 콕콕! 풍선을 지켜라!

   친구들과 함께 손가락으로 풍선을 쳐서 살리는 '손가락 콕콕! 풍선을 지켜라!'를 할 수 있다. 그림책에서 누군가 무언가를 치고 날아온 것을 다른 사람이 쳐서 살려 보내는 것에 중점을 두어 도구를 사용하지 않는 간단한 놀이다. 풍선을 띄우고 검지손가락으로 풍선을 계속 쳐서 땅에 떨어뜨리지 않고 살리는 놀이다.

❶ 자유롭게 움직일 수 있도록 넓은 공간에 모인다.
❷ 풍선을 칠 때는 검지만을 사용할 수 있고, 다른 몸 일부를 사용하지 않도록 규칙을 설명한다.
❸ 모둠의 한 명이 풍선을 띄운 후, 학생들이 검지만을 사용해서 풍선이 땅에 떨어지지 않도록 계속 친다. 학생들이 검지로 풍선을 치는데 익숙해진 후에는 공을 치는 손가락을 바꾸기, 많은 횟수 치기, 모두가 한 번씩 공을 치기 등의 추가 조건을 주어 놀이한다.
❹ 모둠 친구들과 놀이한 후에는 학급 전체가 풍선을 치고 살려 보는 놀이도 가능하다.

   놀이하는 동안 검지만을 사용하여 풍선을 쳐야 해서 집중력에 도움이 된다. 또한 친구들과 함께 풍선을 치고 살리면서 최선을 다하는 태도, 배려심, 협동심, 공동체 역량이 길러진다.

과녁 맞히기

놀이 소개

'과녁 맞히기'는 공동체 의식을 기르는 데 효과적인 팀빌딩 놀이이다. 이 놀이는 150cm 크기의 대형 과녁을 사용하여 진행된다. 학생들은 모둠을 이루어 과녁을 향해 공을 던지는 방식으로 점수를 얻는다. 놀이의 핵심은 개인의 성과보다 팀의 총점을 높이는 데 있다. 팀원들은 서로 격려하고 조언을 주고받으며 협력하여 최선의 결과를 얻기 위해 노력한다.

이 과정에서 학생들은 자연스럽게 의사소통 능력이 향상되고 팀워크의 중요성을 체감한다. 이 놀이는 팀원 간의 유대감을 형성하고 공동의 목표를 위해 협력하는 경험을 제공한다. 이는 공동체 의식을 강화하고, 일상생활에서도 협력과 소통의 중요성을 인식하는 데 도움이 된다.

그림책 만나기

착한 달걀
조리 존 글, 피트 오즈월드 그림, 김경희 옮김, 길벗어린이, 2022

주인공 착한 달걀은 항상 다른 이들을 위해 착한 일만 하려고 노력한다. 무거운 장바구니를 들어 주고, 마른 화분에 물을 주며, 고양이를 구해 주는 등 착한 일을 도맡아 한다. 그런데 점점 지쳐 이마에 금이 가는 상황에 이른다. 의사의 조언으로 여행을 떠난 착한 달걀은 자신을 돌보는 것의 중요성을 깨닫고, 완벽할 필요가 없다는 것을 배운다. 결국 착한 달걀은 집으로 돌아와 친구들과 다시 어울리며 살아간다. 이 그림책은 개인의 행복과 공동체의 조화, 다양성 존중, 그리고 자기 자신과 타인에 대한 이해와 배려의 중요성을 다루고 있다. 착한 달걀이 자신을 돌보는 법을 배우고, 동시에 친구들의 모습을 있는 그대로 받아들이는 과정은 건강한 공동체를 위해 필요한 태도임을 보여 준다.

놀이 즐기기

 **준비물:** 과녁 맞히기 교구(학토재)

1단계 • 그림책 읽고 이야기 나누기

그림책을 읽은 후, 착한 달걀이 한 행동을 떠올리며 '어떤 행동이 착한 행동일까?'에 대해 생각한다. 학생들은 자신이 생각하는 착한 행동에 대해 이야기하며 경험을 나눈다. 다음으로, 착한 달걀이 지치는 과정을 보며 자기 돌봄의 중요성에 대해 토론한다. 다른 사람을 돕는 것과 자신을 돌보는 것 사이의 균형에 대해 생각하며 이야기할 수 있다.

또한, 달걀 친구들의 다양한 모습을 통해 개인의 차이를 인정하고 존중하는 태도에 대해 이야기 나눈다. 이 과정에서 학생들은 서로의 다름을 인정하고 존중하는 것이 얼마나 중요한지 깨닫게 된다. 나아가 이러한 태도가 서로 이해하고 협력하며, 각자의 고유한 가치를 인정받는 포용적인 공동체를 만드는 데 꼭 필요하다는 것을 알게 된다.

2단계 • 착한 행동을 적고 과녁 맞히기

'과녁 맞히기' 교구를 활용하여 놀이를 진행한다. 이 놀이는 학생들이 자신이 생각하는 착한 행동을 포스트잇에 적어 과녁에 붙이고, 이를 바탕으로 팀 대항 게임을 하는 방식으로 진행된다.

❶ 교사는 150cm×150cm 크기의 과녁 맞히기 교구를 교실 앞쪽에 놓는다. 놀이 시작에 앞서 학생들에게 착한 달걀이 한 행동들을 상기시키며, 자신이 생각하는 착한 행동이 무엇인지 생각해 본다.

❷ 학생들은 각자 포스트잇에 자신이 생각하는 착한 행동을 적는다. 이때 교사는 학생들이 구체적이고 실천 가능한 행동을 적도록 안내한다.

❸ 학생들은 자신이 적은 착한 행동이 얼마나 가치 있고 중요한지 스스로 평가하여, 그에 맞는 점수대에 포스트잇을 붙인다. 과녁의 중심에 가까울수록 높은 점수를, 바깥쪽으로 갈수록 낮은 점수를 나타낸다. 이 과정에서 학생들은 착한 행동의 가치와 중요성에 대해 깊이 생각해 본다.

❹ 모든 학생이 포스트잇을 과녁에 붙인 후, 교사는 학생들을 두 팀으로 나눈다. 각 팀은 차례로 나와 과녁을 향해 공을 던진다. 공을 맞힌 지점에 붙어 있는 포스트잇의 점수를 해당 팀의 점수로 인정한다. 이때 공이 포스트잇이 없는 곳에 맞으면 점수를 얻지 못한다.

❺ 각 팀원이 모두 한 번씩 던진 후, 팀의 총점을 계산하여 높은 점수를 얻은 팀이 승리한다. 학생들은 이 놀이를 통해 협동심과 단결력을 기르며, 동시에 목표 설정의 중요성도 체험할 수 있다.

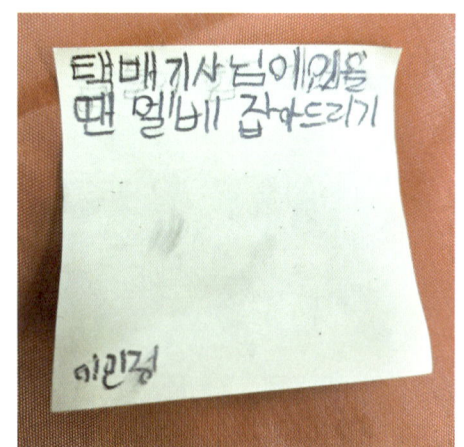
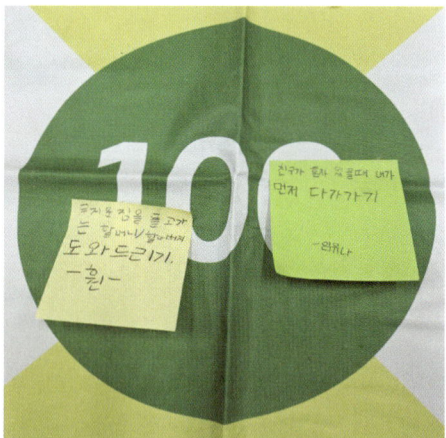

착한 행동을 과녁판에 붙이기

3단계 • 공동체 생활에 필요한 것 과녁에 붙이기

❶ 『착한 달걀』을 읽고 과녁 맞히기 놀이를 한 후, 학생들과 함께 공동체 생활에 필요한 것들에 대해 토론한다. 이 토론에서는 착한 행동을 넘어 공동체 생활에 꼭 필요한 행동과 태도에 대해 깊이 있게 이야기를 나눈다. 학생들에게 학교, 가정, 지역사회 등 다양한 공동체 속에서 살아가는 우리의 모습을 떠올려 보게 하고, 그 안에서 필요한 행동들을 생각해 본다.

❷ 토론이 어느 정도 진행된 후, 학생들은 각자 공동체 생활에 꼭 필요하다고 생각하는 행동을 포스트잇에 적는다. 학생들은 토론 내용을 바탕으로 '서로 배려하기', '규칙 지키기', '협력하기', '책임감 갖기' 등의 구체적인 행동을 적는다.

❸ 포스트잇을 다 작성한 후, 학생들은 다시 한번 과녁 맞히기 교구 앞으로 모인다. 이번에는 자신이 적은 공동체 생활에 필요한 행동이 얼마나 중요하고 필수적인지 스스로 평가하여, 그에 맞는 점수대에 포스트잇을 붙인다. 과녁의 중심에 가까울수록 더 중요하고 필수적인 행동을 의미한다.

❹ 포스트잇을 붙인 후, 다 함께 과녁에 붙은 내용들을 살펴본다. 중심부에 많이 붙은 행동들, 예상외로 바깥쪽에 붙은 행동들, 생각지 못했던 새로운 아이디어 등에 대해 함께 이야기를 나눈다. 이 과정에서 학생들은 공동체 생활에 필요한 다양한 행동과 태도에 대해 더욱 깊이 있게 이해한다.

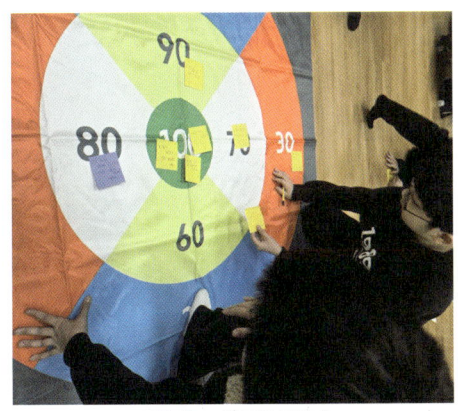
토론 후 포스트잇 붙이기

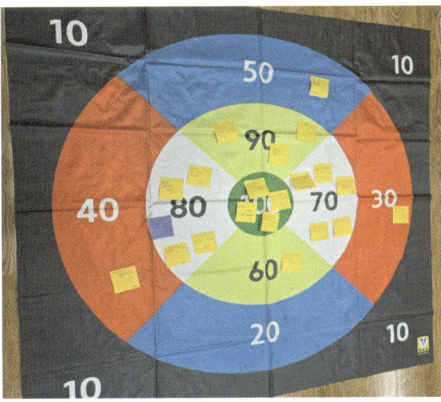
완성된 과녁판

4단계 • 공동체 생활에 필요한 행동 과녁 맞히기

공동체 생활에 필요한 행동을 포스트잇에 적어 과녁판을 완성하여, 변형된 과녁 맞히기 놀이를 진행한다.

❶ 학생들을 두 팀으로 나눈다. 각 팀의 학생들은 차례로 나와 과녁 앞에 선다. 학생은 자신이 목표로 하는 점수를 크게 말한 후 공을 던진다. 공이 학생이 말한 점수 영역에 들어가면, 포스트잇 중에서 하나를 골라 큰 소리로 읽는다. 이때 읽은 내용은 공동체 생활에 필요한 행동이므로, 학생들은 자연스럽게 이를 상기하고 생각해 볼 수 있다. 학생이 공을 던져 자신이 말한 점수 영역에 공이 들어가고, 포스트잇의 내용을 읽으면 점수를 획득한다. 그러나 공이 학생이 말하지 않은 점수 영역에 들어가거나, 포스트잇이 붙어 있지 않은 빈 공간에 들어가면 점수를 얻지 못한다.

❷ 모든 학생이 한 번씩 공을 던진 후, 각 팀의 점수를 합산한다. 더 높은 점수를 얻은 팀이 승리한다. 이 과정에서 학생들은 팀워크의 중요성을 알게 되고, 공동체 의식을 기를 수 있다.

❸ 놀이가 끝난 후에는 어떤 행동들이 자주 읽혔는지, 어떤 행동이 가장 기억에 남는지, 실제 생활에서 어떻게 실천할 수 있을지 등에 대해 이야기를 나눈다. 이를 통해 학생들은 공동체 생활에 필요한 행동에 대해 더욱 깊이 있게 이해하고, 일상

생활에서 실천하고자 하는 의지를 다질 수 있다.

이 놀이는 단순히 점수를 얻는 것을 넘어, 공동체 생활에 필요한 행동을 재미있게 학습하고 내면화할 수 있는 기회를 제공한다. 학생들은 놀이를 통해 자연스럽게 공동체 의식을 기르고, 협력과 배려의 중요성을 체감하며, 건강한 공동체의 구성원으로 성장할 수 있는 밑거름을 마련하게 된다.

목표 점수를 외치고 과녁 맞히기

점수 영역에 들어간 공동체 행동 읽기

하나 더! • 협동 과녁 맞히기

과녁 맞히기 교구를 활용하여 '협동 과녁 맞히기' 놀이로 변형할 수 있다. 학생들의 의사소통 능력과 협동심을 기르는 재미있는 활동이다.

❶ 2명씩 짝지어서, 한 명은 눈을 가리고 공을 던지는 역할, 다른 한 명은 안내하는 역할을 맡는다.

❷ 눈을 가린 학생이 과녁을 향해 서고 공을 들고 준비한다. 안내하는 학생은 과녁과 친구의 위치를 파악하고 정확히 안내하기 위해 노력한다. 이때 "조금 더 오른쪽으로", "팔을 더 높이 들어.", "이제 던져!" 등의 구체적인 안내를 한다.

❸ 눈을 가린 학생은 팀원의 안내에 귀 기울이며 공을 던질 준비를 한다. 안내에 따라 자세를 잡고 공을 던진 후, 결과를 기다린다. 공이 과녁에 맞으면 두 학생 모두 성취감을 느끼게 되고, 맞지 않더라도 서로 격려하며 다음 기회를 기대한다.

이 활동을 통해 학생들은 정확한 의사전달의 중요성을 체험하고, 상대방의 말에 집중하여 듣는 능력을 기를 수 있다. 또한 서로 신뢰하고 협력하는 과정에서 팀워크의 중요성을 깨닫는다.

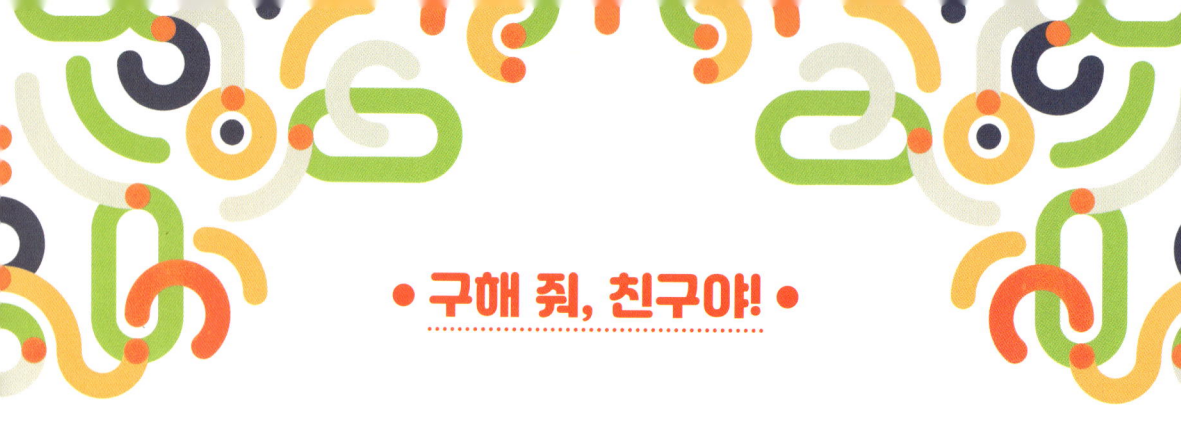

구해 줘, 친구야!

놀이 소개

'구해 줘, 친구야!'는 2~3명이 상어 역할을 맡아 낙하산 안으로 친구들을 끌어당기고, 2~3명은 구조대 역할을 맡아 친구들을 구출하는 놀이이다. 이 놀이는 학생들 간의 협동심과 상호작용 능력을 키우는 데 매우 효과적이다. 상어와 구조대 간의 긴장감 넘치는 상호작용은 학생들에게 문제 해결 능력과 빠른 판단력을 요구하며, 동시에 팀워크의 중요성을 자연스럽게 깨닫게 한다. 특히 협력적 소통 역량과 문제 해결 역량을 향상시키는 데 초점이 맞춰져 있다.

구조대 역할을 맡은 학생들은 서로의 의사소통을 통해 신속하고 효율적인 구조 전략을 세우고, 상어 역할을 맡은 학생들은 팀워크를 통해 효과적으로 친구들을 낙하산 안으로 끌어들이는 방법을 찾는다. 무엇보다 신체 활동과 재미를 결합한 놀이로, 학생들에게 협력의 가치를 즐겁게 배우고 실천할 수 있는 기회를 제공한다. 학생들은 단순한 놀이를 넘어, 공동의 목표를 향해 함께 노력하며 성장하는 경험을 얻는다.

그림책 만나기

잠깐만
이팅 리 글·그림, 그림책사랑교사모임 옮김, 교육과실천, 2022

행동이 빠르고 결단력은 있지만 준비성이 부족한 토끼와, 행동은 느리지만 꼼꼼하게 준비하는 거북이가 함께 산을 오르며 여러 위기를 극복하는 이야기이다. 서로 다른 성격을 지닌 두 친구의 모습은 상황에 따라 장점이 단점이 되기도 하고, 단점이 장점이 되기도 한다는 메시지를 전달한다. 놀이에서 구조대가 상어로부터 친구를 구출하듯, 그림책에서는 거북이가 위기 상황마다 토끼를 도와 어려움을 극복한다. 토끼는 빠르고 적극적으로 행동하는 반면, 준비성이 부족하여 위기를 겪고, 거북이는 차분하고 꼼꼼하게 상황을 분석하며 토끼를 돕는다. 학생들은 이 그림책과 놀이를 통해 서로의 강점을 이해하고, 협력의 가치를 깨닫게 된다.

놀이 즐기기

 **준비물:** 낙하산(지름 7m), 팀 조끼(2가지 색깔), 가치 수직선 토론 키트(학토재)

1단계 • 그림책 읽고 이야기 나누기

❶ 그림책을 읽은 후, 학생들과 함께 토론하며 생각을 나눈다. 먼저 토끼와 거북이의 성격에서 각각의 장단점을 찾아보고, 두 성격 중 자신이 닮고 싶은 성격이 무엇인지 고민한다.

❷ 가치 수직선 토론 키트를 활용해 생각을 표현한다. 붉은색은 토끼, 파란색은 거북이를 나타내며, 중간의 노란색은 중립을 의미한다. 학생들은 자신의 생각과 가장 가까운 위치에 이름을 붙인다.

❸ 교실을 돌아다니며 친구들과 서로의 생각을 공유하고, 자신의 의견을 설명하거나 친구의 의견을 들어 본다. 토끼와 거북이 중 어느 성격이 더 좋은지에 대한 근

거를 가지고, 서로 다른 의견을 가진 친구들을 설득한다.

❹ 친구들과의 토론이 끝난 후, 생각이 바뀐 학생들은 가치 수직선 토론 키트에서 이름의 위치를 옮길 수 있다.

❺ 토론 전후에 학생들의 의견이 어떻게 변화했는지 함께 살펴보며, 다양한 관점에서 생각을 나눈 경험을 정리한다. 이를 통해 학생들은 자신들의 생각을 명확히 표현하고, 타인의 의견을 존중하며 설득과 논의를 통해 사고의 폭을 넓히는 기회를 얻는다.

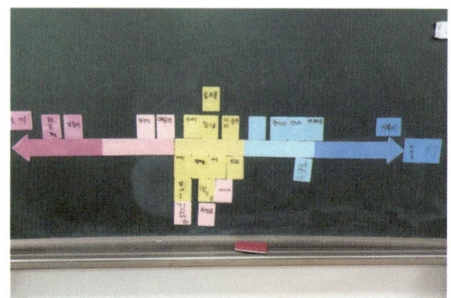

가치 수직선 활동

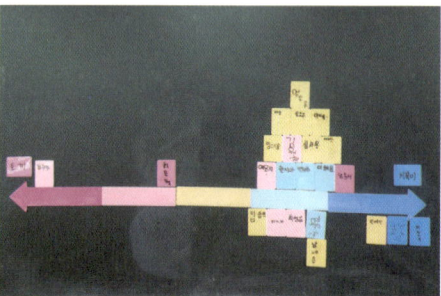

토론 후 학생들의 생각이 바뀐 모습

2단계 • 놀이 준비하기

놀이가 시작되기 전, 학생들이 낙하산의 움직임을 정확하게 이해하고 익숙해질 수 있도록 연습하는 시간을 갖는다. 이러한 연습은 놀이 진행 시 혼란을 줄이며, 학생들이 안전하게 즐길 수 있도록 돕는다.

❶ 동그랗게 서서 낙하산을 편다. 낙하산 위에 천 주사위를 놓고 낙하산이 평평한 상태로 살짝만 들어 주사위를 던지고 받는다. 모든 학생들이 주사위가 일정한 높이로 올라갈 수 있도록 합심하는 것이 중요하다.

❷ 학생들 모두 동그랗게 앉는다. 낙하산을 펴서 학생들 다리 위를 덮는다. 학생들은 선생님이 신호를 말하기 전까지 모두 자기 자리에서 차분하게 기다린다.

❸ 선생님이 "업!" 하고 외치면, 학생들은 낙하산에 바람을 넣어 올라가도록 한다. 모두가 합심하여 같은 정도로 바람을 넣으면 낙하산이 일정한 모양으로 올라간 후 내려온다. 이 연습을 반복한다.

낙하산으로 주사위 던지기

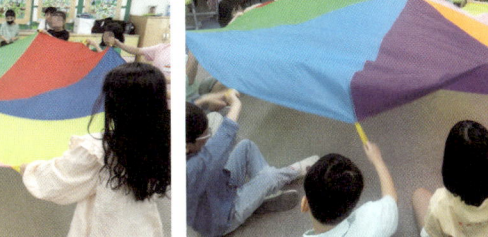
앉은 상태로 낙하산 올리기

3단계 • 역할 연습하기

❶ 상어와 구조대 역할을 나누어 맡는다. 각 역할이 명확하게 구분되도록 색깔이 다른 조끼를 입는다.

❷ 놀이를 시작하기 전에 안전 수칙을 전달한다. 이를 통해 학생들이 역할 수행 과정에서 다치지 않도록 한다. 특히, 상어 역할을 맡은 학생들은 낙하산 안으로 친구를 끌어들이는 임무를 수행한다. 이때, 끌려가는 친구의 발목을 잡고 천천히 낙하산 안으로 당기며, 신체 접촉이 과도하지 않도록 주의해야 한다.

구조대 역할을 맡은 학생들은 끌려가는 친구를 안전하게 구출한다. 친구를 구출할 때 무리하게 팔을 당기지 않도록 주의하며, 양팔을 부드럽게 잡고 낙하산 밖으로 안전하게 행동한다. 역할의 긴장감을 느끼는 동시에 규칙을 준수하며 놀이를 즐길 수 있도록 한다.

상어 역할 연습하기

구조대 역할 연습하기

4단계 • 놀이하기

❶ 구조대와 상어 역할을 정하여 놀이를 시작한다. 역할에 맞도록 팀 조끼를 착용한다. 상어는 빨간색, 구조대는 노란색 조끼를 입는다. 나머지 학생들은 팀 조끼를 입지 않고, 낙하산을 지지하는 역할을 한다.

❷ 교사가 신호를 하면 상어 역할 학생들은 다른 학생들을 낙하산 안으로 당긴다. 위기를 느낀 학생은 "도와줘, 친구야!" 하고 소리치며 손을 든다. 구조대 역할 학생들은 돌아다니며 위험에 빠진 학생을 구출한다. 정해진 시간 안에 몇 명의 학생이 남았는지 센다. 술래를 2명으로 늘려 놀이의 긴장감과 몰입감을 증가시킨다.

❸ 놀이가 끝난 후에는 놀이의 과정을 돌아보며, 좋았던 점, 특히 재미있었던 순간에 대해 자유롭게 이야기한다. 서로의 장점을 찾아보며 칭찬하는 과정을 통해 협력적 소통 역량을 높일 수 있다.

구조대가 구출하는 장면

낙하산 안으로 끌려가는 장면

하나 더! • 주사위 많이 던지기

교실에서는 4m 지름의 작은 낙하산을 활용해 '주사위 많이 던지기'로 변형할 수 있다. 이 방법은 학생들이 지나치게 흥분하거나 안전사고의 위험이 우려되는 경우 안전하게 놀이를 진행할 수 있는 대안이 된다.

공동의 목표를 정하고 함께 힘을 모아 낙하산 위의 주사위를 공중으로 던진다. 학생들은 주사위를 던지기 위해 각자의 위치에서 협력하고, 낙하산을 일정한 방향으로 조율하며 목표를 달성하기 위해 최선을 다한다. 이 과정에서 학생들은 자연스럽게 협력적 소통 역량과 팀워크의 중요성을 배울 수 있다.

　주사위의 숫자를 합산하거나 특정 숫자를 목표로 정해 도전하는 방식으로 놀이를 진행할 수도 있어 재미와 학습을 동시에 추구할 수 있다. 또한, 각 팀이 주사위를 던지는 횟수를 목표로 정하고 그것을 달성하는 방법으로 놀이 방향을 설정하면 참여도와 흥미를 더욱 높일 수 있다.

그날 내 마음은

놀이 소개

'그날 내 마음은'은 교사가 제시하는 느낌카드를 보고 해당 감정과 관련된 학급에서 있었던 일을 이야기하면서 추억을 공유하고 서로의 감정에 공감하는 놀이이다. 교사는 카드에 적힌 느낌카드를 학생 중 1명에게 보여 준다. 그 감정이 긍정적인 것일 경우에는 학생의 경험을 들으며 모둠원들과 학급 인원들이 함께 즐거워하고 공감하고, 느낌카드에 적힌 감정을 맞힌다. 느낌카드에 적힌 감정이 부정적인 경우에는 해당 학생이 그 감정을 느낀 경험을 토대로 서로 조심해야 할 부분을 확인하고 서로를 공감해 주고 느낌카드에 적힌 감정이 무엇인지 맞힌다. 친구의 경험을 통해 감정을 추측하면서 공감 능력이 향상되고 공유된 추억을 함께 회상하면서 공동체 역량이 향상된다.

그림책 만나기

오늘 내 마음은…
마달레나 모니스 글·그림, 열린어린이, 2023

이 그림책에 나오는 14개의 자음과 14개의 감정은 마음을 잘 표현해 준다. ㄱ은 가득하다, ㄴ은 눈부시다, ㄷ은 두근거리다, ㄹ은 룰루랄라 신나다, ㅁ은 미안하다, ㅂ은 부끄럽다, ㅅ은 속상하다, ㅇ은 아깝다, ㅈ은 자유롭다, ㅊ은 차갑다, ㅋ은 크다, ㅌ은 특별하다, ㅍ은 포근하다, ㅎ은 혼란스럽다. 학생들은 평소에 '좋다', '싫다'처럼 간단한 의사표현만 하다가 위에 제시된 것처럼 다양한 감정을 표현하거나 공감할 일들이 생기면 어려워한다. 교사가 임의로 제시하는 느낌카드를 보고 우리 학급에서 있었던 일들을 함께 떠올리고 어떤 느낌인지 추측하면서 서로의 감정을 공유하고, 공감할 수 있다.

놀이 즐기기

 **준비물:** 느낌카드(학토재)

1단계 • 그림책 읽고 이야기 나누기

그림책을 읽은 후, 모둠을 나눈다. 각 모둠은 그림책을 한 장면씩 펼친 뒤 해당 감정을 느낀 경험을 돌아가며 말한다.

ㄷ **두근거리다** "학교 축제에서 공연을 앞두고 너무 가슴이 두근거려서 심장이 터질 것만 같았어."

ㅎ **혼란스럽다** "나랑 친했던 친구가 뒤에서 내 이야기를 다르게 하고 다닌다는 소리에 혼란스러웠어."

한 사람이 느낌을 말하면 나머지 모둠원들이 이를 반영해서 말해 준다.

"두근거렸어?"

"혼란스러웠어?"

다른 큰 장치나 도구 없이 느낌말을 반복해서 이야기해 주는 것만으로도 공감이 된다.

2단계 • 네 마음이 내 마음

1단계에서 그림책의 장면을 뽑아 말한 느낌과 비슷한 느낌말을 찾아서 공감해 주는 놀이이다. 1단계에서 친구가 말한 감정을 반복해서 말해 주었다면, 2단계 '네 마음이 내 마음' 활동에서는 친구의 경험을 듣고 책에 제시된 느낌말보다 좀 더 친구의 경험에 가까운 듯한 느낌말을 찾는 활동이다. 느낌카드 중 친구의 경험과 관련된 느낌말을 찾아서 친구에게 건네며 그 감정을 묻는다.

"불안했어?"

느낌을 물을 때는 "불안했지?"처럼 단정지어 맞히려 하기보다는 "불안했어?"처럼 감정을 확인하는 수준에서 물어보는 게 상대방이 자신의 감정을 확인하기에 더 좋다.

3단계 • 그 날 내 마음은

❶ 2단계에서 느낌과 관련된 단어들과 어느 정도 친밀해진 뒤에는 '그 날 내 마음은' 놀이를 진행한다.

4인 1모둠이 되어 3명은 정면을 바라보고 1명은 교사를 향한다. 교사를 바라보는 학생은 교사가 제시하는 1장의 느낌카드를 보고 그 느낌과 관련된 학급에서 있었던 일을 이야기한다.

"배드민턴 예선을 통과했어."

"아침을 못 먹어서 3, 4교시 되니 기운이 없었어."
"친구에게 놀리지 말라고 반복해서 말해도 소용이 없었어."

❷ 학급에서 있었던 일에 대한 이야기를 듣고 난 뒤 정면을 바라보던 3명의 학생은 해당 학생의 느낌을 짐작해서 묻는다.
"자랑스러웠어?"
"허전했어?"
"지쳤어?"

❸ 학급에서 있었던 일을 통해 느낌카드의 느낌말을 3분 안에 5개 맞히면 성공한다. 아무런 단서도 없는 상태에서 경험만 보고서 느낌말을 맞히는 것은 쉽지 않지만, 느낌말 목록으로 활동한다면 학생들이 상대방의 감정에 공감하기도 쉽고, 느낌말에 익숙해져서 자신의 감정을 더 잘 살피게 된다.

느낌카드 목록(학토재)

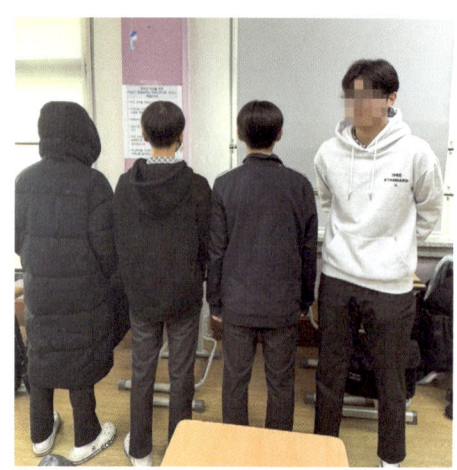
1명은 교사를, 3명은 정면을 바라본다.

느낌카드(학토재)

하나 더! • 느낌과 욕구(바람) 물어보기

　느낌카드를 활용해서 학급에서 함께 경험했던 일을 공유하고 서로의 느낌을 확인한 뒤, 느낌과 욕구(바람)를 물어봐도 좋다. 이는 NVC(비폭력대화)에서 강조하는 대화법으로, '느낌'은 욕구가 충족되거나 충족되지 않았을 때 나오는 반응이다. 학생들이 학급에서 있었던 경험과 느낌을 공유한 뒤 그 뒤에 있는 욕구를 확인하는 것만으로도 서로에게 공감할 수 있다. 예를 들면 "친구에게 놀리지 말라고 반복해서 말해도 소용이 없었어."라고 말하는 친구에게 "지쳤어?"라고 물어본 뒤 "존중이 필요했어?"라고 연결하여 묻는다면 좀 더 깊은 공감을 이끌 수 있다. 학생들은 서로의 느낌뿐 아니라 자신의 느낌에도 관심을 가지는 것에 익숙지 않다. 좀 더 느낌의 중요함을 알아차릴 수 있는 시간이 필요하다.

그림 가위바위보 야구

놀이 소개

'그림 가위바위보 야구'는 가위바위보 놀이의 확장 버전이다. "가위, 바위, 보"를 함께 외친 후 동시에 미리 준비한 그림을 내밀어 그 상성 관계에 따라 승부를 내고 1루, 2루, 3루, 홈으로 차례로 진출하여 점수를 내는 놀이이다. 가위는 보에게 이기며, 바위는 가위에게 이기고, 보는 바위에게 이기는 상성 관계가 성립하듯이, 제시한 그림 카드에서 물은 불을 이기고, 애벌레는 나뭇잎을 이기며, 송곳은 공을 이긴다는 그림 이야기를 가위바위보에 접목시켜 진행한다.

　가위바위보의 승패를 기반으로 전개하는 놀이지만, 그림 가위바위보 야구 놀이는 지나친 승부에서 벗어나 자신이 소속된 모둠이 함께 점수를 내는 성취감을 맛보게 함으로써, 모두가 이기는 행복한 놀이를 지향한다. 그림으로 결정되는 가위바위보에서 이기고 지는 건 다소의 긴장감을 조성하는 촉진제일 뿐, 학생들은 이 놀이에 참여함으로써 이야기를 만들어 가는 자기 주도성과 감성적 공감 역량을 함양할 수 있다.

그림책 만나기

안 내면 진다! 가위바위보
오모리 히로코 글·그림, 김영주 옮김, 북스토리아이, 2019

『안내면 진다! 가위바위보』는 먹거리를 두고 벌이는 치열한 가위바위보 대결을 흥미진진하게 다룬 그림책이다. 원래의 가위바위보 놀이로 시작해서 종이와 돌멩이, 연필과 지우개, 원숭이와 바나나 등 재미있는 그림을 등장시켜 짹짹이와 까악이의 경쟁을 긴장감 있고 익살스럽게 전개한다. 가위바위보 자체만으로도 사뭇 진지했던 한때의 에피소드를 소환하기에 충분하지만, 그림끼리의 가위바위보 경쟁은 이야기를 상상해서 만드는 기회를 제공한다.

놀이 즐기기

 **준비물:** A5 도화지(A4 도화지를 반으로 나누어 씀)

1단계 • 그림책 읽고 이야기 나누기

    그림책을 함께 읽으며 가위바위보에 얽힌 이야기를 나눈다. 특히 먹고 싶은 음식을 두고 가위바위보 경쟁에서 이겨 본 경험은 누구에게나 있다. 이 그림책은 결정이 어려운 순간마다 누구나 애용하는 가위바위보 놀이를 그림을 활용한 놀이로 전개되고 있는 점이 특이하다. 글자 그대로의 가위바위보 그림 카드 내기로 시작해서 점점 태양과 아이스크림, 연필과 지우개 등의 그림 카드로 승부를 가르는 놀이가 이어진다. 각각의 그림에 얽힌 스토리가 재치만점이다.

2단계 • 가위바위보 야구

❶ 교실에서 칠판 쪽은 홈, 운동장 쪽 창가는 1루, 교실 뒤편은 2루, 복도 쪽은 3루가 된다. 교사는 놀이 시작 전에 책상을 모둠별로 배치한다. 칠판에 모둠 이름을 나란히 쓰고, 모둠별로 동그라미나 별 등 각 학급에서 정한 점수표를 모둠별로 기록하도록 안내한다.

❷ 교사와 가위바위보를 해서 이긴 학생들은 일어서서 1루로 이동하고, 비기거나 진 학생들은 자리에 그대로 앉아 있는다. 다시 가위바위보를 한 후 1루에서 이긴 학생들은 2루로, 자기 자리에서 이긴 학생들은 1루로 이동하고, 진 학생들은 그 자리에 머문다. 이런 식으로 가위바위보를 해서 홈으로 들어오게 되면 자기 모둠에 ○ 또는 ∨ 표시를 해서 점수를 기록하고 자신이 앉았던 모둠 자리로 돌아가 계속 놀이에 참여한다.

활동을 진행하는 동안 개별 점수가 쌓여 모둠 점수로 계산되므로 모둠 안에서 서로 응원하고 격려하는 협력적 분위기가 형성된다. 모둠 간 경쟁이 다소 부각될 때도 있지만, 놀이 진행에 기폭제가 되는 측면을 고려한다면 어느 정도의 경쟁은 건강한 놀이 활동에 필요한 요소라고 할 수 있다.

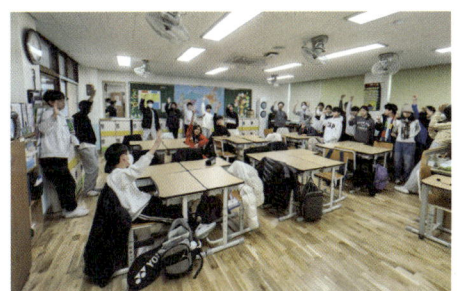
손으로 제시하는 가위바위보 야구 놀이1

손으로 제시하는 가위바위보 야구 놀이2

3단계 • 그림 가위바위보 카드 만들기

❶ '그림 가위바위보 야구'를 하기 위해 그림책 속 그림처럼, 가위바위보 놀이에

활용할 수 있는 대상을 생각하며 그림 카드를 만든다.

먼저, 교사는 학생들에게 그림책에서 본 그림들을 떠올리며, 그림 가위바위보 놀이에 제시할 수 있는 것이 무엇인지 생각해 보도록 안내한다. 그림책 내용처럼 가위바위보를 외친 후 원숭이 그림과 바나나 그림을 각각 제시하면 원숭이가 바나나를 먹으므로 원숭이가 이긴다는 이야기를 전개할 수 있다. 같은 대상이지만 원숭이와 바나나 껍질이 제시될 경우, 원숭이는 바나나 껍질에 미끄러질 수 있으므로 바나나 껍질이 이기는 스토리를 만들어 갈 수 있다. 교사는 그림책 속 여러 가지 사례를 보여 주며 학생들이 다양한 그림을 생각하도록 유도한다.

❷ 교사는 학생들에게 A4 도화지를 절반 크기(A5)로 잘라서 2장씩 배부한다. 학생들은 각 도화지에 이기고 지는 두 대상을 그린다. 연꽃은 쓰레기 더미 속에서 아름다운 꽃을 피워내므로 연꽃이 이긴다, 애벌레가 잎을 갉아 먹기 때문에 애벌레는 식물을 이긴다는 등 학생들의 기발한 아이디어가 눈에 띈다. 더 효과적인 이야기 전개에 필요하다면 색깔을 칠하거나 꾸며도 좋다.

❸ 그림을 완성한 후에는 자신의 그림 카드 이야기를 주고받는다.

❹ 이야기 나눔이 끝나면 다시 2장의 그림 카드를 나누어 준다. 교사는 학생들에게 친구들의 그림 카드를 염두에 두고 그것을 이길 수 있는 대상을 생각하여 그림으로 표현한다.

❺ 그림 카드를 완성하면 학생들은 자기의 그림 카드가 어떤 근거로 친구의 그림 카드를 이길 수 있는지 서로 이야기를 나눈다. 교사는 학생들이 타당한 근거를 제시할 수 있도록 유의하여 지도한다. 이 활동은 학생들에게 사고의 폭을 넓혀 더 다양한 이야기를 만들 수 있는 발판을 제공한다.

쓰레기 속에서 연꽃을 피워내는 이야기　　　　식물의 잎을 갉아 먹는 애벌레 이야기

4단계 • 그림 가위바위보 야구

'그림 가위바위보 야구'는 손으로 제시하는 대신 그림으로 제시하여 가위바위보 놀이를 하는 방식이다.

❶ "안 내면 진다! 가위바위보"를 함께 외치고 동시에 자기 그림 카드를 1장씩 내민다. 교사가 제시한 그림 카드를 이기는 그림 카드를 제시한 학생은 1루(운동장쪽 창가)로 이동한다. 교사는 이동한 학생들의 그림 카드를 보고 궁금한 점이 있으면 그 학생에게 질문할 수 있다. 질문을 받은 학생은 자기 그림이 교사의 그림을 이긴다는 타당한 근거를 제시해야 한다. 논리적으로 납득하기 어려운 경우, 그 학생은 이전 자리로 돌아가야 한다.

그림 가위바위보 야구 놀이는 교사가 보여 준 그림과 자신이 제시한 그림 간의 상성 관계를 생각해 보는 활동이다. 함께 가위바위보를 외친 후에 자신의 그림이 교사의 그림을 이길 수 있는 이야기를 생각해 내야 한다. 이때 정답이 하나가 아니기 때문에 더 그럴 듯한 이야기가 이긴다.

예를 들어, 교사가 제시한 그림은 태양인데 학생이 제시한 그림이 아이스크림이라면, 아이스크림은 태양에 녹는다는 일반적인 생각으로는 게임에서 진다. 그러나 같은 그림이라도 아이스크림을 먹어 땀을 식힐 수 있다는 이야기를 생각해 내서 발표한 학생은 다음 단계로 진출할 수 있다. 교사는 논리적이거나 감성적으로 타당한 이야기를 제시할 경우에는 학생이 이긴 것으로 인정한다.

(교사) 물 그림 카드 VS (학생) 불 그림 카드
(교사) 물 그림 카드 VS (학생) 수혈 그림 카드
(교사) 물 그림 카드 VS (학생) 종이 그림 카드
(교사) 비행기 그림 카드 VS (학생) 배 그림 카드
(교사) 비행기 그림 카드 VS (학생) 제트기 그림 카드

❷ 그림 카드로 가위바위보를 해서 교사의 그림을 이긴 학생들은 다음 단계로 진출하여 2루(교실 뒤), 3루(복도 쪽)를 거쳐 홈(교실 앞)으로 들어온다. 그리고 칠판에 기록된 자신의 모둠 칸에 점수를 표시하고 자리로 돌아가 놀이에 계속 참여한다.

그림 카드를 제시하는 가위바위보

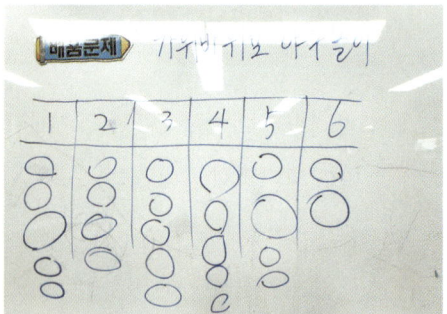
그림 가위바위보 야구 놀이 모둠 점수

하나 더! • 동시에 말하는 야구

'동시에 말하는 야구'는 그림 대신 제시한 2개 이상의 주제어 중 하나를 선택해서 동시에 말하는 놀이이다. 예를 들어, 고양이와 개 중 하나를 선택하라고 하고 "하나, 둘, 셋"을 외친 후 학생들은 자신이 선택한 주제어를 동시에 외친다. 이때 교사와 같은 주제어를 말한 학생은 1루로 진출하는 방식이다. 사계절 중 가장 좋아하는 계절을 동시에 외치는 놀이처럼 4개 중 하나를 선택하여 진행할 수도 있다.

긍정 × 스틱

놀이 소개

'긍정×스틱'은 크로스 스틱으로 중심 잡기 놀이를 하면서 공동체가 어려운 상황에 부딪쳤을 때 긍정적인 태도로 어려움을 극복하는 자세를 배울 수 있는 놀이이다. 중심 잡기 놀이는 방법이 간단하고 쉬우며 구성원 모두가 함께 참여할 수 있어 공동체 놀이에 적용하기 좋다.

실패를 두려워하고 남의 것과 내 것을 비교하는 요즘, 삶에 대한 긍정적인 태도가 절실히 필요하다. 긍정적인 태도는 개인이나 공동체가 어려운 상황일 때 큰 도움이 된다. 삶을 긍정적으로 바라보는 사람은 올바른 자아 존중감을 바탕으로 주변에 감사할 줄 알고 기쁨을 느낀다. 긍정적인 생각과 태도는 실수나 실패할 때 낮아진 자존감을 제자리로 돌릴 수 있게 해 주며, 현재에 감사하면서 희망찬 미래를 꿈꾸게 한다.

'긍정×스틱'에서 크로스 스틱으로 중심 잡기 놀이는 보는 것과 달리 실제로 해 보면 어렵다. 단계가 높아져 어려워졌을 때 긍정적인 사고를 하면 다시 도전할 수 있는 힘을 준다. 놀이하며 경험한 긍정적인 태도는 어려움을 겪을 때 극복할 수 있도록 도와주고 동시에 미래를 향한 희망을 품게 할 것이다.

그림책 만나기

작은 물고기
문종훈 글 · 그림, 한림출판사, 2016

『작은 물고기』는 어려움에 빠졌을 때 어떻게 행동할 것인지 생각할 수 있는 그림책이다. 작은 물고기가 입 큰 물고기에게 잡아먹히려는 순간 더 입 큰 물고기가 나타나고, 더 더 입 큰 물고기가 모두를 삼키려 한다. 그때 대왕고래가 모두를 잡아먹고, 뱃속에 갇힌 물고기들은 탈출을 시도한다. 어려운 상황에서 작은 물고기의 긍정적인 태도는 학생들에게 중심 잡기 놀이가 어렵더라도 할 수 있다는 용기를 준다. 물고기들이 힘을 합쳐 해결하는 모습을 통해 함께하면 놀이의 어려운 단계도 넘길 수 있음을 느낄 것이다.

놀이 즐기기

 **준비물:** 크로스 스틱(학토재), 작은 붙임 종이(또는 페이지 마커)

1단계 • 그림책 읽고 이야기 나누기

그림책 표지를 보고 어떤 내용일지 예상한 다음 그림책을 읽는다. 산호에 숨은 작은 물고기를 찾으며 그림책을 읽으면 그림을 꼼꼼히 볼 수 있다. 물고기들이 대왕고래 뱃속에 갇히고 나갈 방법을 모색하는 장면에서 학생들에게도 나갈 방법을 물으며 다양한 방법을 떠올리게 한다. 입 큰 물고기, 더 입 큰 물고기, 더 더 입 큰 물고기는 나갈 방법을 시도하지만 실패한다. 작은 물고기는 긍정적인 태도로 주변을 살펴 나갈 방법을 찾아내고 물고기들에게 도움을 받아 밖으로 탈출한다.

학생들에게 작은 물고기는 어떻게 나올 수 있었느냐고 묻는다. 다른 물고기들은 찾지 못했지만, 작은 물고기만 작은 구멍을 찾을 수 있었던 까닭도 묻는다. 한 학생이 작은 물고기가 작아서 찾을 수 있었다고 대답하자, 몸집이 작은 것과 잘 찾는 것은 상관이 없다고 다른 학생이 대꾸하였다. 다른 물고기와 달리 작은 물고기는 무엇을 가지고 있었기에 어려운 상황을 극복할 수 있었을지 생각해 보자고 하면, 학생들은 한참 동안 생각에 빠진다.

학생들에게 작은 물고기는 어떤 특징이 있는지 찾아보자고 하고 그림책을 천천히 넘기며 읽는다. 작은 물고기에 집중하는 학생들은 작은 물고기가 다른 물고기들과 달리 웃는 얼굴로 헤엄쳐 다니고, 대왕고래의 뱃속에서 크게 당황하거나 놀라지 않았다고 말한다. 이때 교사는 학생들에게 작은 물고기는 어떤 태도를 지니고 있는지 묻고, 그에게 긍정적인 태도가 있음을 알려 준다. 학생들은 작은 물고기를 보고 긍정적인 태도가 어려움을 겪을 때 특히 필요하다는 것을 깨닫는다.

2단계 ● 사전 놀이하기

❶ 모둠별로 크로스 스틱을 나누어 주고 어떻게 놀이를 할 수 있는지 생각하게 한다. 크로스 스틱으로 할 수 있는 놀이를 브레인스토밍으로 적어 보는 것도 좋다.

❷ 크로스 스틱의 특징을 알게 해 주는 사전 놀이를 한다. 크로스 스틱은 길이 순서대로 파랑, 연두, 노랑, 빨강 막대 2개씩 이루어져 있다. 크로스 스틱의 특징을 파악할 수 있는 간단한 놀이를 준비한다. 먼저 파랑 막대를 T자 형태로 만들어 교실을 한바퀴 돌고 다음 주자에게 전달하는 놀이를 한다. 생각처럼 잘되지 않아 학생들이 의아해한다. 이런 경험을 통해 학생들은 크로스 스틱은 조금 미끄러운 편이라는 것을 알게 된다.

❸ 모든 색깔의 크로스 스틱을 활용하여 중심 잡기를 한다. 크로스 스틱은 길이에 따라 색깔이 달라지고 길이가 길어질수록 중심 잡기가 어렵다. 크로스 스틱을 순서대로 쌓으면서 중심을 잡는 방법을 안내하고 모둠 안에서 스스로 할 수 있도록 시간을 충분히 준다.

| 크로스 스틱 T자 만들어 한 바퀴 돌기 | 모둠에서 중심 잡기 연습하기 |

3단계 • 놀이 목표 정하고 긍정적인 태도로 모둠원 칭찬하기

❶ 우리 모둠이 어떤 색깔까지 가능할지 의논하고 모둠의 목표를 정한다. 정한 목표를 칠판에 써 다른 모둠의 실력을 알아보고 열심히 하려는 의지를 다진다. 이때 모둠 이름과 구호를 정하면 모둠의 소속감과 목표 의식을 더욱 고취할 수 있다.

 학생들에게 모둠에서 정한 목표에 도달하기 위해서 무엇이 필요한지 묻는다. 단순히 반복적인 도전으로 목표를 성취하는 것은 이 놀이의 목적이 아니다. 실수나 실패했더라도 긍정적인 사고로 어려움을 극복하려고 노력하는 태도를 기르는 것이 이 놀이의 목적이다. 그러므로 교사는 학생들에게 모둠원과 의논하여 목표에 도달하는 방법에 대해 생각할 수 있는 기회를 주어야 한다.

❷ 학생들에게 더 필요한 것이 있는지 묻는다. 그림책을 읽으며 우리가 배운 것이 무엇이었는지 생각해 보게 한다. 학생들은 긍정적인 태도, 친구를 믿고 함께 하는 태도가 필요하다고 말한다. 긍정적인 태도 중에서 자신과 공동체를 믿고 소중히 여기는 태도는 중요하다. 자신을 믿지 않고 소중히 여기지 않으면 어떤 일이든 쉽게 포기할 수 있고, 자신이 속한 공동체를 믿지 않으면 공동체와 함께 발전하고 꿈을 키우기 어렵다. 목표에 도전할 자신과 공동체를 믿고 소중히 여길 수 있도록 모둠 안에서 칭찬하기 활동을 한다.

❸ 사전 놀이를 하면서 새롭게 발견한 모둠원의 모습이나 평소에 알던 모습 중 하나를 골라 칭찬한다. 칭찬하는 문장을 작은 붙임 종이나 페이지 마커에 적는다. 페이지 마커를 크로스 스틱 중 하나에 붙인다. 놀이하면서 칭찬 문장을 보고 힘을 내

어 도전할 수 있도록 크로스 스틱에 붙인다.

 작은 붙임 종이보다 페이지 마커가 활용하기 좋다. 페이지 마커는 좁고 짧은 형태이므로 중심 잡기를 할 때 영향을 주지 않기 때문이다.

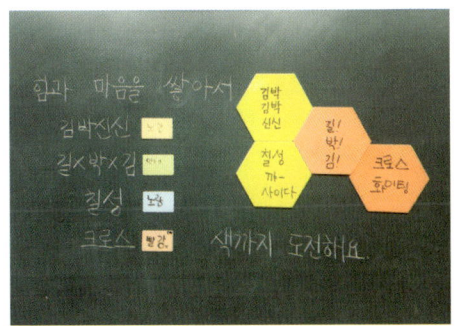

목표 정하기

크로스 스틱에 칭찬 문장 붙이기

4단계 • 긍정 × 스틱 놀이하기

❶ 모둠 이름과 구호를 외친 뒤, 중심 잡기를 시작한다. 모둠 이름과 모둠 구호를 외치면 공동의 목표를 위해 함께한다는 소속감을 느낀다.

❷ 짧은 스틱부터 시작해서 도전 목표까지 크로스 스틱으로 중심을 잡는다. 도전 목표에 도달했다면 다음 목표를 정해 다시 도전할 수 있음을 안내한다. 또는 모둠에 한 사람이 성공한 다음 또 다른 모둠원이 도전하는 방식으로 도전을 이어갈 수 있다. 크로스 스틱이 미끄러져 어려워하며 도전에 소극적인 모둠에는 작은 물고기의 긍정적인 태도를 떠올리게 하고, 모둠 이름과 구호를 다시 크게 외치고 도전할 수 있도록 독려한다.

'긍정 × 스틱' 놀이는 크로스 스틱으로 중심 잡기 놀이를 하면서 공동체 생활에 필요한 긍정적인 태도를 기를 수 있다. 학생들은 공동의 목표를 정하고 함께 목표를 이루면서 소속감을 느끼고 목표를 달성하기 어려운 상황일 때 긍정적인 태도로 극복할 수 있다는 것을 깨닫는다.

긍정 × 스틱 놀이하기 1　　　　　　　긍정 × 스틱 놀이하기 2

하나 더! • 더 높은 단계로

　크로스 스틱은 총 4개의 색깔 스틱으로 구성되어 있다. 색깔에 맞추어 모둠에서 돌아가며 도전할 수 있다. 모둠의 대표로 공동의 목표에 도전할 때보다 중심을 잡은 스틱을 전달하고 더 높은 단계에 도전한 다음 또 전달하는 방식으로 진행한다.

　예를 들어, 첫 번째 모둠원이 파란 크로스 스틱으로 중심을 잡았다면, 두 번째 모둠원은 파란 크로스 스틱을 전달받은 다음 연두 크로스 스틱으로 중심을 잡는다. 두 번째 모둠원이 중심 잡기에 성공했다면 세 번째 모둠원에게 전달하고, 세 번째 모둠원은 노란 크로스 스틱으로 중심을 잡는다.

　이렇게 모둠원이 모두 돌아가면서 중심을 잡고 서로에게 전달한다. 모둠원이 2명이라면 위의 과정을 2명이 함께 주고받을 수 있고, 6명 이상이라면 쌓는 역할과 전달하는 역할을 분리하여 진행할 수도 있다. 생각보다 어려운 활동이므로 도전에 성공했을 때 성취감이 높아서 목표를 이루었다는 연대감을 느낄 수 있다.

김밥 완성 놀이

놀이 소개

'김밥 완성 놀이'는 술래를 제외한 전원이 의자에 둥글게 둘러앉아, 김밥에 넣고 싶은 재료를 약 4가지씩 순서대로 돌아가며 말한 후에, 술래가 외치는 재료에 해당되는 학생들만 자리를 이동하는 놀이이다. 자리에 앉지 못해 술래가 된 학생은 교사가 제시하는 그림 카드 중 하나를 선택하고, 본인이 뽑은 식재료를 크게 외치며 빈자리를 찾아 앉는다.

술래가 뽑은 김밥 재료가 4가지 이상 칠판에 게시되면 학생들은 "김밥" 하고 외치며 모두 일어나 자리를 이동한다. 이때 바로 옆자리로 이동하면 반칙이다. 교사는 학생들이 원의 중앙을 통과해서 맞은편으로 건너가도록 사전에 안내해야 한다. 자리를 먼저 차지하기 위해 서로 밀치거나 빠르게 움직이다 보면 안전사고가 날 수 있으므로 이를 예방하기 위한 자기관리 역량이 요구된다. 또 모두가 이동하기 위해서는 술래가 4가지 재료를 모두 뽑아야 하므로, 서로를 응원하면서 친밀감을 형성하고 협력적 소통 역량도 키울 수 있다.

그림책 만나기

내가 제일 건강한 음식이야!
홍숙희 글·그림, 인디펍, 2024

『내가 제일 건강한 음식이야!』는 고소미 마을의 '건강한 음식 재료 선발대회'에서 1등을 하고 싶은 음식 재료들이 자신들을 뽐내는 이야기이다. 당근, 우엉, 시금치, 노란 무 등 각각의 사연을 가진 식재료들의 경쟁이 가열되어 다툼으로 치닫지만, 참기름이 나타나 그 식재료들을 함께 돌돌 말아 준다. 밥 이장님이 모두를 감싸며 다 함께 1등을 하자고 제안하자, 엉켜 있던 음식 재료들이 그제야 웃으며 서로를 안아 준다. 학생들은 이 그림책에서처럼 개별 역할의 소중함과 각각이 함께 모여 하나의 완성품이 되는 가치도 알아가면서 공동체의 필요성을 인식할 수 있다.

놀이 즐기기

 **준비물:** 김밥 재료 그림 카드 12장(같은 재료 3장씩)

1단계 • 그림책 읽고 이야기 나누기

　책을 읽기 전에 제목에서 '건강한' 부분을 가린 후에 어떤 말이 들어갈지 짐작해 보게 한다. 학생들은 앞표지 그림에서 힌트를 얻어 '맛있는, 맛없는, 잘생긴, 좋은, 싱싱한…' 등과 같이 다양하고 흥미로운 말을 거침없이 발표한다. 제목을 확인한 후에는 건강한 음식에는 어떤 것들이 있는지 생각해 보고, 세계보건기구(WHO)에서 발표한 '세계 10대 건강식품'을 소개하면서 책 읽기 활동에 들어가도 좋다.

　독서 중 활동으로 당근과 우엉 등 등장인물들의 이야기를 읽고 각자 좋아하는 음식 재료와 싫어하는 식재료 및 그 이유에 대해 의견을 나눌 수도 있다. 책을 읽다가 햄 캐릭터가 등장하는 부분에 다다르면 학생들이 갑자기 수군거리기 시작한다. 햄은 건강한 재료가 아니라는 것이다. 이때 교사는 좋은 지적이라고 격려하면서 일단 끝까지 읽어 보자고 제안한다. 책을 다 읽고 나면 학생들은 스스로 답을 발견한다. 혼자만으로는 1등 건강 재료가 될 수 없지만, 함께 모여 음식을 완성하면 모두가 1등이 될 수 있다고 말한다. 좋은 공동체를 만나면 최고가 아니어도 더불어 최고가 될 수 있다고 말하는 학생도 있다. '함께 책 읽기'의 힘을 눈으로 확인하는 시간이다.

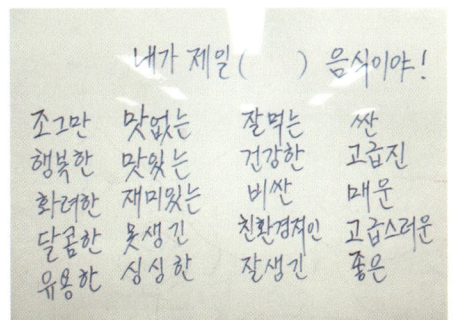

제목 추측하기

WHO 세계 10대 건강식품

2단계 ● 김밥 재료 그림 카드 만들기

'김밥 만들기 놀이'에 앞서 김밥 완성에 필요한 재료를 시각화하여 효과적으로 제시하기 위해 그림 카드를 만든다. 교사는 학생들에게 건강에 좋은 재료이면서 동시에 자신이 좋아하는 것을 위주로 4가지 이상 그림으로 표현하도록 안내한다. 『내가 제일 건강한 음식이야!』의 키워드는 '건강한 식재료'임을 염두에 두고 진행하도록 한다. 비건 김밥 재료를 그리는 학생은 파프리카, 송이버섯, 당근, 우엉 그림 카드를, 김치 김밥 재료로는 김치, 노란 무, 달걀, 어묵 그림 카드를 그릴 수 있다. 평소에 즐겨 먹던 김밥을 생각하면서 재료를 선정하여 그림 카드로 표현한다.

김밥 재료 그림 카드

3단계 • 김밥 완성 놀이하기

❶ 책상을 교실 가장자리로 뺀 후에 의자를 둥글게 배치한다. 술래를 제외한 모든 학생은 의자에 앉는다. 술래의 자리는 없다.

❷ 김밥을 만드는 데 필요한 건강한 식재료를 정하여 순서대로 돌아가며 크게 외친다. 예를 들어 당근-우엉-시금치-달걀, 4가지 재료를 앉은 순서대로 말한다. 교사는 김밥 완성 놀이에서 그림 카드를 제시해 주는 역할을 맡는다. 첫 술래는 술래 역할에 자원하는 학생이 맡는다.

❸ 교사는 2단계에서 완성한 김밥 재료 그림 카드 중 당근, 우엉, 시금치, 달걀 그림 카드를 종류별로 3장 이상, 총 12장 정도 미리 준비한다. 술래는 교사가 그림이 보이지 않게 제시한 여러 장의 그림 카드 중 하나를 뽑아 혼자만 몰래 확인한다. 술래 역할을 맡은 학생은 친구들이 긴장되는 모습으로 숨죽이며 기다리는 순간을 즐길 수 있다.

❹ 술래는 선택한 그림 재료를 크게 외친다. 예를 들어 "당근" 하고 크게 말하면, 당근 역할을 맡은 학생들만 자리를 섞어 이동한다. 술래는 빈자리를 찾아 앉으면서 교사에게 그림 카드를 건네고, 교사는 그 카드를 칠판에 제시한다. 새로운 술래 역할을 맡은 학생은 다시 그림 카드를 뽑아 같은 방식으로 진행한다.

❺ 몇 차례 진행하다 보면 칠판에 제시된 그림 카드가 한 장 한 장 증가한다. 이때 당근, 우엉, 시금치, 달걀 김밥 재료가 4가지 모두 게시되면 다 함께 "김밥" 하고 외치면서 전체 학생이 자리를 이동한다. 모두가 움직일 때는 원의 중앙을 지나 맞은편으로 이동해야 한다.

교사는 학생들에게 바로 옆자리로 이동해서 앉는 것은 반칙이라는 점을 사전에 알려 준다. 학생들이 자리를 차지하기 위해 빠르게 이동하면서 서로 부딪힐 수 있으므로 안전사고에 유의하도록 한다.

음식 재료 그림 카드 뽑기

술래가 뽑은 카드 게시하기

김밥 완성 놀이하기

4단계 • 김밥 완성 놀이 업그레이드

'김밥 재료 연극 놀이'는 '김밥 완성 놀이'의 업그레이드 버전이다. '김밥 재료 연극 놀이'는 음식 재료 역할 4가지를 그대로 유지하면서 2단계에서 그린 그림 카드를 모두 활용해서 진행한다. 즉 술래가 뽑는 카드가 당근, 우엉, 시금치, 달걀이 아닐 수도 있다. 술래가 4가지 재료 중 하나를 뽑으면 그 역할에 해당되는 학생들이 자리를 이동하는 방식은 같다. 단, 4가지 재료가 아닌 카드를 뽑으면 학생들이 움직일 수 없으므로, 술래는 한 번 더 그림 카드를 뽑아야 한다.

위와 같이 술래에게 3번의 기회를 준다. 술래가 3번 모두 해당 역할 외 그림 카드를 뽑았다면, 김밥 재료 중 하나를 팬터마임으로 표현하는 벌칙을 수행한다. 술래의 몸짓을 보고 재료를 맞힌 학생이 그다음 술래가 되어 놀이를 이어간다.

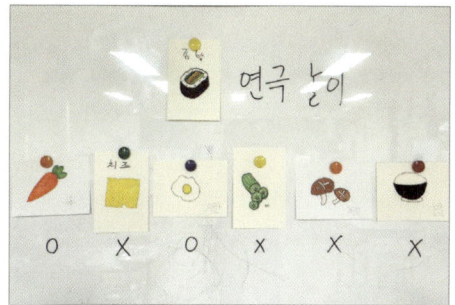
역할 없는 그림 카드를 3번 연속 뽑은 사례

음식 재료 팬터마임 연극 놀이
: 시금치가 물속에서 수영하는 모습을 표현한 팬터마임

하나 더! • 비빔밥과 떡볶이 놀이

학생들이 좋아하는 건강한 음식으로 바꾸어 다양하게 진행할 수 있다. 예를 들어 '비빔밥 완성 놀이'는 콩나물, 당근, 호박, 버섯으로 하고, '떡볶이 완성 놀이'는 가래떡, 양배추, 어묵, 대파를 활용한다. 술래가 음식 재료를 외치면 그 역할을 맡은 학생들만 이동하고, 그 재료로 완성할 수 있는 음식 이름을 외치면 모두 자리를 이동하는 방식도 같다. 그림 카드를 만드는 시간이 부족할 때는 카드를 제시하는 과정 없이 술래가 식재료나 음식을 외치는 것으로 간편하게 진행해도 좋다. 술래는 친구들이 자신의 말을 제대로 알아듣고 행동할 수 있도록 큰 소리로 또박또박 말한다.

꼬리 꽃 떼기

놀이 소개

　'꼬리 꽃 떼기'는 색종이에 좋은 친구 되는 법과 나쁜 친구 되는 법을 적어 허리에 꼬리처럼 매달아 서로의 꼬리를 떼는 놀이다. 좋은 친구 되는 법과 나쁜 친구 되는 법이 적힌 종이를 모으는 놀이다.

　이 놀이는 여러 학생이 모인 학급공동체에서 좋은 친구 관계를 위해 도움이 되는 말과 행동이 무엇인지 생각해 본다. 이를 경험해 보기 위해 달리는 신체 활동을 하는 것이므로 학생 간 교류가 이루어지고 진정한 우정을 고민하는 기회를 준다. 좋은 친구 관계를 유지하는 방법이 꼬리 꽃으로 변하면 그림책에서 보여 준 꼬리 꽃의 마음이 더 크게 와 닿는다. 서로의 마음을 더욱 이해하려고 노력하면서 공감하는 태도가 길러지고 학생들이 서로를 믿으며 더 좋은 친구가 되기 위해 노력하는 발판이 될 것이다. 준비물이 어렵지 않고, 귀여운 꼬리 꽃을 달고 다니면서 학급 전체가 웃음꽃을 피운다.

그림책 만나기

친구의 전설
이지은 글·그림, 웅진주니어, 2021

호랑이는 혼자 보내는 시간이 많다. 호랑이의 고약한 성격 탓에 숲속 친구들이 호랑이와 어울리지 않고, 호랑이는 심술과 장난이 더욱 심해진다. 어느 날 민들레가 찾아 와 호랑이의 꼬리에 붙어 떨어지지 않는다. 그리고 호랑이에게 조언을 하며 숲속 친구들을 돕고 함께 어울려 살아가는 방법을 가르쳐 준다. 마음이 통하는 친구가 된 둘은 함께 덫에 걸리자 서로를 위로하며 힘을 얻는다. 결국 숲속 친구들의 도움으로 호랑이는 덫에서 풀려나고 모두 친구가 된다.

놀이 즐기기

 **준비물:** 고무줄, 집게, 노란색 색종이 1장, 연두색 색종이 2장, 네임펜

1단계 • 그림책 읽고 이야기 나누기

성격이 고약하여 자기중심적이고 친구를 사귀지 못하는 호랑이의 모습은 때로는 나의 모습이다. 친구와의 관계는 학생들의 최대 관심사이므로 제목부터 관심을 끌기에 좋다. 그림책을 읽기 전에 표지를 살펴보며 호랑이와 민들레의 관계를 질문한다. "호랑이와 민들레는 어떤 사이인 것 같나요?" 학생들은 친구 사이, 서로 싫어하는 친구 사이 등 다양한 이야기를 한다. "호랑이와 민들레의 닮은 점과 다른 점은 무엇인가요?"라고 질문하며 두 주인공에 대해 관심을 끌게 한다. 학생들은 자연스럽게 생각을 발표했다.

"호랑이와 민들레의 닮은 점은 둘 다 노란색이다."
"호랑이는 무늬가 있고 민들레는 무늬가 없다."
"둘 다 머리카락이 있는데 호랑이는 털이 짧고 민들레는 길다."

"호랑이는 힘이 세지만 민들레는 힘이 약하다."

"호랑이는 동물이고 민들레는 식물이다."

책을 읽는 동안 학생들에게 좋은 친구가 되는 법과 나쁜 친구가 되는 법을 잘 살펴보고 생각해 보도록 안내한다. 그림책을 읽고 나서, 호랑이와 민들레의 행동을 바탕으로 좋은 친구와 나쁜 친구가 되는 법을 발표한다. "친구를 잘 챙겨 주는 것입니다.", "친구에게 고맙다고 하면 됩니다.", "자기 하고 싶은 대로만 하면 됩니다.", "친구를 괴롭히면 됩니다." 등의 이야기가 나온다. 학생들이 자연스럽게 이야기를 나눌 수 있도록 한다.

2단계 • '꼬리 꽃' 만들기

놀이를 시작하기 전에 '꼬리 꽃'을 만든다. 만든 꼬리 꽃을 집게에 매달아 꼬리처럼 보이도록 한다.

❶ 민들레꽃의 노란색, 줄기와 잎의 연두색을 붙여 꼬리 같은 꽃을 만든다. 노란색 색종이 1장, 연두색 색종이 2장을 준비한다. 색종이 3장을 모두 대문 접기하여 4줄이 나오도록 접는다. 3장을 모두 같은 방법으로 대문 접기한 후, 풀칠해서 이어 붙인다. 가위로 잘라 꼬리 꽃을 4개 준비해 둔다.

❷ 호랑이와 민들레의 말과 행동을 떠올려 보며 색깔이 있는 앞면에 좋은 친구가 되는 방법과 나쁜 친구가 되는 방법을 적는다. 이때 개수를 제한하지 않고, 적고 싶은 대로 적도록 한다. 좋은 친구가 되는 법과 나쁜 친구가 되는 법을 함께 생각하면서 좋은 친구 관계와 공동체를 만드는 것으로 사고가 확장될 수 있다.

❸ 꼬리 꽃의 뒷면에는 자신의 이름을 쓴다. 모둠 친구들과 함께 적은 내용을 돌아가며 이야기를 나눈다.

❹ 집게 구멍에 색깔 고무줄을 통과시켜 고무줄의 끝을 단단히 묶는다. 고무줄을 허리에 두르고, 집게 하나에 꼬리 꽃을 하나씩 매달아 모두 4개의 꼬리 꽃을 매단다. 활동 전에 다른 친구의 꼬리 꽃을 만지면 쉽게 찢어질 수 있으므로 주의하도록 안내한다.

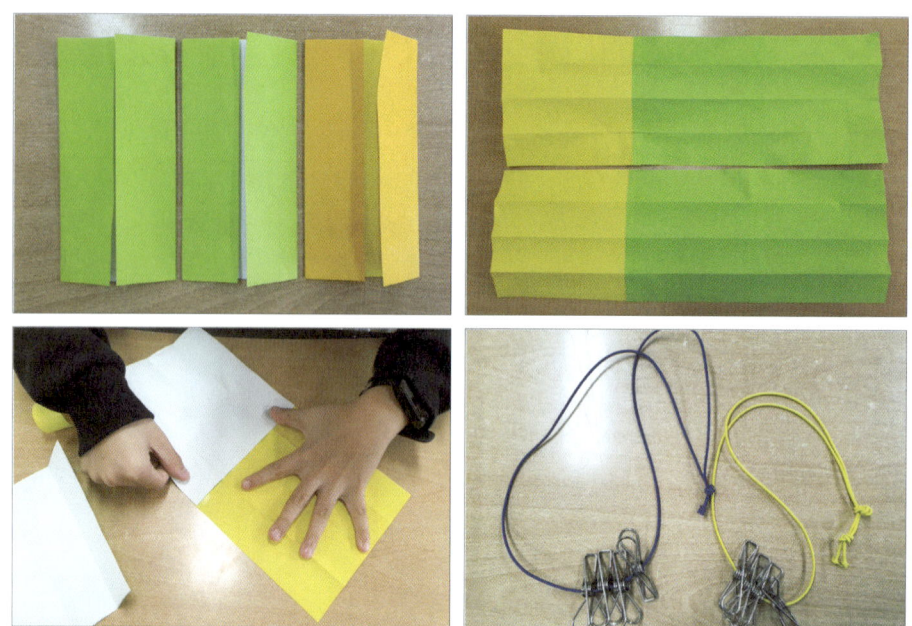

3단계 • 꼬리 꽃은 나의 것

❶ 꼬리 꽃을 만들어 집게에 매달아 놀이가 준비되었다면 '꼬리 꽃 떼기'를 한다. 강당에서 모두 흩어져 선다. 교사의 신호에 따라 놀이를 시작한다. 달려가서 다른 친구의 꼬리 꽃을 떼 오면 된다.

 이 놀이는 서로 좋은 친구가 되는 법이 적힌 꼬리 꽃을 모아 살펴보고 이야기를 나누어야 하므로 꼬리 꽃을 최대한 보존할 수 있도록 안내한다. 하지만 놀이 중에 찢어지더라도 수용하는 분위기를 조성한다.

❷ 각자 획득한 꼬리 꽃은 한 손에 잡고 놀이를 계속한다. 4개의 꼬리 꽃이 모두 뜯어진 학생은 관중석에 앉아서 놀이를 지켜본다.

❸ 꼬리 꽃을 달고 있는 친구가 마지막 1명이 남으면 모두 모여 앉아 친구들이 떼 온 꼬리 꽃의 내용을 함께 읽는다. 모둠끼리 모여서 좋은 친구가 되는 법과 나쁜 친구가 되는 법이 적힌 꼬리 꽃을 각각 분류한다. 좋은 친구가 되는 법과 나쁜 친구가 되는 법의 개수를 비교하거나, 획득한 꼬리 꽃의 전체 개수도 세어 본다.

❹ 모둠에서 획득한 꼬리 꽃을 모아 살펴보고, 좋은 친구가 되는 법과 나쁜 친구가 되는 법을 발표한다. 놀이하면서 힘들었던 점, 좋았던 점, 느낀 점 등을 함께 나눈다.

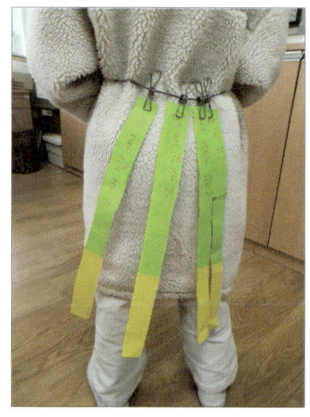 

하나 더! • 미덕 빨랫줄

꼬리 꽃에 우리 학급을 위한 미덕을 적어서 모으는 놀이로도 변형이 가능하다. 먼저 좋은 친구 사이가 많은 우리 반을 만들기 위한 미덕을 선정한다. 두 팀으로 나누고 미덕 덕목도 나누어 꼬리 꽃에 적은 후 집게에 매단다. 원활한 진행을 위해 팀 조끼를 입어 팀을 구분한다. 각자 다른 팀의 미덕 꼬리 꽃을 떼어 와 미리 준비해 둔 '미덕 빨랫줄'에 매달고 미덕 꼬리 꽃을 계속 모으는 과정을 반복한다. 먼저 '미덕 빨랫줄'을 모은 팀이 있으면 놀이는 종료된다.

나는 무엇이든 될 수 있어!

놀이 소개

'나는 무엇이든 될 수 있어!'는 컵을 다른 쓰임새나 다른 물건으로 상상하여 연극의 정지 장면으로 표현하는 놀이다. 상상하여 표현하는 놀이이기 때문에 정답은 없다. 그래서 틀리는 것, 잘해야 하는 것에 대한 부담이 적어 즐겁게 참여하면서 자신감도 높일 수 있다. 쓰임새를 상상하고 정지 장면으로 표현한 후, 교사가 다가가 신호를 주면 상황에 어울리는 동작이나 소리도 추가하여 표현할 수 있다. 자신이 생각한 다른 물건을 정지 장면으로 나타내고, 상황에 어울리는 소리나 대사를 생각해 보면서 표현력이 향상된다. 놀이의 첫 단계에서 혼자서 컵을 다른 물건으로 상상해 보는 과정에서 창의적 사고력을 키울 수 있다. 다음 단계에서 모둠 친구들과 협력하면서 다른 물건을 상상하고 표현하는 과정을 통해 공동체 역량, 의사소통 능력, 배려심, 협동심도 기를 수 있다.

그림책 만나기

나는 컵이 아니야!
나다울 글, 김지영 그림, 토끼섬, 2024

『나는 컵이 아니야!』의 노란 컵은 자신이 무엇이든 될 수 있다고 이야기한다. 책에서 컵은 기발하고 다양한 모습으로 변신한다. 그림책을 읽으며 컵이 무엇으로 변신할지 학생들과 상상해 보고 이야기를 나누면서 더 즐겁게 읽을 수 있다. 그림책 속 변신한 여러 물건 중 가장 마음에 드는 것은 무엇인지 이야기를 나누고, 컵을 가지고 다양한 물건을 상상하여 표현하는 '나는 무엇이든 될 수 있어!' 놀이와 연계하여 즐겁게 상상력을 펼쳐 본다.

놀이 줄기기

 **준비물:** 투게더 컵 쌓기 컵 세트(학토재), 또는 플라스틱 컵, 종이컵

1단계 ● 그림책 읽고 이야기 나누기

그림책에서는 변신하는 컵 개수가 달라지면서 다양하고 기발한 여러 가지 물건으로 변신한다. 교사가 학생들에게 컵이 어떤 물건으로 변신할지 묻고, 학생들이 상상해 보며 책을 읽으면 재미 요소를 더할 수 있다. 그림책에는 컵이 바나나, 줄넘기, 케이크, 자동차, 전망대 등 여러 가지 물건과 쓰임새로 변신한다. 컵이 변신한 물건이나 쓰임새 중 가장 마음에 드는 것을 고르고, 그렇게 생각한 이유를 이야기하며 여러 사람의 반응을 공유한다.

2단계 ● **컵의 다른 쓰임새를 정지 장면으로 표현하기(개인)**

❶ 학생들에게 컵을 하나씩 나누어 준다. 요청이 있다면 1~2개 정도 컵을 더 주어도 좋다. 각자 컵으로 다른 물건이나 쓰임새로 사용하는 것을 상상해 본다. 학생들이 마음껏 상상해 볼 수 있도록 시간을 충분히 준다. 그림책에 나온 변신한 물건을 다시 보거나 다른 친구들의 발표를 잘 들으면 컵을 다른 물건으로 상상하는 데 도움이 된다.

❷ 컵을 가지고 상상한 물건을 정지 장면으로 표현한다. 표현할 물건이나 쓰임새에 따라 정지 동작 후 움직이거나 소리를 내도 좋다. 컵 이외의 다른 소품이 필요한 경우 함께 표현해 본다. 예를 들어, 컵을 연필 깎기로 상상한다. 컵을 가로로 눕히고 컵 아래쪽 구멍에 연필을 하나 꽂아 양손으로 잡고 선다. 교사가 어깨를 툭 건드리거나 소리로 신호를 주면 한쪽 손으로 연필 깎기처럼 돌린다.

❸ 다른 학생들은 첫 번째 정지 장면을 보고 무엇인지 맞힌다. 다른 학생들과 두 번째 움직이는 장면을 본 후 어떤 물건인지 이야기해 본다.

 정지 장면에서 움직이는 동작까지 표현하면, 학생들이 상상할 수 있는 범위가 넓어지고 다양하고 기발한 생각들이 나온다. 또한 다른 친구들의 발표를 보면서 자신의 생각을 발전적이고 창의적으로 넓혀 본다. 학생들이 귀마개, 의자, 볼링핀, 사이렌, 망원경, 골프공 등 다양하게 상상한다.

컵으로 상상한 물건(연필 깎기)

컵으로 상상한 물건(귀마개)

❹ 발표가 끝난 후, 가장 기억에 남는 물건이나 쓰임새를 이야기하며 소감을 나눈다.

3단계 • 컵의 다른 쓰임새를 정지 장면으로 표현하기(모둠)

3단계에서는 모둠 친구들과 함께 컵으로 다양한 물건이나 쓰임새를 상상해 보고 정지 장면으로 표현한다. 여러 명이 표현하는 것이므로, 컵이 아닌 다른 물건부터 컵이 다른 쓰임새로 사용되는 상황까지 생각의 범위를 확장시킬 수 있다. 소리, 움직이는 동작, 다른 도구들도 함께 사용할 수 있다.

❶ 모둠별로 무엇을 표현할 건지 의견을 모은다. 각자 돌아가면서 상상한 것을 이야기하고 가장 표현하고 싶은 것을 정한다. 모둠에서 의견을 정할 때 상대를 배려하며 내 의견만을 내세우지 않도록 한다.

❷ 표현할 물건이나 상황이 정해지면 필요한 컵의 개수와 도구 등을 결정한다. 교사는 학생들이 필요한 만큼 컵을 제공한다. 준비물이 갖춰지면 정지 동작으로 표현하고, 움직이는 동작이나 소리를 추가하여 연습한다. 연습하면서 각자 맡은 역할을 잘 표현할 수 있도록 협력하여 서로 돕는다.

❸ 모둠별로 나와서 정지 장면으로 표현하고 다른 친구들은 무엇인지 맞힌다. 교사가 어깨를 툭 건드리거나 소리로 신호를 주면 움직이는 동작이나 소리를 함께 표현한다. 움직이는 장면을 본 후 다른 학생들과 어떤 물건이나 상황인지 이야기해 본다.

❹ 모둠 발표가 끝난 후, 가장 기억에 남는 물건이나 쓰임새를 이야기하며 소감을 나눈다.

컵으로 상상한 물건(볼링공, 볼링핀)

컵으로 상상한 물건(케이크 모자)

4단계 • 제한된 조건에서 정지 장면으로 표현하기

❶ 컵의 개수를 무작위로 주고 표현해 본다. 또는 제한된 컵의 개수로 주어진 조건에서 다양한 물건이나 쓰임새를 상상하여 표현한다.

1. 조건이 주어진 상황에서 무엇인가를 상상하려면 생각하고 의견을 나누는 과정이 더 필요하다. 이 과정을 통해 상상력, 의사소통 능력을 더욱 향상시킬 수 있다.
2. 컵의 개수를 무작위로 제공하는 방법은 여러 가지이다. 돌림판에 여러 상황의 컵 개수와 무작위 칸(원하는 만큼)을 넣어 적는다. 돌림판에 적을 컵 개수와 무작위 칸 내용은 학생들 학년과 상황에 따라 교사가 변형하여 사용한다. 돌림판이 없는 경우에는 종이 뽑기, 주사위 굴리기 등의 무작위 추첨 방식으로 한다.

❷ 돌림판을 돌려 컵을 받았다면 받은 컵으로 다른 물건이나 쓰임새를 상상해 본다. 2, 3단계와 같이 모둠별로 나와서 정지 장면과 움직이는 장면, 소리 등으로 표현한 상태에서 다른 친구들이 무엇인지 맞힌다.

❸ 2, 3단계 놀이와 비교하여 좋았던 점, 어려웠던 점 등 소감을 나눈다.

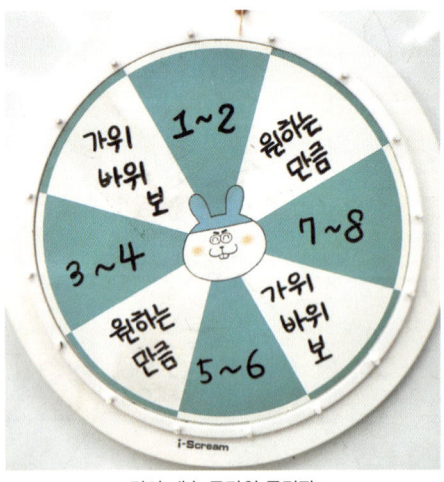
컵의 개수 무작위 돌림판

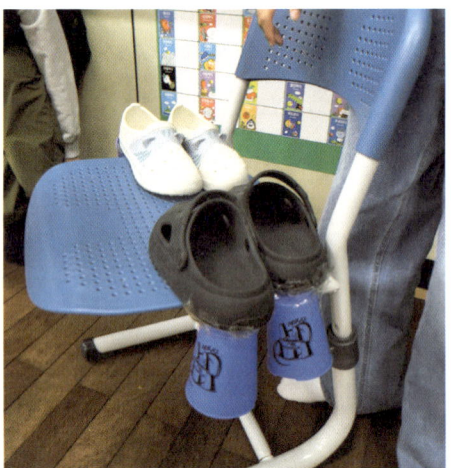
4개의 컵으로 상상한 물건(하이힐)

하나 더! • 즐겁게 춤을 추다가 그대로 변신해라!

위 놀이와 '즐겁게 춤을 추다가 그대로 멈춰라' 놀이를 합쳐서 '즐겁게 춤을 추다가 그대로 변신해라!' 놀이를 해 보자. 몸을 자유롭게 움직이고 여러 사람을 만나 상상하고 표현하면서 상상력과 표현 능력을 기를 수 있다.

❶ 개별로 컵을 하나씩 나누어 준다. 교사가 노래를 들려 주면 컵을 가지고 자유롭게 돌아다니면서 무엇으로 변신할지 생각한다. 교사가 "그대로 멈춰라!" 하고 외치면 멈춰 서고, 가장 가까운 곳에 있는 친구와 2명이 한 팀이 된다.

❷ 가위바위보를 해서 순서를 정하고 자신이 가지고 있는 컵을 다른 물건으로 변신해서 정지 장면으로 표현한다.

❸ 다른 학생들은 무엇인지 맞힌다. 순서를 바꾸어 한 명이 정지 장면으로 표현하고 다른 사람이 맞힌다. 노래가 다시 시작되면 자유롭게 돌아다니다가 교사의 지시에 따라 멈추고, 가까운 친구 한 명과 짝이 되어 정지 장면으로 표현하고 맞힌다.

그림책
공동체
놀이
11-20

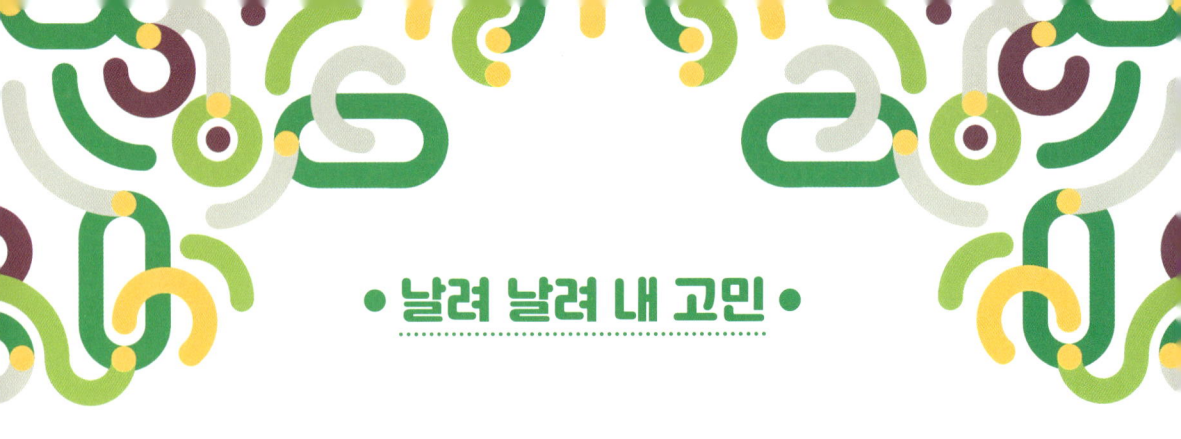

날려 날려 내 고민

놀이 소개

'날려 날려 내 고민'은 학급 전체가 참여하는 활동으로, 빈 종이에 자신의 고민을 적어 종이비행기나 종이공 모양으로 만들어서 던지고, 떨어진 종이를 펼쳐 다른 친구의 고민에 공감과 격려의 글을 적는 놀이이다. 학생들은 자신의 고민을 표현하고 타인의 고민에 공감하는 과정을 통해 상호 이해와 신뢰를 쌓는다. 이를 통해 공동체 안에서 서로의 어려움을 이해하며 정서적 안정감을 얻는다. 또한, 공감과 격려의 글을 작성하면서 자연스럽게 타인의 입장을 헤아리는 능력을 기르고 협력적 소통 역량을 키운다.

이 놀이는 학급 내 긍정적인 분위기를 조성하는 데 효과적이며, 학생들에게 서로 지지하고 응원하는 경험을 제공한다. 이를 통해 학생들은 공동체 안에서 자신의 역할을 이해하고 책임감을 느낀다. 무엇보다도 간단한 준비로 어디서든 쉽게 진행할 수 있어 학급 분위기 개선이나 집단 활동이 필요한 순간에 활용하기 적합하다. 이 활동은 고민을 나누고 공감하며 자연스럽게 공동체 역량을 키우는 기회를 제공하며, 학급 내 협력과 소통 문화를 형성하는 데 도움이 된다.

그림책 만나기

발표는 어려워!
이팅 리 글·그림, 그림책사랑교사모임 옮김, 교육과실천, 2024

시끄러운 교실에서 수줍어서 말도 잘 못하며 교실 뒤에 혼자 조용히 있는 수지는 다가올 '반짝반짝 보물 발표시간'이 두렵다. 혼자만의 비밀 장소에서 만난 소중한 친구 로봇 아놀드를 통해, 수지는 발표에 대한 두려움을 조금씩 극복한다. 이 그림책은 누군가 내 말에 귀를 기울이고 나에게 공감해 주는 것이 얼마나 중요한지 깨닫게 해주며, 경청과 공감의 힘을 강조한다. '날려 날려 내 고민' 놀이와 이 그림책은 서로 잘 어우러지는 활동과 메시지를 담고 있다. 고민을 나누고 공감하며 성장하는 경험을 통해 학생들에게 따뜻한 교실 문화를 만들어 줄 수 있다.

놀이 즐기기

 **준비물:** A4 용지(이면지), 유성 매직, 교실 내 넓은 공간

1단계 • 그림책 읽고 이야기 나누기

❶ 발표를 두려워하는 수지와 로봇 아놀드의 이야기를 통해, 자신의 특별함을 발견하고 용기를 얻는 과정을 담고 있어 학생들이 쉽게 공감할 수 있다. 그림책을 읽기 전, 학생들에게 "발표할 때 어떤 기분이 드나요?"라고 질문하며 자신의 경험을 떠올리게 한다. 학생들은 긴장감, 떨림, 혹은 설렘 등 다양한 감정을 이야기하며 자연스럽게 발표에 대한 이야기를 나눈다.

❷ "수지는 발표를 어떻게 극복했을까요?"라는 질문을 던지며 그림책을 읽어 나간다. 책을 읽는 동안 학생들에게 마음에 와닿는 문장이나 기억에 남는 장면을 찾도록 미리 안내한다. 특히 수지가 비밀 장소에서 만난 로봇 아놀드와의 교감을 통

해 발표에 자신감을 갖게 되는 장면에서는 학생들이 깊이 공감하고 집중하였다.

❸ 자신에게 와닿은 문장을 발표하며 그 이유에 대해 생각을 나눈다. "누군가 내 말을 들어 주는 것만으로도 마음이 편해졌다."라는 수지의 말이 특히 기억에 남는다는 학생도 있고, 앞으로는 자신도 친구들의 이야기에 더 귀 기울여야겠다는 소감을 밝힌 학생도 있다.

❹ 책의 뒷면지에 실린 '발표 잘하는 꿀팁'에서는 자신이 알고 있는 발표 잘하는 꿀팁을 나누는 활동과 연계한다. 학생들은 자신이 배운 꿀팁을 서로 공유하며, 누구에게든 어려운 일이 있지만 충분히 극복할 수 있다는 자신감을 얻게 된다.

2단계 ● 걱정 고민공 만들기

❶ 이면지에 각자 이름을 쓰고, 자신의 고민이나 걱정, 자신 없는 일 등에 대해 적는다. 이때 빨간색 사인펜, 마커 등을 사용하면 좋다. 적고 싶은 고민이 많더라도 그중 하나만 골라 쓰게 한다. 놀이의 마지막에 자신의 공을 찾는 단계가 있으므로 꼭 자신의 이름을 적도록 한다.

❷ 교사도 A4 용지에 고민과 걱정거리를 적는다. 학생들 앞에서 먼저 종이공 만드는 것을 시범으로 보여 준다. 고민과 두려움, 속상했던 마음을 떠올리며 종이를 구겨 공 모양으로 만든다. 교사가 A4 용지를 과감하게 구기고 종이공을 만드는 모습을 보면 학생들은 "와!" 하면서 짜릿한 쾌감을 느낀다.

❸ 학생들이 만든 종이공을 한곳에 모으고 학급 전체가 "걱정아, 사라져라."라고 구호를 외친다. 학급 전체가 서로 의견을 나누어 마법의 주문을 정하는 것도 좋다.

우리들의 걱정과 고민거리를 한자리에 놓고 한마음으로 걱정과 고민이 사라지기를 바라며 서로를 응원하는 과정을 통해 공동체 역량을 자연스럽게 함양할 수 있다.

1. 종이가 찢어지면 활동이 어렵다는 것을 사전에 안내한다.
2. 학생들은 자신의 고민과 걱정을 종이공으로 만들면 고민이 사라진다는 느낌을 받으며 활동에 참여한다.

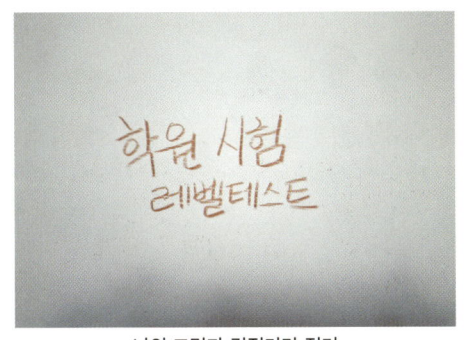
나의 고민과 걱정거리 적기

걱정 고민 공 만들기

3단계 • 날려 날려 내 고민

❶ 구긴 종이공을 들고 학급 전체가 둥글게 빙 둘러선다. 교사의 신호에 맞추어 천장의 한 지점을 정해 종이공을 던진다.

❷ 바닥에 떨어진 종이공을 줍고 종이를 펼친다. 이때 내가 쓴 공을 주운 경우는 다른 사람과 바꾼다. 받은 종이에 격려와 응원의 메시지 또는 내가 생각하는 해결 방법을 적는다. 이때는 빨간색 이외의 유성 매직으로 적는 것이 좋다.

❸ 종이를 다시 공으로 만든 후, 다시 둥글게 서서 천장에 종이공을 던지고, 다른 친구의 종이공에 격려와 응원의 말을 적는다. 이 활동을 4~5회 정도 반복한다.

❹ 놀이가 끝나면 친구에게 종이공을 찾아준다. '걱정 고민공'을 만들 때 자신의 이름을 적게 하는 것이 중요하다. 자신의 종이를 받아 천천히 펴면서 나를 위로하는 말들을 읽는다. 나에게 위로와 힘이 되는 문장들이 잘 보이도록 종이를 손다리미로 편다.

❺ 학급 전체가 같이 모여 가장 위로받은 문장이 무엇인지 골라 말한다. 격려와 응원의 메시지를 적어 준 학급 친구들에게 "힘이 납니다. 고맙습니다."라고 말하며, 감사를 나눈다.

날려 날려 내 고민

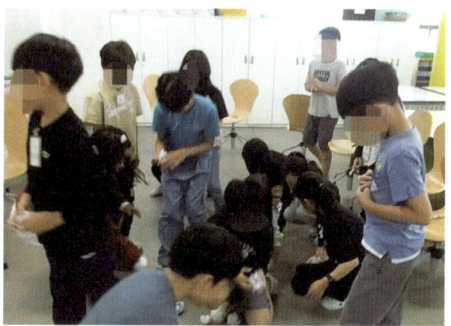
친구의 종이공 받기

격려와 응원의 메시지 적기

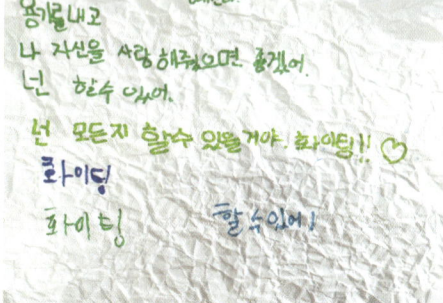
친구들의 메시지를 읽으며 감사 나누기

하나 더! • 장점 공 만들기

'장점 공'을 만들기 위해 종이에 자신의 강점이나 자랑스러운 순간을 적는다. 이때 다른 친구들은 해당 강점을 더욱 살릴 수 있는 격려와 조언을 적어 준다. 이러한 활동은 고민에서 벗어나 긍정적인 에너지를 키우고, 서로의 강점을 발견하며 더욱 밝은 분위기를 만든다.

또한, 공을 던질 때 학생들이 특정 동작을 넣게 한다. 예를 들어, "장점아, 더 사라져라."처럼 학급이 정한 마법의 주문을 외치며 던지거나 음악에 맞춰 정해진 동작을 한다. 이처럼 흥미 요소를 추가하면 놀이에 더 많은 활력을 주고, 학생들의 즐거운 참여를 이끌 수 있다.

너와 나 사이의 섬 연결하기

놀이 소개

'너와 나 사이의 섬 연결하기'는 2가지 흥미로운 놀이 활동으로 구성되어 있다. 첫 번째 놀이는 '인간 매듭 풀기 놀이'이다. 인간 매듭 풀기 놀이는 팀워크와 문제 해결 능력을 키우는 재미있는 놀이이다. 엇갈려 잡은 손이 관계 속에서 엉킨 갈등이라고 생각하면서 갈등을 해결하며 소통과 협력의 과정을 경험할 수 있다. 최소 두 사람부터 시작할 수 있다. 그리고 3명, 4명, 학급 전체가 함께할 수도 있다. 즐겁고 협력적인 분위기에서 진행하면 좋은 결과를 얻을 수 있다.

두 번째 놀이는 실 연결 놀이이다. 실 연결 놀이는 실타래를 다른 사람에게 던져 주면서 미션을 수행하는 놀이이다. 놀이가 진행될수록 털실 뭉치를 한 번씩 받게 되어 서로 얽히고설키며 이어져 우리가 하나라는 느낌이 절로 든다. 활동이나 수업을 마무리할 때 활동하면 더 좋다.

그림책 만나기

내가 섬이었을 때
조경숙 글·그림, 월천상회, 2024

외로운 섬들은 서로 연결되기 위해 다리를 놓으려 노력한다. 나무나 돌로 다양한 다리를 놓으며 가까워지려고 시도한다. 하지만 다리는 반드시 연결을 보장하지 않으며, 방향이 어긋나거나 실패하기도 한다. 안개나 오해로 인해 멈추거나 갈등이 생기기도 한다. 이런 과정에서 섬은 상처받고 지쳐 혼자가 되기로 결심한다. 파도와 바람은 섬에게 괜찮은지 물으며 흔들어 깨운다. 결국 섬은 용기를 내어 다시 다리를 놓아 관계를 시도한다. 『내가 섬이었을 때』는 타인과의 '관계 맺기'의 어려움에 대해 이야기하고 있다. 사람과의 관계로 인해 상처받고 때론 그로 인해 단절을 결심하기도 하지만, 그럼에도 또 관계를 맺으려 하고, 관계로 인해 회복될 수 있음을 전달하고 있다.

놀이 즐기기

 **준비물:** 털실 한 뭉치

1단계 ● 그림책 읽고 이야기 나누기

『내가 섬이었을 때』를 읽고 난 후 우리는 삶이라는 바다에 떠 있는 섬이라는 생각을 하게 된다. 우리가 섬이라면 서로에게 다가가기 위해 다리를 놓아야 하는데 상대의 마음에 닿는 다리를 만들어 가는 것은 쉬운 일이 아니다.

❶ 먼저 학생들과 '너와 나 사이를 더 멀어지게 만드는 것'에 대해 이야기한다. 포스트잇에 자유롭게 자기 생각을 적도록 한다. 서로를 멀어지게 했던 것들로 뒷담화하기, 거짓말하기, 이간질하기, 욕하기, 무시하기, 존중하지 않기, 때리기 등 서로

에게 상처가 돼서 멀어질 수밖에 없었던 경험을 나눈다.

❷ '너와 나를 이어 주는 것들'에 대해 포스트잇에 쓴다. 관계를 이어 주고 가깝게 해 주는 것으로 칭찬, 배려, 존중, 착한 말하기, 서로 믿기, 힘들 때 위로하기, 함께 놀이하기, 응원하는 말하기, 경청하기 등이라고 말했다.

이야기를 나누면서 '관계'라는 다리를 놓아가면서 지켜야 할 것들에 대해 알아보고, 서로의 개성과 다름을 이해하고 존중할 때 우리는 더 이상 섬이 아니고 서로 연결되고 함께 지낼 수 있는 관계가 될 수 있음을 이해하게 된다.

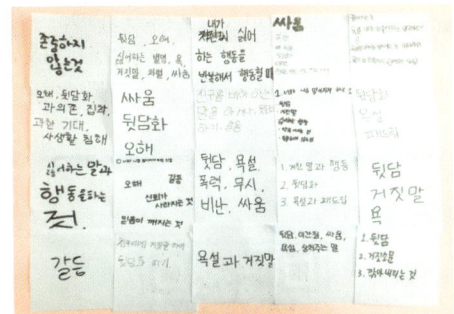

너와 나를 멀어지게 하는 것들   너와 나를 이어 주는 것들

2단계 ● 인간 매듭 풀기

우리는 관계를 맺고 살아가면서 수많은 갈등 상황에 놓인다. '인간 매듭 풀기'는 꼬인 관계를 풀어가기 위해서 어떤 태도와 노력이 필요한지를 간접적으로 경험해 보는 놀이이다.

가장 기본 단계는 2명이 손을 마주 잡고 매듭을 만드는 것이다. 매듭을 만들기 위해 오른손을 위로, 왼손을 아래로 엇갈려 놓는다. 이때 오른손 손바닥은 아래쪽을 향하게 하고, 왼손 손바닥은 위쪽을 향하게 놓은 다음 서로의 손을 마주 잡는다. 이렇게 손을 마주 잡으면 매듭이 쉽게 풀리지 않는다. 두 사람 사이에 생겨난 갈등처럼 옴짝달싹하지 못하게 서로를 꽁꽁 묶어 놓는다.

매듭을 풀기 위해서 어떻게 해야 할까? 매듭을 풀기 위해서 가장 먼저 해야 할 것은 손을 높이 올리는 일이다. 상대가 높이 올린 손 아래로 통과할 수 있도록 길을 열어 주는 것이 매듭을 풀 수 있는 첫 단추다. 손을 높이 올리고 기준이 되는 사람을 중심으로 옆 사람이 손아래로 통과하면서 지나가고, 처음 손을 올린 사람이 마지막으로 손아래를 통과해서 나가면 매듭이 쉽게 풀린다. 손 매듭이 모두 풀렸을 때 엄청난 성취감과 함께 문제를 해결했다는 공동체 의식을 느낀다.

손 마주 잡기 기본 형태: 오른손은 위로 가고, 손바닥은 아래쪽을 향한다.
왼손은 아래로 가고, 손바닥은 위쪽을 향한다.

손 마주 잡기 기본 형태로
여러 사람이 서로 손을 맞잡을 수 있다.

인간 매듭 풀기 QR코드

3단계 • 실 연결 놀이

실 연결 놀이*는 학급 구성원들이 서로를 더 잘 이해하고, 신뢰와 유대감을 쌓을 수 있는 재미있고 창의적인 공동체 놀이이다. 실을 활용한 활동은 학생들 간의 협력과 소통을 촉진하며, 학급 전체의 분위기를 하나로 만들 수 있다.

❶ 학생들이 동그랗게 앉는다. 첫 번째 미션은 실타래를 들고 있는 사람이 임의로

---

* 나승빈, 『나승빈 선생님의 지속가능한 교실 속 놀이 이야기』, 맘에드림, 2023년, 94쪽 참고

한 사람에게 실을 던진다. 실타래를 던질 때는 받을 친구의 이름을 부른다. 이름이 불린 사람은 자리에서 일어난다.

❷ 실타래를 던지는 학생은 받을 친구를 칭찬하며 던진다. "너는 참 다정한 친구야. 내가 힘들 때 따뜻하게 위로해 준 너를 칭찬해.", "너는 그림을 참 잘 그리는 것 같아. 네가 그려 준 내 캐릭터 소중히 간직할게.", "너는 리더십이 좋은 것 같아. 모둠활동에서 어려움을 겪을 때 도와주는 모습이 참 멋졌어.", "너는 글씨가 참 이뻐. 너의 글씨체가 특허로 나왔으면 좋겠어.", "너의 유머감각을 칭찬해. 너의 유머 덕분에 1년간 즐거웠어." 등 친구의 장점을 칭찬하는 말을 한다.

❸ 실타래를 받는 친구는 고맙다고 인사한다. 실타래를 받은 사람은 실을 고리 모양으로 만들어 자기 손에 끼우고 실을 가지고 있지 않은 다른 사람에게 같은 방식으로 실타래를 전달한다. 마지막 사람까지 털실이 도착하면 1차 미션이 완료된다.

❹ 서로 연결된 실을 살짝 당겨 보면서 서로가 서로에게 연결되어 있는 존재라는 것을 확인해 본다.

❺ 처음에 자신에게 실타래를 던지며 칭찬했던 친구에게 칭찬을 돌려 준다. 실타래를 받았던 친구에게 다시 털실을 전달하면서 그 친구의 장점을 말해 주며 실타래를 감는다.

❻ 실 연결 놀이 활동을 통해 우리는 모두가 서로 연결되어 있음을 확인할 수 있다. 외로운 섬이 아닌, 서로에게 좋은 관계로 남을 수 있도록 노력할 수 있는 점에 대해 후기를 나누어도 좋다.

마주 앉아 있는 친구에게 실타래를 던지며 미션을 수행하는 모습

하나 더! • 실로 연결된 놀이

실로 연결된 팀워크 미션

실로 연결된 상태에서 팀워크를 필요로 하는 미션을 수행하는 놀이이다. 학생들을 4~6명씩 팀으로 나누고, 실을 각 팀원들의 손목이나 허리에 묶는다. 실이 끊어지지 않도록 유지하면서 미션을 해결해야 한다(예: 물건 옮기기, 공 함께 차기, 특정 지점에 물건 놓기). 미션을 해결하는 동안 서로의 움직임을 조정하고 협력하며 문제를 해결한다. 실이 끊어지지 않은 팀이 미션을 먼저 성공하면 우승한다.

공동 작품 놀이

실을 서로 연결하면서 일정한 모양이나 패턴을 완성해 나가고, 이를 통해 학생들 간의 협력과 창의성을 발휘할 수 있다.

우선 각 학생에게 실의 한 부분을 쥐게 하고, 전체적으로 한 가지 모양(예: 별, 나무, 하트 등)을 만들도록 지도한다. 학생들은 서로 의논하여 실의 길이를 늘이거나 줄이면서 원하는 모양을 만들어 나간다. 완성된 실 작품을 학급 내에 전시하거나 사진으로 기록한다. 학생들이 함께 만든 작품을 감상하며, 공동 작업의 의미를 이야기 나눌 수 있다.

눈치 끝말잇기

놀이 소개

'눈치 끝말잇기'는 친구들과 함께 즐기며 자연스럽게 의사소통과 협동심을 기를 수 있는 재미있는 놀이이다. 이 놀이를 통해 학생들은 언어 능력을 향상시키고, 상황 판단 능력 및 동료와의 관계를 강화하는 기회를 가질 수 있다. 끝말잇기는 우리가 흔히 알고 있는 말놀이 중 하나의 형태이다. 말놀이는 학생들에게 다양한 어휘를 재미있는 놀이를 통해서 습득할 수 있도록 돕는다. 기존의 끝말잇기 놀이와 눈치 게임 규칙을 덧붙여 학생들에게 흥미를 주도록 하였다. 또한, 짝 또는 팀원들과 함께 협력하는 과정을 통해 팀워크의 중요성을 배우며, 상대방의 행동을 주의 깊게 관찰하고 즉각적으로 반응하는 능력을 기른다. 아울러 끝말을 잇기 위해 빠른 시간 내에 생각하고 대응하는 과정에서 창의적이고 유연한 사고력을 발전시킬 수 있다.

그림책 만나기

끝말잇기
김영진 글·그림, 길벗어린이, 2023

화창한 가을 주말, 그린이는 아빠를 따라 힘겹게 산을 오르다 '끝말잇기'를 떠올린다. 이 놀이를 시작하자 그린이는 활기를 되찾고, 아빠와 함께 단어를 이어가며 즐거운 대화를 나눈다. 드라마와 음식 이야기로 소중한 추억을 나누며 산행이 지루하지 않게 된다. 이처럼 『끝말잇기』는 일상 속에 가족 간의 사랑과 유대감을 판타지적으로 표현하였다. 교실에서도 끝말잇기 놀이를 통해 친구들과 함께 소통하며 협동심과 창의력을 기를 수 있다. 또한, 놀이를 통해 친구들과 재미있는 이야기를 나누며 즐거운 추억을 쌓을 수 있다.

놀이 즐기기

 준비물: 종이

1단계 • 그림책 읽고 이야기 나누기

❶ 그림책을 읽은 후, 학생들과 함께 끝말잇기를 했던 경험에 관해 이야기 나누는 시간을 갖는다. 각자 그 경험이 어땠는지, 그리고 끝말잇기를 하면서 느낀 감정에 대해서도 서로 공유한다. 한 학생은 끝말잇기에서 져서 속상한 마음에 눈물이 났던 이야기를 전하며, 그 감정을 솔직하게 표현했다. 또 다른 학생은 자신은 끝말잇기를 한 번도 진 적이 없다며 자신만만하게 이야기해 주변 친구들의 웃음을 자아냈다. 이러한 다양한 경험을 나누는 과정은 서로의 감정을 이해하고 공감하는 데 큰 도움이 된다.

❷ 학생들과 가장 재미있었던 장면을 선택하여 간단한 역할극을 진행한다. 그림책의 주인공인 그린이와 아빠 역할을 나누어 맡고, 이야기를 재현해 보는 것이다.

학생들은 그린이가 아빠와 함께 산을 오르는 장면이나, 끝말잇기를 시작하며 즐거워하는 장면을 선택하여 연기한다. 이 과정에서 학생들은 이야기의 흐름을 이해하고, 등장인물의 감정을 더욱 깊게 느낄 수 있는 기회를 경험한다.

　역할극이 진행되는 동안 학생들은 서로의 연기에 웃고, 감정이입을 하며 함께 즐기는 시간을 보낸다. 그린이와 아빠 간의 사랑과 유대감이 어떻게 표현되는지를 몸소 느끼면서, 또 한 번 책의 의미를 되새긴다.

2단계 ● 끝말잇기 낱말 카드 만들기

　'눈치 끝말잇기'를 하기 위해 그림책에 있는 낱말 중 하나를 선택하여 끝말잇기 낱말 카드를 만드는 과정은 다음과 같다.

❶ 교사는 학생들에게 그림책에서 보았던 낱말들을 함께 생각해 보도록 유도한다. 예를 들어, '대나무', '무지개', '개나리'와 같은 다양한 낱말을 제시하며 학생들의 흥미를 끌고 상상력을 자극한다. 이 과정에서 학생들은 어떤 낱말을 선택할지 깊이 고민하게 되며, 서로의 생각을 나눈다. 학생들이 중복된 낱말을 사용하지 않도록 교사는 적절한 질문을 던지며 다양한 낱말을 떠올릴 수 있게 돕는다.
❷ 교사는 학생들에게 A4 용지를 1/4 크기로 잘라 나눠 준다. 학생들은 종이의 중앙에 자신이 선택한 낱말을 크게 적는다. 네임펜이나 사인펜을 이용해 선명하게 쓰도록 한다.
❸ 낱말 카드가 완성되면 학생들은 교실 앞에 미리 준비해 놓은 상자 안에 자신이 만든 낱말 카드를 넣는다. 모든 학생이 끝말잇기에 사용할 낱말 카드를 다 완성했다면, 이제 놀이 준비가 끝난 것이다.

끝말잇기 낱말 카드 만들기   상자에 카드 모으기

3단계 • 짝 눈치 끝말잇기

❶ '짝 눈치 끝말잇기' 놀이를 진행하기 위해 2명씩 짝을 지어 한 팀을 구성한다. 만약 학급 인원이 홀수일 경우, 마지막 팀은 3명이 한 팀이 되는 것도 허용하여 모두가 함께 참여할 수 있도록 한다.

❷ 교사는 학생들의 낱말 카드를 모아 놓은 상자에서 무작위로 한 장의 카드를 뽑는다. 이때, 낱말 카드를 학생들이 보지 못하도록 신경 써서 공정한 놀이가 이루어지도록 한다.

❸ 교사가 뽑은 카드를 학생들에게 발표하면, 학생들은 주의 깊게 듣고 그 낱말의 끝말로 시작하는 단어를 생각한다. 2명의 팀원 중 먼저 알맞은 낱말을 말하며 자리에서 일어난 학생이 1점을 획득한다. 중요한 점은, 만약 먼저 일어났지만 틀린 답을 말했을 경우 점수를 얻을 수 없다는 것이다. 이는 학생들이 신중하게 생각한 후에 대답하도록 유도한다.

❹ 이 과정을 5번 반복하여 점수를 집계한다. 최종적으로 점수를 가장 많이 획득한 학생이 이긴다. 이 놀이 횟수는 학급의 상황에 맞춰 유동적으로 변경할 수 있으며, 필요에 따라 늘리거나 줄여 즐거운 시간을 보낼 수 있다.

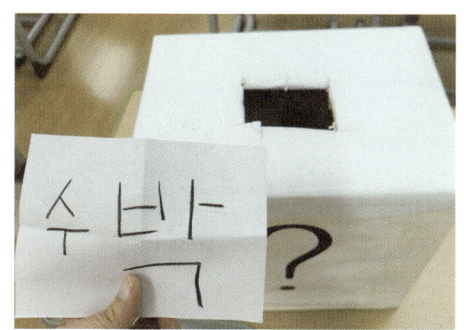
상자에 있는 낱말 카드 선택하기

짝 눈치 끝말잇기 놀이하기

4단계 • 팀별 눈치 끝말잇기

❶ '팀별 눈치 끝말잇기'를 진행한다. 이 활동을 위해 8~10명의 학생을 무작위로 뽑아 교실 앞으로 나와 한 줄로 앉게 한다. 이렇게 함께 모인 학생들은 팀을 이루어 놀이를 즐길 준비를 한다.

❷ 교사는 준비된 상자에서 낱말 카드를 무작위로 하나 뽑아, 그 낱말을 학생들에게 말한다. 뽑힌 낱말의 끝말로 시작하는 단어를 생각나는 학생은 서서 낱말을 외쳐야 한다.

❸ 다음 학생은 앞의 학생이 말한 낱말의 끝말로 시작되는 낱말을 이야기한다. 예를 들어, 교사가 '대나무'를 말하였고 첫 번째 학생이 '무게'라고 했다면, 두 번째 일어서는 학생은 '게'로 시작하는 낱말을 말해야 한다. 이때 학생들은 눈치를 보며 순서대로 일어나야 하고, 동시다발적으로 여럿이 일어나는 경우, 그 참여자들은 놀이에서 아웃된다. 아웃된 학생들은 자기 자리로 돌아간다.

❹ 마지막까지 남는 한 명을 결정할 때까지 계속 반복하여 활동한다. 즉, 한 명씩 점점 줄어들며 최후의 1인이 남을 때까지 진행된다. 이 과정에서 학생들은 자신의 차례를 기다리는 동안 상대방의 반응을 주의 깊게 살피게 되며, 짜릿한 긴장감과 재미를 느낄 수 있다.

팀별 눈치 끝말잇기 놀이 준비

팀별 눈치 끝말잇기 놀이하기

하나 더! • 릴레이 끝말잇기

팀별로 협동심을 강화할 수 있는 '릴레이 끝말잇기'로 변형하여 진행할 수 있다. 이 활동은 학생들이 협력하고 소통하는 능력을 기를 수 있는 기회를 제공한다.

❶ 학생들을 5~6명으로 이루어진 모둠으로 나눈 후, 교실 앞에 일자 형태로 선다.
❷ 각 모둠의 맨 앞에 선 학생이 상자에 있는 낱말 카드 중 한 장을 꺼내 읽는다. 이때 카드에 적힌 낱말을 말한 후, 맨 뒤에 서 있는 학생에게 손바닥을 터치한다.
❸ 뒤에 있는 학생은 앞선 학생이 말한 낱말의 끝말로 시작하는 낱말을 생각해 내고, 그 낱말을 말한 후 자신의 뒤에 있는 학생의 손바닥을 다시 터치한다. 이 과정은 계속해서 다음 학생에게 이어지며 반복된다. 1분 동안 얼마나 많은 낱말을 이어 말할 수 있는지를 확인한 후, 각 모둠의 낱말 개수를 칠판에 기록한다.
❹ 모든 모둠이 같은 방법으로 릴레이 끝말잇기를 진행한 뒤, 점수를 확인한다. 점수를 가장 많이 모은 팀이 최종 이긴다.

이 과정에서 학생들은 다음 순서의 친구를 배려하고, 이야기를 경청하는 습관을 기를 수 있다. 릴레이 끝말잇기는 학생들이 협동심을 발휘하고, 게임의 재미와 함께 서로 소통하는 방법을 배우는 놀이 활동이다.

다 함께 변신!

놀이 소개

'다 함께 변신!'은 보자기, 폼 스틱 등과 같은 간단한 도구를 사용하여 동물이나 사물 또는 특정한 상황을 상상하고 몸으로 표현하는 놀이이다. 표현하고 싶은 주제를 구상하고 자유롭게 몸과 도구를 사용하여 나타냄으로써 상상력과 창의력을 발휘하도록 한다. 혼자서도 상상하고 표현할 수 있지만, 친구들과 의논하여 함께 표현함으로써 의사소통 능력을 향상시킬 수 있다.

학생들은 자신의 의견을 표현하고 친구의 의견을 경청하며 이해하는 법을 배우게 되며, 친구들과 팀이 되어 함께 목표를 세우고 협력하는 과정을 통해 팀워크의 중요성을 경험하게 된다. 무엇보다 혼자 할 때보다 함께 할 때 더 다양한 생각을 얻을 수 있고, 즐겁게 놀이할 수 있다는 것을 경험하며 친구, 공동체의 중요성을 느낀다.

그림책 만나기

뭐든 될 수 있어
요시타케 신스케 글·그림, 유문조 옮김, 위즈덤하우스, 2017

저녁에 빨래를 개는 엄마 옆에서 아이가 몸으로 온갖 변신을 하며 문제를 내고 엄마가 맞히는 내용의 그림책이다. 아이가 기발한 상상력을 발휘하여 다양하게 변신하고 나면 뒷장에서 정답을 보여 주어 독자들에게 함께 맞히는 재미를 준다. 아이가 몸으로 보여 주는 무궁무진한 상상을 보며 학생들은 상상력의 한계를 뛰어넘어 몸으로 무엇이든 표현할 수 있다는 동기를 준다.

놀이 즐기기

 **준비물:** 보자기, 폼 스틱 등

1단계 ● 그림책 읽고 이야기 나누기

그림책을 읽은 후, 학생들은 그림책에서 아이가 표현한 동작들을 몸으로 표현해 본다. 먼저 도구 없이 몸으로만 표현할 수 있는 것부터 시작하여 책에 나온 장면을 따라 한다.

학생들에게 보자기와 폼 스틱 또는 다양한 생활 소품을 나누어 주어 도구를 활용하여 표현하도록 한다. 책 속 장면이나 사물을 주인공과 똑같이 표현한 후에는 각자의 생각으로 주인공과 다르게 표현해 본다. 자신이 상상한 것을 자유롭게 마음껏 나타내도록 한다.

학생들의 절반은 표현을 하고, 나머지는 친구들의 표현을 관찰하면 상대방의 생각과 의도를 살펴보고 아이디어도 얻을 수 있다. 또한 친구들의 모습을 보며 나와 다른 시각에서 볼 수 있는 기회를 얻는다.

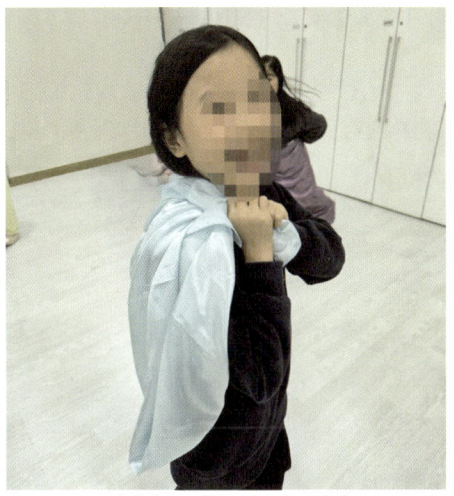

주인공과 똑같이 표현한 산타 할아버지 / 상상하여 표현한 산타 할아버지

2단계 ● 둘이 함께 변신 놀이

❶ 둘씩 짝을 지어 약 2분간 둘이 함께 몸으로 표현하고 싶은 것을 정한다. 시간이 지나면 모두 둥글게 모인 후 두 사람씩 무엇을 표현하는 것인지 몸으로 보여 준다. 이때 몸으로만 표현해도 되고 주어진 도구를 사용할 수도 있다.

❷ 둘이 함께 변신한 것을 보고, 무엇을 나타낸 것인지 다 같이 맞힌다. 정답을 들은 후에는 모두 함께 두 사람의 동작을 따라 한다. 이때 동작을 표현하는 두 사람은 "애들아, 우리 코끼리가 되어 보자!"라고 말한 후 동작으로 표현하고, 나머지 학생들은 "그래, 그러자!"라고 답하며 두 사람의 동작을 따라 한다.

❸ 이와 같은 방법으로 두 사람씩 동작을 보여 주고 다 같이 맞힌 후, 모두가 그 동작을 따라 하는 방식으로 놀이를 진행한다.

두 사람이 동작을 표현하기 위해 서로 의견을 주고받으며 자연스럽게 팀워크와 의사소통 능력을 기른다. 두 사람이 하자고 하는 동작을 모두가 수긍하고 따라 함으로써 다른 사람을 지지하고 협력하는 태도를 기를 수 있다.

3단계 • **모두 다 함께 변신 놀이**

 두 사람이 함께 표현하는 놀이 후에는 모둠원의 수를 다양하게 하여 모둠원과 함께 변신 놀이를 한다.

❶ 둥글게 서서 한 학생이 주사위를 굴린 후 나온 숫자만큼 그 학생의 오른쪽으로 돌아가며 모둠원을 구성한다. 한 모둠이 구성되고 나면 그다음 학생이 주사위를 굴려서 나온 수만큼 모둠을 구성한다. 이때 숫자 1이 나오면 주사위를 다시 굴려서, 혼자가 아니라 친구들과 함께 표현하도록 한다. 여러 친구들과 의견을 모으고 협력하면서 학생들은 자연스럽게 사회적 관계 형성 능력을 키워갈 수 있다.

❷ 학생들은 어떤 것을 표현할지 의논하고 연습한다. 약 3분 후 전체가 둥글게 모여 모둠별로 변신한 모습을 보여 주고, 나머지 모둠은 무엇인지 맞힌다.

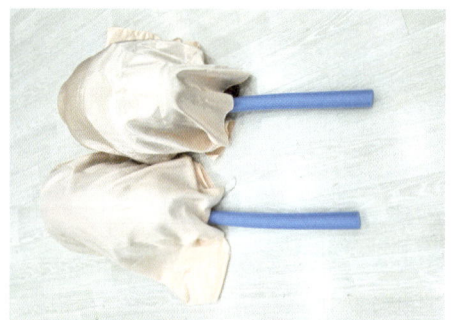
장수풍뎅이 가족을 표현한 모습

다 함께 장수풍뎅이 가족을 표현한 모습

낙타를 표현한 모습

푸딩을 표현한 모습

❸ 모둠별로 돌아가며 변신하고 다같이 맞힌 후 '우리 반 친구들과 하고 싶은 것', '우리 반을 위해 우리가 할 수 있는 것', '우리가 바라는 학급의 모습' 등과 같이 주제를 주어 몸으로 표현한다.

학생들은 학급 구성원으로서 바라는 점을 이야기 나누고 몸으로 표현함으로써, 공동체 안에서 긍정적인 마음을 키우고 소속감을 높일 수 있다. '우리가 바라는 학급의 모습'을 주제로 했을 때 학생들은 '서로 왕자와 공주처럼 대하기', '함께 사이좋고 즐겁게 놀기'라고 말했다. '우리 반 친구들과 하고 싶은 것'을 주제로 했을 때는 '놀이동산에 놀러 가기', '캠핑가기', '술래잡기' 등이 있었다. 학생들의 바람과 희망을 몸으로 표현할 때 함께 즐거워하고 서로에게 공감하는 모습을 볼 수 있다.

서로 왕자와 공주처럼 대하기

함께 캠핑하기

하나 더! • 공동체 관련된 낱말 표현하기

학교 이름, 반 이름, 담임선생님 이름, 급훈 등 학생들의 공동체와 관련된 낱말을 몸과 도구를 사용해서 표현할 수 있다.

❶ 학급을 두 모둠으로 나누어 각각 표현할 주제를 정한 후 도구와 몸을 이용해서 자유롭게 표현한다.
❷ 한 모둠이 표현하고 나면 다른 모둠이 큰 소리로 낱말을 읽고, 또 다른 모둠이 표현하고 나면 나머지 모둠이 큰 소리로 낱말을 읽는다.
❸ 학급 전체가 다 함께 하나의 낱말을 몸과 도구로 표현한 후 교사가 "하나, 둘,

셋!" 하고 외치면 다 같이 표현한 낱말을 외친다.

 낯선 자세로 친구들과 몸을 맞대고 하나의 목소리를 내는 것은 학생들에게 색다르고 즐거운 경험이 된다. 함께 외치는 학교 이름, 반 이름, 급훈 등은 학생들이 모두 한 공동체라는 점을 일깨우고 소속감을 준다.

다 함께 빠르고 정확하게 순간 이동

놀이 소개

투게더 스틱을 활용한 '다 함께 빠르고 정확하게 순간 이동'은 팀빌딩과 협력 활동을 위한 흥미로운 놀이이다. 이 놀이는 24개의 스틱(50cm, ABS 재질)을 2개씩 연결하여 12개의 100cm 스틱을 만들어 진행한다. 학생들은 원형으로 서서 각자 연결된 긴 스틱을 잡고, 신호에 맞춰 동시에 옆으로 한 칸씩 이동하며 스틱을 부드럽게 넘겨받아야 한다. 이 과정에서 원을 유지하면서 계속해서 이동을 반복한다.

긴 스틱을 사용함으로써 학생들은 더 협력하고 조정해야 하며, '빠르고 정확하게'라는 목표에 맞춰 신속하고 정확하게 동작을 수행해야 한다. 이 과정에서 서로의 움직임을 예측하고 조율하는 능력을 기르며, 공동의 목표를 위해 협력하는 경험을 쌓게 된다. 이는 학생들의 팀워크, 의사소통 능력, 신체 협응력을 향상시키는 데 매우 효과적이다.

그림책 만나기

나쁐 씨앗
조리 존 글, 피트 오즈월드 그림, 김경희 옮김, 길벗어린이, 2018년

『나쁜 씨앗』은 행복했던 해바라기 씨앗이 예기치 못한 사건으로 '나쁜 씨앗'이 되어가는 과정을 그리고 있다. 주인공 씨앗은 의도적으로 다른 사람을 불편하게 하는 행동을 하며 스스로를 '나쁜 씨앗'이라고 규정한다. 그러나 시간이 지나면서 자신의 행동을 돌아보고 변화하기 위해 노력한다. 나쁜 씨앗의 자기 성찰과 변화 노력은 개인의 변화가 전체 공동체에 긍정적인 영향을 미칠 수 있다는 점을 알게 한다. 서로를 이해하고 돕는 과정에서 개인과 공동체가 함께 성장할 수 있다는 메시지를 통해 학생들은 협력의 가치를 자연스럽게 배울 수 있다.

놀이 즐기기

 **준비물:** 투게더 스틱 1세트(학토재), 공, 바구니

1단계 • 그림책 읽고 이야기 나누기

그림책을 읽은 후, 주인공 씨앗이 왜 '나쁜 씨앗'이 되었는지 질문한다. 나쁜 씨앗이 '삐뚤어질 테야!'라고 생각할 때 마음이 어떠했을지 이야기하면서, 우리도 모르게 다른 사람의 마음을 아프게 할 수 있다는 점을 생각한다. 삐뚤어진 나쁜 씨앗의 행동이 다른 친구들에게 어떤 피해를 주는지 이야기하며 학급에서 삐뚤어진 행동에는 어떤 행동이 있는지, 그 행동으로 불편했던 점은 무엇이 있었는지 토론한다. 나쁜 씨앗이 변화되기 시작하면서 달라진 점이 무엇인지 생각하며, 학급에서 자신은 어떻게 행동하는 학생인지 이야기한다.

마지막으로, 우리 반을 더 좋은 반으로 만들기 위해 어떤 노력을 할 수 있을지 함께 아이디어를 제안한다. 이 과정에서 서로의 의견을 존중하고 경청하는 태도의 중요성도 자연스럽게 배운다. 이야기 나누기를 통해 학생들은 협력이 단순히 함께 일하는 것을 넘어, 서로를 이해하고 돕는 과정임을 깨달으며 더 나은 공동체를 만들어가는 데 기여하는 태도를 기른다.

2단계 ● 다 함께 빠르고 정확하게 순간 이동

❶ 놀이를 시작하기 전, 학생들은 자신의 스틱을 잡고 일정한 간격으로 원을 그린다.

❷ 놀이가 시작되면 모든 학생은 교사의 신호("하나, 둘, 셋")에 맞춰 자신의 스틱을 놓고 오른쪽 사람의 스틱이 넘어지기 전에 잡는다.

학생들은 서로의 움직임을 예측하고 조율하며 동시에 이동해야 한다. 처음에는 어색하고 실수가 잦을 수 있지만, 교사가 학생들을 격려하며 천천히 시작하도록 안내한다. 점차 팀워크가 향상되면서 더 빠르고 정확하게 이동할 수 있다.

❸ 간격을 좁히지 않고 유지하도록 하고, 중간에 스틱을 놓치는 사람이 한 명만 발생해도 처음부터 다시 시작한다. 스틱을 놓치는 사람이 한 명도 없이 모두가 한 바퀴를 돌면 놀이가 끝난다.

교사는 학생들의 동작이 부드러워지면 구령을 빨리하여 이동 속도를 점점 높인다. 또한, 갑자기 반대 방향으로 이동하라고 지시하여 참가자들의 집중력과 협동심을 더욱 높일 수 있다. 이러한 변화는 놀이에 재미를 더하고 참가자들의 반응 속도를 향상시킨다. 놀이가 진행되면서 학생들은 서로의 움직임을 예측하고 조율하는 과정에서 비언어적 소통 능력을 익힌다. 실수했을 때 서로 격려하고 도와주는 모습도 자연스럽게 나타나, 팀워크와 협력 정신을 배울 수 있다.

3단계 • 나쁜 씨앗 역할 추가하기

'다 함께 빠르고 정확하게 순간 이동' 놀이에 '나쁜 씨앗' 역할을 추가하여 진행한다. 이 변형된 놀이는 협력의 중요성과 공동체 의식의 필요성을 더 강하게 느낄 수 있다.

❶ 교사는 학생들에게 눈을 감게 하고 한 명의 학생을 살짝 터치하여 '나쁜 씨앗' 역할을 부여한다. 이 학생은 놀이 중 적절한 타이밍에 삐뚤어질 것이며, 다른 학생들은 누가 '나쁜 씨앗'인지 모른 채 놀이를 시작한다.

❷ 놀이가 진행되는 동안, '나쁜 씨앗'이 된 학생은 갑자기 스틱을 놓치거나, 움직임 늦추기, 반대 방향으로 이동하기 등의 방해 행동을 한다. 이로 인해 순간 이동의 흐름이 깨지고 다른 학생들도 실수하게 된다.

처음에는 혼란스러워하고 짜증을 내는 학생들도 있다. 이때 교사가 개입하여 학생들에게 '나쁜 씨앗'을 찾아내는 것이 아니라, 어려움을 겪는 친구를 어떻게 도와줄 수 있을지 생각해 보도록 유도한다. 학생들은 점차 서로를 격려하고 도와주기 시작한다. 예를 들어, 옆 친구가 실수할 때 "괜찮아, 다시 해보자!"라고 말하거나, 움직임이 느린 친구를 위해 전체적인 속도를 조절하는 행동을 한다. 이러한 과정을 통해 학생들은 한 사람의 어려움이 전체에 영향을 미칠 수 있지만, 함께 노력하면 그 어려움을 극복할 수 있다는 것을 체험한다. '나쁜 씨앗'을 맡은 학생도 친구들의 도움과 격려로 점차 협력하게 되고, 결국 모두 함께 놀이의 미션을 완성한다.

❸ 놀이가 끝난 후, 교사는 학생들과 함께 위 경험에 대해 이야기를 나눈다. "어려움을 겪는 친구를 어떻게 도와주었나요?", "서로 도와가며 놀이를 하니 어떤 점이 좋았나요?", "우리 반에서도 이렇게 서로 도울 수 있는 방법은 무엇이 있을까요?" 등의 질문을 통해 학생들이 협력의 가치를 깊이 이해하고 일상생활에 적용할 수 있도록 유도한다.

4단계 • 공 길 만들기

'공 길 만들기'는 팀워크, 문제 해결 능력, 그리고 공간 지각 능력을 향상시키는 새로운 협력 놀이이다.

준비물: 투게더 스틱 24개(긴 스틱 12개를 분리), 작은 공, 도착 지점에 놓을 바구니

학생들은 2명씩 짝을 지어 팀을 만들고, 각 팀은 투게더 스틱을 2개씩 받는다. 놀이의 목표는 팀끼리 협력하여 출발점에서 도착점까지 공이 지나갈 수 있는 연속된 길을 만드는 것이다.

각 팀은 자신들이 스틱으로 만든 구간에서 공이 지나갈 때 스틱을 잡고 있어야 한다. 공이 지나간 후에는 다음 구간으로 이동하여 길을 이어간다. 이때 공은 반드시 스틱 위로만 이동해야 하며, 바닥에 떨어지면 처음부터 다시 시작해야 한다.

팀원들은 서로 의사소통하며 다음 구간을 어떻게 이을지 계획해야 한다. 이 협력 놀이를 통해 학생들은 팀워크의 중요성을 체험하고, 효과적인 의사소통 방법을 배우며, 창의적인 문제 해결 능력을 기를 수 있다.

하나 더! • 도형 만들기

투게더 스틱을 활용하여 할 수 있는 협력 놀이 중 '도형 만들기'가 있다.

❶ 도형이나 도형의 크기에 따라 모둠의 인원을 정하여 나눈다. 각 모둠에게 일정 수의 투게더 스틱을 제공한다.

❷ 교사는 학생들에게 만들어야 할 도형을 제시하고, 학생들은 협력하여 해당 도형을 만든다. 예를 들어, 삼각형을 만드는 경우 3명의 학생이 각각 스틱을 하나씩 잡고 삼각형의 꼭짓점을 형성할 수도 있고, 여러 명이 커다란 삼각형을 하나 만들 수도 있다. 더 복잡한 도형을 만들 때는 더 많은 학생들이 참여하여 협력한다. 모둠 내에서 효과적인 소통과 협력이 필수적이다. 학생들은 서로의 의견을 조율하고 함께 문제를 해결하는 과정에서 협력의 중요성을 체감한다.

다 함께 삼각형 만들기   다 함께 사각형 만들기

다인 다각 달리기

놀이 소개

'다인 다각 달리기'는 일반적으로 알고 있는 '2인 3각'을 '6인 7각', '9인 10각', '12인 13각' 등으로 확장해서 하는 놀이이다. 의자에만 앉아 있던 학생들은 다인 다각 달리기를 하면서 자연스럽게 친구들과 협동하고 서로 소통해야 함을 알게 된다. 2명이 호흡을 맞춰서 할 때는 쉽게 할 수 있던 일들이 사람이 점차 많아지면서 더 어려워진다. 서로 약속하거나 호흡을 맞추지 않아도 쉽게 해내던 일들이 사람이 많아질수록 서로 소통해야 할 일도 많아지고, 호흡이 안 맞아서 넘어지는 일들도 생긴다. 실수를 줄여가는 과정에서 자연스럽게 공동체 역량, 문제해결 능력이 향상된다. 간단한 규칙으로 짧은 거리를 다인 다각으로 이동하면 되기 때문에 교실, 운동장, 강당에서 모두 활용이 가능하다. 이동한 뒤에는 2명, 6명, 9명, 12명이 협력해야 할 수 있는 일들을 상의하면서 의사소통 역량을 향상시킨다.

그림책 만나기

달리기
나헤 글·그림, 이야기꽃, 2019

총소리와 함께 달리기가 시작된다. 한 작은 소녀가 달리는 사람들 앞에 각종 장애물이 나올 때마다 "달려!" 하고 말하며 앞장선다. 때로는 절벽에서 뛰어내리고, 물 위를 걷는 등 어려움이 기다리고 있지만 모두 함께 같은 방향으로 끝까지 달려가 완주한 그들은 모두 포디움에 서서 메달을 목에 건다. 다인 다각 달리기는 속도나 순위가 중요한 다른 달리기와 달리, 끝까지 함께 주어진 달리기를 해내는 데 그 가치가 있고, 서로 같은 속도와 방향을 향하는 것이 중요하다.

놀이 즐기기

 **준비물:** 지네발 릴레이

1단계 ● 그림책 읽고 이야기 나누기

그림책을 읽은 후, 4명을 한 모둠으로 나눈다. 모둠원들과 함께 그림책에서 인상 깊었던 장면을 뽑는다. 많은 학생이 작은 소녀가 "달려!"라고 하면서 앞장서는 부분을 뽑는다. 함께 인상 깊었던 장면과 인상 깊었던 이유를 공유한 뒤에는 혼자 하기 어려웠으나 친구나 가족과 함께했을 때 즐겁게 해낸 일들을 공유한다. 학생들은 마라탕 먹기, 매운 떡볶이 먹기 등 여럿이 할 때 더 즐거운 일들을 이야기하며 즐거운 분위기를 만든다.

2단계 • 2인 3각 달리기

놀이를 시작하기 전, 너무 빠르게 움직이면 오히려 더 빠르게 움직일 수도 없고 위험할 수 있다는 사실을 충분히 안내하여 안전사고를 예방한다. 지네발 릴레이에 익숙해지기 위해 2인 1조가 되어 2인 3각 달리기를 진행한다. 교실 안에서 할 때는 책상을 좌우로 밀어 놓고, 맨 앞에서 맨 뒤로 가는 방식으로 하면 넓은 공간 없이도 놀이를 진행할 수 있다.

2인 1조가 되어 지네발 릴레이 키트에 한 발씩 넣고 2인 3각 달리기를 시작한다. 그림책에서 어린 소녀의 "달려!"라는 목소리에 달리기를 시작한 것처럼 교사가 "달려!"라고 신호를 준다. 2개 조가 2인 3각 달리기를 시작하여 교실 뒤쪽에 있는 책상을 찍고 돌아와 둘이 힘을 합쳐야만 할 수 있는 일을 2가지 말한다.

"2인 3각, 팔씨름."

"손바닥 씨름, 하이파이브."

들어오는 순서에 상관없이 둘이 힘을 합쳐야만 할 수 있는 일을 2가지 말하면 승리한다.

3단계 • 6인 7각 달리기

❶ 6명이 한 모둠이 되어 6인 7각 달리기를 진행한다.

 2인 3각보다 인원이 많기 때문에 속도를 줄일 수밖에 없고 서로 호흡이 잘 맞지 않을 경우 넘어질 수 있으므로 안전 지도를 한다.

❷ 6인 두 모둠이 나란히 서서 교실 앞에서 출발하여 교실 뒤에 있는 책상을 터치한 뒤에, 6명이 할 수 있는 일들을 6가지 말하도록 진행한다. 거리가 짧기 때문에 신체 능력보다는 호흡을 빨리 맞추는 것이 더 중요하다.

❸ 골인 지점에 도착한 뒤에는 6명이 힘을 합쳐야만 할 수 있는 일을 6가지 말한다.

> **예시**
>
> 배구팀 결성, 3대 3 농구, 6명이 함께 들 수 있는 무거운 물건 들기, 6인용 보드게임, 방탈출 게임, 마피아 게임 등

6인이 지네발 릴레이를 장착한 모습

너무 서두른 탓에 놀이 중 넘어진 모습

4단계 • 다인 다각 달리기

6인 7각 달리기 경기를 통해 다인 다각 달리기에 어느 정도 익숙해졌다면 본격적인 다인 다각 달리기를 진행할 수 있다. 9인 10각, 12인 13각 경기를 진행하면 학생들은 더욱 흥미를 가지고 참여한다.

게임 진행 방식은 앞선 단계들과 동일하다. 다만, 교실에서 진행할 경우 공간이 협소하기 때문에 두 팀이 동시에 하는 경쟁 방식보다는 한 팀씩 미션을 완수했는지 확인하는 것이 더 좋다. 운동장이나 체육관 등 좀 더 넓은 공간에서는 한 번에 두 팀 이상 진행할 경우 학생들이 더 흥미를 가질 수 있다. 역시 도착한 뒤에는 9인, 12인이 힘을 합쳐야 하는 일을 발표해야 하지만 수가 너무 많으므로 교사 재량으로 3~5가지로 줄여서 진행한다.

- 9인이 힘을 합쳐야 할 수 있는 일
야구 팀 결성, 마피아 게임, 배드민턴 2코트 채워서 치면서 심판 1명 보기, 아이돌 군무 등

- **12인이 힘을 합쳐야 할 수 있는 일**

  감독을 포함한 축구 팀 결성, 후보 2명 포함한 농구 5대5, 배구 6대6 경기, 3팀 릴레이 계주 등

9인이 지네발 릴레이를 장착한 모습

12인이 지네발 릴레이를 장착한 모습

하나 더! • 더 넓은 장소에서 달리기

교실보다 넓은 체육관, 강당, 운동장 등에서 다인 다각 달리기를 진행할 때는 릴레이 방식을 도입하면 놀이 요소를 더 증대할 수 있다. 2인 15개 조, 6인 5개 조 등으로 정해진 시간 내에 릴레이 달리기를 진행할 수도 있고, 학급 인원을 두 팀으로 나눠서 릴레이 달리기를 한 뒤 더 빨리 들어오는 팀이 승리하는 방식으로 운영할 수 있다.

다인 다각 달리기에 일반적으로 쓰는 끈 등을 사용하지 않고 '지네발 릴레이'라는 도구를 활용하는 까닭은 끈을 활용할 경우 발목이 까지는 등 부상이 발생할 수 있고, 상대적으로 더 넓은 공간이 필요하기 때문이다. 단, 공간이 더 여유롭게 확보된다면 끈으로 2인씩 발을 묶고 할 경우에 넘어지는 등의 안전사고가 더 적다. 각 장소 여건에 맞게 활용한다.

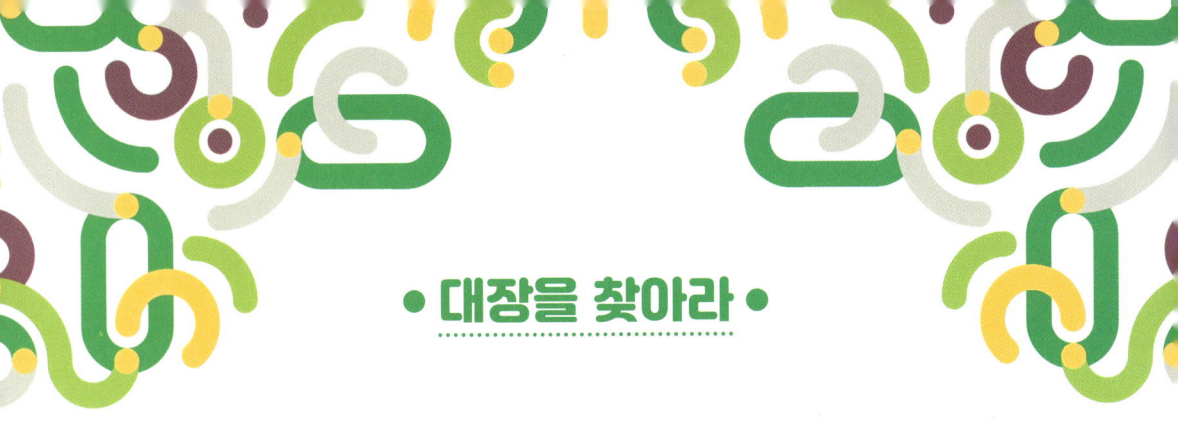

대장을 찾아라

놀이 소개

'대장을 찾아라'는 학생들이 모여 설 수 있는 공간만 마련된다면 어디서든 언제든 할 수 있는 놀이이다. 대장의 행동을 따라 하면서 친구 사이의 우정과 예절에 대해 알아갈 수 있다.

사람은 사회적 존재로서 혼자 살아갈 수 없으며, 공동체 안에서 어울려 살아가기 위해 다양한 역량이 필요하다. 특히, 우정은 이러한 역량을 익히는 데 기본이 된다. 하지만 사회가 급속도로 발전하고 환경이 변화하면서 공동체 생활을 힘들어하거나 또래 관계에 적응하지 못하는 학생들이 늘고 있다. 또한 학교 폭력이 심각해지면서 공동체 생활의 기초가 되는 우정의 중요성이 다시 주목받고 있으며, 친구 사이에 지켜야 할 예절과 우정을 가르쳐야 한다는 목소리가 높아지고 있다.

친구와 잘 지내는 방법을 지식적으로 전달하기보다는 서로를 존중하고 사이좋게 지내도록 도와주는 놀이로 배우는 것이 더 효과적이다. '대장을 찾아라'는 술래인 친구의 특징을 찾아 표현하면서 서로의 다름을 알고 인정하는 자세를 기르는 놀이이다. 이를 통해 학생들은 자신과 다른 사람과 어울려 살아가는 태도를 배울 수 있다.

그림책 만나기

내 친구 ㅇㅅㅎ
김지영 글·그림, 사계절, 2023

『내 친구 ㅇㅅㅎ』은 전학 온 주인공이 새 학교에서 친구를 만들어 가는 내용이다. 주인공은 새로 사귄 친구에게서 서운함과 질투를 느끼지만, 서로의 다름을 이해하고 인정하면서 새로운 관계를 맺는다. 주인공은 처음 만난 친구들을 유심히 관찰하고 어울리면서 이름도 알게 되고 서로에게 익숙해진다. '대장을 찾아라'도 친구를 유심히 관찰하여 특징을 찾아야 한다. 특징을 찾아 대장 찾기 놀이를 하면서 학생들은 주인공처럼 관계를 맺고 우정을 찾을 것이다.

놀이 즐기기

 **준비물:** 학생들이 서서 활동할 수 있는 안전한 공간

1단계 ● 그림책 읽고 이야기 나누기

『내 친구 ㅇㅅㅎ』은 글자 놀이를 하며 책을 읽을 수 있는 그림책이다. 'ㅇㅅㅎ'으로 다양한 글자를 만들며 즐겁게 읽는다. '새 친구들은 어색해'라는 장면을 유심히 살펴보게 한다. 새 친구들을 만났을 때 감정이 어땠는지 묻고 친구의 어떤 특징이 가장 눈에 띄었는지도 이야기한다. '이제 친구들이 익숙해' 장면과 '새 친구들은 어색해' 장면을 비교하며 달라진 점을 찾으면서 읽는다. 친구들과 익숙해지고 나니 외계인이나 로봇으로 보이던 친구들이 원래 모습으로 보이는 장면을 보고 학생들은 우정이 쌓여야 친구의 진짜 모습을 발견할 수 있다는 것을 깨닫게 된다.

그림책을 읽고 난 뒤 주인공이 어색한 친구들과 익숙해질 수 있었던 까닭이 무엇인지 이야기를 나눈다. 학생들은 친구를 유심히 관찰하고 같이 놀면서 익숙해졌다고 대답한다. 주인공이 나랑 달라도 좋다고 말하는 장면을 통해 같이 놀았기 때문에 차이를 인정하고 우정을 쌓을 수 있었다고 기특하게 말하는 학생도 있었다.

그림책에는 다양한 친구들이 등장한다. 마지막 부분 다 같이 씽씽 달리는 장면에 나오는 등장인물을 보고 학급 친구들과 닮은 점을 찾아서, 학급 친구와 등장인물을 연결하는 활동을 해도 좋다. 등장인물과 친구를 연결하는 활동은 친구를 유심히 관찰하여 서로를 알아가도록 도와준다.

2단계 • 자기소개와 장점 찾기

놀이를 하기 전에 친구들에게 자기를 소개하고 장점을 말하는 시간을 갖는다. '대장을 찾아라'는 술래가 같은 몸짓으로 움직이는 친구들 사이에서 대장을 찾는 놀이이다. 대장은 술래를 유심히 관찰하여 술래의 특징을 몸짓으로 표현해야 한다. 같이 놀이할 친구를 관찰하거나 알아갈 시간을 주지 않고 놀이를 진행하면 눈에 보이는 단편적인 특징으로만 표현하게 되고 놀이에 대한 흥미가 떨어져 우정을 쌓을 수 없다.

자기 소개를 할 때 소개하고 싶은 내용으로 말하거나 학급에서 가장 궁금한 몇 가지를 말할 수 있다. 학급 상황에 맞는 방법으로 진행하면 된다. 자기를 소개할 때 자신의 장점도 함께 소개한다. 학급 전체가 돌아가면서 발표한다. 친구가 발표할 때는 주의 깊게 듣는 것이 친구 사이의 예절이라는 점, 발표하는 내용으로 놀이한다는 점을 알려 주어 집중해서 들을 수 있도록 안내한다.

자기소개가 끝나고 나면 '내 친구 ㅇㅅㅎ'처럼 자음을 활용하여 짧은 문장을 만들어 친구를 칭찬한다. 무작위 뽑기로 칭찬할 친구를 정하고 자음을 활용하여 친구를 칭찬하는 문장을 공책에 짧게 쓴다. "형제가 많아서 사랑을 많이 받을 수 있어 행복하다."라고 자신을 소개한 친구를 "박** ㅎㅂㅎ."라고 칭찬하였다. 친구를 칭찬하는 문장을 퀴즈처럼 풀면서 즐겁게 친구에 대해 알아 간다.

자기 소개하기와 장점 찾기는 내가 어떤 사람이고, 친구는 어떤 사람인지 탐구하는 과정이다. 이런 과정을 통해 학생들은 자신과 타인을 이해하고 인정하게 된다. 자기 이해와 타인 이해는 함께 살아가는 공동체에 필수적이다.

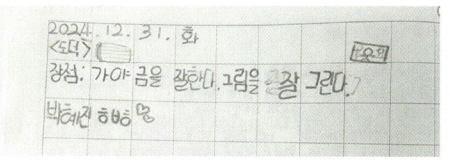
장점 쓰기

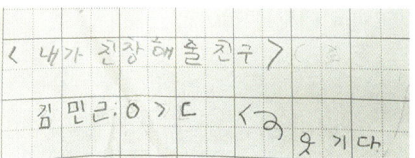
자음을 활용하여 친구 칭찬하는 문장 쓰기

3단계 • 몸짓으로 표현하기

❶ '대장을 찾아라'를 하기 전에 친구의 특징이나 장점을 몸짓으로 표현해 본다.

❷ 원으로 선 다음 한 명씩 원 안으로 들어와 자신의 특징이나 장점을 몸으로 표현한다. 놀이하기 전에 몸짓으로 특징과 장점을 표현해 보며 몸짓이 친구들에게 잘 전달되는지 알아본다. 한 명씩 돌아가며 자신의 특징이나 장점을 몸으로 표현한 뒤 어떤 몸짓이 잘된 것인지, 왜 그런지 생각할 시간을 주어 정돈된 몸짓으로 표현할 수 있게 한다.

❸ 이번에는 친구의 특징이나 장점을 몸짓으로 표현한다. 둥글게 원으로 선 다음 오른쪽에 서 있는 친구가 누구인지 확인한다. 한 명씩 원 안으로 들어와 오른쪽에 서 있는 친구의 특징이나 장점을 몸짓으로 표현한다.

교사는 학생들이 친구의 특징을 표현할 때 기분을 상하게 하거나 멸시하는 몸짓을 하지 않도록 살펴본다. 학생들은 친구 관계를 중시하면서도 친구에게 상처 주는 말과 행동을 자주 한다. 놀이 도중에 웃음을 목적으로 관계를 망치는 표현을 쓰지 않도록 교사는 지속적이고 객관적으로 관찰하여 지도한다.

자기 특징이나 장점을 몸짓으로 표현하기

친구 특징이나 장점을 몸짓으로 표현하기

4단계 • 대장을 찾아라

'대장을 찾아라'는 대장이 누구인지 모르는 술래가 친구들이 하는 몸짓을 보고 대장을 찾는 놀이이다. 학생들이 충분히 활동할 수 있는 공간만 마련되면 어디서든 할 수 있다.

❶ 학생들은 둥글게 선다. 그리고 무작위 뽑기 등 여러 방법으로 술래를 정한다.
❷ 술래는 교실 밖으로 나간다. 술래가 나간 다음 교실 안 학생들은 대장을 정한다. 대장을 정할 때 교사가 대장을 지정할 수 있고 학생들이 의논하여 정할 수 있다.
❸ 술래가 교실 안으로 들어와 원 안에 선다. 술래가 자리를 잡으면 대장 역할을 맡은 학생이 술래의 특징을 몸짓으로 표현한다. 대장의 몸짓을 본 다른 학생들은 그 몸짓을 따라 한다. 대장이 몸짓을 바꾸면 다른 학생들도 대장을 따라 몸짓을 바꾼다. 대장은 술래의 눈을 피해 술래의 특징을 표현하는 몸짓 3~4개를 한다.
❹ 대장이 몸짓을 표현하는 동안 술래는 대장을 찾는다. 대장이 누구인지 알았다면 술래는 이름을 넣어 큰 소리로 "○○이 대장이야?" 하고 묻는다. 술래가 대장을 찾았다면 "관찰력이 좋군." 하고 대답하고, 술래가 대장을 찾지 못했다면 "안타깝군." 하고 대답한다. 술래에게 대장을 찾을 2~3번의 기회를 준다. 놀이에 참여하는 학생 수가 많다면 기회를 더 많이 줄 수도 있다.

이 놀이는 학기 초 생각과 취향이 다를 수 있음을 인정하고 서로를 알아 갈 때 활용하기 좋은 활동이다. 또한 공동체 구성원 모두를 충분히 알고 있을 때도 할 수 있다. 서로를 잘 알고 있다고 생각했지만, 평소에 찾지 못했던 특징이나 장점을 찾으며 친구 관계를 더욱 돈독하게 한다.

친구의 특징을 찾고 몸으로 표현하면서 학생들은 나와 친구의 다름을 알고 이해하게 된다. 친구에 대한 이해를 바탕으로 학생들은 서로를 존중하고 사이좋게 지내고자 하는 마음을 지니게 된다.

대장의 몸짓을 따라 하는 장면

술래가 대장을 찾는 장면

놀이에 참여하는 학생 수가 적어 술래가 쉽게 대장을 찾는다면 술래가 찾아야 하는 대상을 늘려 변형할 수 있다. 위의 놀이에서 술래는 자신의 특징을 몸짓으로 표현하는 대장을 찾았다. 변형된 놀이에서 술래는 대장뿐만 아니라 대장이 몸짓으로 표현하고 있는 친구도 찾아야 한다. 변형된 놀이에서 대장은 술래가 아닌 다른 친구의 특징을 몸짓으로 표현한다. 술래가 친구들이 하는 몸짓을 보고 누구의 특징을 표현한 것인지, 그리고 대장도 찾아야 하므로 술래에게 어려운 놀이이다.

하나 더! • 스파이를 찾아라

'스파이' 역할을 추가하여 스파이를 찾는 놀이를 해 보자. 술래를 정하고 술래가 밖으로 나가기 전 모두가 눈을 감으면 술래가 스파이를 정한다. 스파이는 술래와 함께 팀이 되어 술래가 대장을 찾도록 도와준다. 다른 학생들이 눈치채지 못하게 술래에게 대장이 누구인지 알려 주어야 한다. 술래가 대장이 누구인지 말하고 나면 다른 학생들은 스파이가 누구인지 찾는다. 참여하는 모든 학생에게 역할을 부여하여 적극적으로 참여할 수 있도록 독려한다.

릴레이 수박 굴리기

놀이 소개

'릴레이 수박 굴리기'는 부채를 사용하여 수박 모양의 공을 목표 지점까지 릴레이로 전달하는 놀이이다. 공을 목표 지점까지 옮겨야 한다는 공동 목표를 설정하고, 달성하는 놀이를 통해 학생들은 협력하는 능력을 키우게 된다. 또한, 공이 벗어나지 않고 목표 지점까지 잘 도착하기 위해 부채를 든 사람이 공을 알맞게 이동시켜야 하는 역할과 책임을 맡으며 팀워크의 중요성을 경험할 수 있다.

공이 원하는 방향으로 가지 않는다고 해서 공을 발로 차거나 부채로 밀어서는 안 된다. 학생들은 놀이의 규칙을 지키며 공동체 생활의 기본 규범을 배우고, 규칙을 지키는 과정을 통해 공정한 태도와 질서의 중요성도 익힌다. 친구에게 부채를 넘겨서 놀이를 이어가는데, 한 팀이 된 친구들을 서로 응원함으로써 친구들에 대한 신뢰와 공동체성을 키울 수 있다.

그림책 만나기

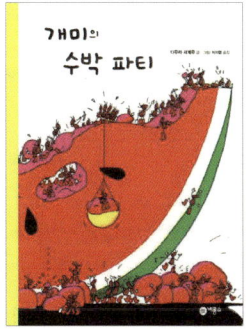

개미의 수박 파티
다무라 시게루 글·그림, 서지연 옮김, 비룡소, 2017

『개미의 수박 파티』는 어느 무더운 여름날, 작은 개미들이 수박을 발견한 후 친구들과 힘을 합쳐 수박을 집으로 가져가는 이야기이다. 개미에게는 너무나 커다란 수박이지만 친구들과 힘을 모으니 모두가 수박을 배부르게 먹을 수 있게 되었다. 작은 개미와 커다란 수박이 대조를 이루어 즐거움을 주고, 혼자서는 어려운 일도 힘을 합치면 즐겁게 해낼 수 있다는 것을 보여 주어 독자에게 공동체의 즐거움과 소중함을 일깨워 준다.

놀이 즐기기

 **준비물:** 수박컬링(학토재)

1단계 ● 그림책 읽고 이야기 나누기

『개미의 수박 파티』는 면지부터 읽어 주는 것이 좋다. 표지에 많은 개미가 함께 수박을 옮기며 나눠 먹는 모습이 이미 나와 있기 때문이다. 수박을 발견한 개미들이 수박을 어떻게 옮길지 고민하는 장면까지 읽은 후, 학생들과 함께 개미들이 수박을 어떻게 옮길지 상상하여 이야기를 나눈다. "큰 동물을 불러 온다.", "친구들을 엄청 많이 불러 온다.", "그 자리에서 다 먹어 버린다." 등처럼 이야기를 나눈 후 뒷부분을 마저 읽는다.

책을 다 읽은 후 수박 껍질만 남은 마지막 장면을 보며 남은 수박 껍질로 개미들이 무엇을 할지 상상해 보는 것도 재미있다. 그런 다음 우리에게도 아주 커다란 수박이 있다면 무엇을 하고 싶은지 상상하여 이야기를 나눈다.

그림으로 표현한 후 이야기를 나누면 학생들이 상상한 것을 눈으로 보며 더욱 풍성하게 이야기를 나눌 수 있다. 그중에 친구들과 함께하면 더 즐거울 만한 것이 무엇인지 찾아보며 수박으로 함께 할 수 있는 것을 다 같이 즐겁게 상상해 본다. 혼자서 즐기는 것도 좋지만, 함께할 때 즐거움이 더 커지고 행복할 수 있음을 나눔으로써 학생들의 공동체 역량을 향상시킬 수 있다.

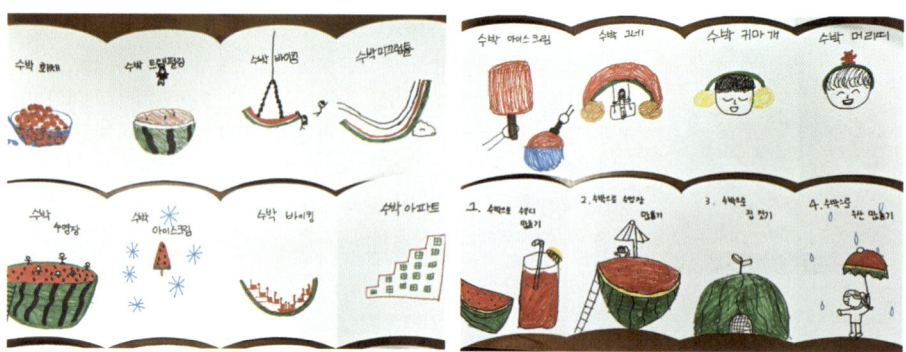

커다란 수박으로 무엇을 할지 상상하기

2단계 • 수박컬링

❶ 수박컬링판을 교실 뒤편에 펼쳐 놓고 수박컬링판에서 5m 정도 떨어진 거리에 출발선을 정한다.

❷ 한 팀을 3명으로 구성한다. 팀원 중 1명은 출발선에, 2명은 수박컬링판 양옆에 부채를 하나씩 들고 선다. 출발선에서 학생이 공을 굴리면 수박컬링판 양옆의 2명은 공이 컬링판 가운데에 정확히 들어갈 수 있도록 부채질을 한다. 이때 부채로 공을 직접 밀지 않으며, 컬링판에 공이 들어간 후에는 교사(심판)가 10초를 세는 동안 부채질을 하여 공을 움직일 수 있다. 10초가 지나면 더는 부채질을 할 수 없다.

❸ 학급 전체의 목표 점수를 미리 정한 후 놀이를 시작하고, 놀이를 마친 후 모든 팀의 점수를 합산한다. 수박의 초록 껍질은 1점, 하얀 껍질은 2점, 빨간 부분은 3점으로 한다.

❹ 목표 점수에 도달하면 학급 단체 미션을 성공한다. 처음부터 목표 점수를 높게 잡기보다 보통 수준으로 정한 후 놀이를 한다. 목표 점수에 도달하고 난 뒤에 조금 더 높게 목표 점수를 설정하여 도전한다. 학생들은 목표 점수에 도달했을 때 함께 힘을 모아 미션을 성공했다는 공동의 성취감을 누리고 즐거움을 느낀다.

수박컬링 장면

3단계 ● 릴레이 수박 굴리기

❶ 4~8명씩 팀을 구성한다. 경기하는 공간에 따라 팀의 인원을 더 늘릴 수 있다.

❷ 컬링판에서 15m 정도 떨어진 곳에 출발선을 정하고, 출발선과 컬링판 사이에는 공이나 콘 등의 방해물을 둔다.

❸ 2명씩 짝을 지어 컬링판과 출발선 중간중간에 마주 보고 위치한다. 공은 출발선 앞에 둔다. 공에서 가까운 두 사람부터 시작하여 다음 두 사람이 있는 곳까지 부채질로 공을 이동시킨 후, 다음 두 사람에게 부채를 넘긴다. 부채를 넘겨받은 두 사람은 같은 방법으로 부채질로 공을 이동시키며 놀이를 이어간다. 부채질을 할 때는 두 사람이 서로 협력하여 방향과 세기를 조절하고, 방해물에 공이 닿지 않도록 피해 가며 공을 이동시킨다. 컬링판 가까이에 있는 두 사람은 공을 컬링판 안으로 이동시키고, 수박컬링과 마찬가지로 교사(심판)가 10초를 세는 동안 부채질을 하여 공을 움직일 수 있다.

❹ 10초가 지나면 공이 놓인 컬링판의 색깔이 최종 결과가 된다. 점수판을 미리 준비하여 학생들은 공이 위치한 각 색깔의 메모지 속에 감춰진 선물 또는 미션을 받는다.

 점수판에는 젤리나 사탕 등과 같은 간단한 간식과 학생들이 좋아할 만한 것을 넣는다. 또한 '다 함께 10초간 춤추기', '눈 감고 한쪽 다리로 30초 서 있기' 등처럼 다 함께 수행할 재미있는 미션을 포함시킨다. 학생들은 점수판 뒤의 간식 선물을 받거나 다양하고 재미있는 미션을 하며 예상치 못한 즐거움을 느끼고, 공동의 목표를 달성한 성취감과 소속감을 누린다.

| 릴레이로 공을 전달하는 모습 | 수박 점수판 |

 수박 점수판에 들어갈 선물과 미션(또는 벌칙)을 학생들과 함께 정해도 좋다. 벌칙을 정할 때는 서로에게 고통을 주는 것이 아닌, 함께 도전하고 싶은 것으로 정한다. 결정된 미션을 종이에 적은 후 원마커로 덮어 출발선과 컬링판 사이 사이에 두어 공이 지나간 자리에 적힌 미션을 수행해 볼 수 있다. 이때 나온 미션은 학급 전체에게 적용하여, 놀이를 하는 학생이든 아니든 서로를 응원하고 한마음을 갖도록 한다.

하나 더! • 수박 굴리기

 강당처럼 넓은 곳에서 학급 전체가 릴레이로 수박 굴리기를 할 수 있다. 두 사람씩 짝지어 다 함께 원형으로 둘러선 후 컬링판을 원 가운데에 둔다. 컬링판 가운데에는 빈 페트병을 놓는다. 처음 시작하는 두 사람은 다음 두 사람이 있는 곳까지 부채질로 공을 이동시킨 후 부채를 넘기며 놀이를 이어간다.

 맨 마지막에 부채를 받은 두 사람은 원 가운데에 위치한 컬링판을 향해 공을 이동시킨다. 공이 컬링판 가운데에 있는 빈 페트병을 밀거나 넘어뜨리면 성공이다. 교사가 시간을 재면 학생들이 시간을 단축하려는 공동의 목표를 향해 즐겁게 도전하고 성취하는 즐거움을 누린다.

모자를 지켜라!

놀이 소개

'모자를 지켜라!'는 얼음땡 놀이에 플레이콘 모자를 활용한 규칙을 추가하여 팀워크와 협동심을 키우는 놀이이다. 이 놀이는 두 팀으로 나누어 각 팀원이 플레이콘 모자를 착용하고 상대팀의 모자를 공격하며 동시에 자신의 모자가 떨어지지 않도록 방어하는 활동으로 진행된다. 모자가 떨어진 팀원은 같은 팀원이 하이파이브를 받으면 다시 경기에 참여할 수 있다.

놀이 과정에서 팀원들이 서로 도우며 전략을 세우고 협력하는 것은 협동심과 문제해결 능력을 기르는 데 도움을 준다. 또한 빠르게 움직이고 대응해야 하는 신체활동을 통해 체력과 민첩성을 키울 수 있다. 놀이 과정에서 친구를 돕고 함께 협력하며 공동체 안에서 신뢰와 친밀감을 형성한다. 학생들은 이 놀이를 통해 공동체 내 소속감을 느끼며, 협동과 배려의 중요성을 체험한다. 모자를 중심으로 한 놀이 규칙이 간단하고 재미있어 학급 전체가 함께 즐길 수 있다. 이 놀이를 통해 공동체 활동에서 필수적인 협력과 신뢰를 배우며 함께 성장하고 배려하는 공동체 문화를 느낄 수 있다.

그림책 만나기

이건 내 모자가 아니야
존 클라센 글·그림, 서남희 옮김, 시공주니어, 2018

작은 물고기가 커다란 물고기의 모자를 훔쳐 달아나는 이야기로, 공동체 생활에서 지켜야 할 소중한 가치에 대해 생각하게 하는 그림책이다. 이 이야기 속 작은 물고기는 모자를 훔친 자신의 행동을 정당화하며, 커다란 물고기를 우습게 여기는 자만심으로 가득 차 있다. 그러나 결국 자신의 행동이 가져오는 결과를 통해 타인의 것을 빼앗는 행위가 옳지 않음을 깨닫게 된다.

이 그림책은 학생들에게 공동체 생활에서 다른 사람의 소유물을 존중해야 한다는 메시지를 전달한다. 또한, 타인의 것을 부러워하거나 탐내는 대신, 자신이 가진 것의 소중함을 깨닫고 지키는 태도를 전한다. 학생들은 놀이를 통해 자신의 모자를 지키고 팀원들과 협력하여 팀의 모자를 방어하는 과정에서 공동체 역량을 키울 수 있다. 놀이 과정을 통해 타인의 것을 존중하고, 자신과 공동체의 가치를 소중히 여기는 태도를 배운다.

놀이 즐기기

 **준비물:** 플레이콘, 색깔이 다른 팀 조끼

1단계 • 그림책 읽고 이야기 나누기

그림책 표지를 살펴보고 누가 무엇을 하는 장면인지 이야기 나누고, 제목과 연관 지어 무엇에 관한 그림책인지 생각해 본다. 이 그림책에서는 글과 그림이 나타내는 내용이 서로 다르게 전개되는 것을 볼 수 있는 재미가 가득하다.

커다란 물고기의 눈동자 위치가 장면마다 변화한다. 이를 통해 주인공의 심리상태와 생각을 알 수 있다. 작은 물고기처럼 다른 사람의 물건을 부러워해 본 경험이 있는지 물어본다. 또한, 다른 사람의 잘못을 보게 되었을 때 어떻게 해야 할지 함께 생각해 본다. 상대방이 잘못임을 알고도 그런 행동을 한다면, 어떤 방식으로 말해 주어야 할지 서로 이야기를 나눈다.

마지막으로 작은 물고기에게 하고 싶은 이야기를 적는다. 학생들은 주로 작은 물고기에 대해서는 다른 사람의 물건을 가져가는 것은 잘못된 행동이므로 다시 돌려주고, 커다란 물고기와 사이좋게 지내라는 충고를 쓴다. 함께 생활하는 교실에서 다른 사람의 물건을 존중해야 하는 이유와 잘못된 행동이 일어났을 때 어떻게 해결하면 좋을지에 대해서 이야기를 나눈다.

이 그림책은 열린 결말로 끝나는데 학생들이 생각하는 이야기의 결말에 대해 생각하고 적어 본다. 커다란 물고기가 잡아먹었다는 내용도 있었지만, 모자를 돌려주고 사이좋게 친하게 되었다는 이야기가 오히려 더 많았다.

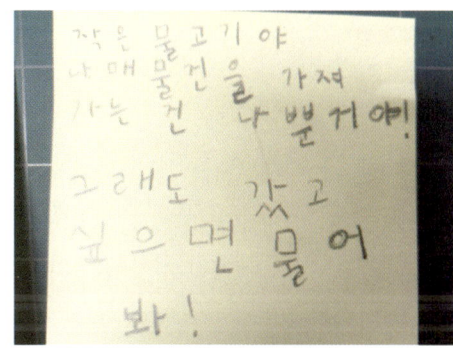
작은 물고기에게 쓴 편지

내가 생각하는 결말 쓰기

2단계 • 준비하는 놀이

두 팀으로 나뉘어 팀조끼를 입고 플레이콘을 모자로 쓴다. 이때 모자를 손으로 잡거나, 핀이나 머리띠 등으로 고정할 수 없다. 학생들이 걸을 수 있는 공간을 확보하고, 바닥에 플레이콘을 여러 개 펼쳐 놓아 장애물로 만들어 놓는다. 팀별로 한 줄씩 서서 모든 장애물 앞을 지나가는 릴레이 걷기 놀이를 한다. 이때 모자가 땅에 떨어지면 주워서 다시 쓰고 걷기를 계속한다.

이 놀이는 '모자를 지켜라'를 위한 준비이므로, 승패를 떠나 손을 쓰지 않은 채 모자를 쓰고 균형을 잘 잡는 데 목적이 있음을 알려 준다.

팀 조끼와 플레이콘

플레이콘 쓰고 릴레이 걷기

3단계 • 놀이 방법 익히기

'모자를 지켜라!'는 자기가 쓴 모자를 떨어뜨리지 않고 다른 팀의 모자를 공격하는 놀이이다. 이때 모자가 땅에 떨어지면 모자를 들고 자리에 앉는다. 같은 팀원이 나와 하이파이브를 하면 다시 모자를 쓰고 놀이를 계속한다. 일정 시간이 지난 후 각 팀별로 모자를 쓰고 있는 사람이 많은 팀이 승리한다.

이 놀이는 다른 팀의 모자를 벗기는 과정에서 상대가 다치지 않고, 안전하고 즐겁게 놀이를 하는 것이 매우 중요하다. 따라서 상대방의 뒤에서 공격하는 방법, 다른 사람의 얼굴이나 신체가 다치지 않도록 안전에 대해 학생들과 규칙을 정하고 잘 기억하도록 계속 강조해야 한다. 학생들에게 상대의 모자를 공격하는 방법에 대해 시범을 보여 주고, 팀별로 연습할 시간을 준다.

뒤에서 공격하는 시범 보이기

공격과 방어하는 시범 보이기

4단계 • 놀이 즐기기

놀이가 시작되면 학생들은 팀원들과 소통하며 전략을 실행한다. 학생들은 팀원들과 함께 어떻게 상대 팀의 모자를 효과적으로 공격할지, 그리고 자신의 모자를 안전하게 지킬지 전략을 세운다. 각 팀은 역할을 나누거나 협력하는 방법을 논의하며 자연스럽게 팀워크를 발휘한다. 예를 들어, 공격을 주도하는 역할, 방어에 집중하는 역할, 탈락한 팀원을 구출하는 역할 등으로 나누어 효과적으로 전략을 세운다. 하이파이브를 통해 탈락한 팀원을 다시 참여시킬 때 자연스럽게 서로 돕는 마음과 공동체 의식을 느끼고, 자기도 모르게 놀이 중간 중간에 "고마워", "파이팅" 등의 말이 오가는 것을 볼 수 있다. 학생들은 서로를 응원하고 협력하며 놀이에 몰입하면서, 친구들과 유대감이 깊어지고, 팀으로 하나되어 움직이는 경험을 쌓는다.

상대를 공격하는 장면

친구와 하이파이브 하여 구출하는 모습

하나 더! • 모자 릴레이 걷기

플레이콘 모자를 쓰고 장애물을 통과하며 팀 릴레이 형식으로 걷는 방법으로 진행할 수 있다.

❶ 학생들은 두 팀으로 나뉘어 순서를 정하고, 첫 번째 학생이 모자를 쓰고 출발점에서 시작한다. 코스는 작은 장애물 지나기, 구불구불한 길 걷기 등 다양한 요소로 구성하여 난이도를 조절할 수 있다.

❷ 학생은 코스를 완주한 후 모자를 벗어 다음 팀원에게 전달하며 하이파이브로

릴레이를 이어간다. 도중에 모자가 떨어지면 그 자리에서 모자를 다시 쓰고 진행한다. 놀이 중 팀원들은 코스를 잘 완주할 수 있도록 서로를 응원하고 격려하며 협력한다.

❸ 놀이를 더 흥미롭게 만들기 위해 시간제한을 두거나, 모든 팀원이 완주하는 데 걸리는 시간을 측정하여 승자를 정한다. 점수를 부여하거나 코스를 창의적으로 꾸미는 방식으로 놀이를 다양하게 할 수 있다.

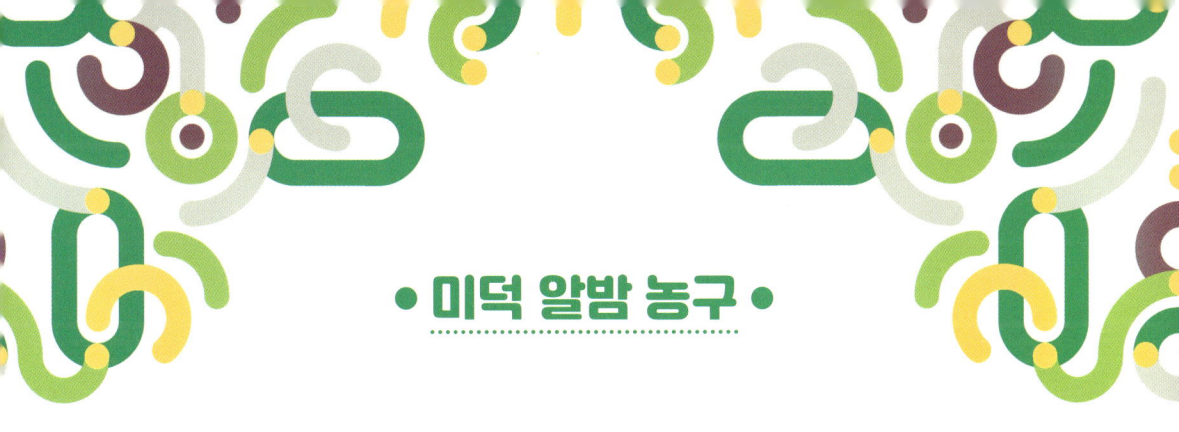

미덕 알밤 농구

놀이 소개

'미덕 알밤 농구'는 박스 농구 골대에 미덕을 쓴 콩주머니를 넣어 미덕을 획득하는 공동체 놀이이다. 미덕 보석들을 함께 공부한 뒤에, 우리에게 필요한 것을 콩주머니에 적어서 미덕을 모아가며 공동체 역량을 키울 수 있다. 미덕 알밤 농구는 농구 골대 없이 농구 키트로 모두가 함께 참여할 수 있어서 좋다.

학생들의 마음 속에 있는 미덕의 원석을 하나씩 깨운다면 우리 반 공동체가 더욱 단단하게 세워질 수 있다. 뿐만 아니라 어려움을 함께 이겨낼 수 있다. 친구들과의 다툼이나 불평, 실패한 듯한 순간에도 미덕의 보석을 떠올린다면 어려움을 헤쳐 나올 수 있다. 학급에 생각지 못한 위기의 순간이 닥쳤을 때 내 미덕의 보석들을 말로 해석하고 외쳐 본 활동이 학급 공동체를 견고히 세워 줄 것이다.

그림책 만나기

포슬포슬 알밤 운동회
양승희 글·그림, 달리, 2024

『포슬포슬 알밤 운동회』는 알밤 운동회에 참가한 토끼 로로 가족의 이야기이다. 운동회에서 로로는 할머니가 넘어지고 순서가 늦어지니 불만이 생긴다. 할머니와 로로에게 찾아온 특별한 알밤으로 인해 할아버지를 만난다. 할아버지의 격려 덕분에 할머니와 로로는 다시 힘을 얻어 끝까지 운동회를 잘 마무리한다. 막상 놀이나 경기에 참여했을 때 잘하고 싶은 마음이 크지만, 마음먹은 대로 되지 않는 경우가 많다. 성과도 중요하지만, 함께하는 사람과 협동하여 경기하는 것의 중요성을 생각하게 한다.

놀이 즐기기

 **준비물:** 박스 농구 키트(학토재), 콩주머니, 배움 쏙쏙 카드(학토재), 네임펜, 바구니

1단계 • 그림책 읽고 이야기 나누기

그림책을 읽기 전에 그림책 표지를 보고 어떤 내용일지 먼저 상상해 본다. 그림 속에 운동회를 하는 운동장 모습이 들어가 있어서 운동회의 추억을 떠올리기 좋다. 학생들에게 "알밤 운동회의 주인공은 누구일까요?"라고 질문하자 알밤을 좋아하는 동물은 다람쥐라고 답하기도 했다. 하지만 다른 학생들은 그림을 자세히 보고 토끼가 주인공인 것을 찾아냈다. 이번에는 "운동회에 참가해 본 적이 있나요?"라고 질문한다. 운동회에 참가했을 때의 마음을 떠올려 볼 수 있는 기회가 된다. "어떤 경기에 누구와 참여하였나요?" 등의 질문을 통해 학생들을 이야기 속으로 이끌 수 있다. 로로와 할머니의 목소리를 흉내 내서 읽어 주면 몰입도가 더 높아진다. 할머니의 역할이 크므로 할머니 목소리를 흉내 내면 학생들의 관심을 끌기에 좋다.

그림책을 읽고 난 후 로로와 할머니에게 일어난 일을 중심으로 이야기를 나눈다. 휴식 시간에 먹은 특별한 알밤을 만난 순간이 로로와 할머니에게 다시 운동회에 참여할 수 있는 힘을 주었다. 이 장면을 상기하며 학생들에게 "힘든 순간에 힘을 주는 음식은 무엇이었나요?"라고 질문한다. 또 이어서 힘든 순간에 힘을 주는 말이나 행동은 무엇이었는지 질문한다. 학생들은 "파이팅!", "힘내.", "잘할 수 있어."라는 말을 들으면 힘이 난다고 했다. 경기를 하다가 어려운 순간에 힘을 줄 수 있는 것은 무엇인지, 교실에서 놀이하다가 알밤의 세계로 떠나면 어떨지 이야기를 나눈다.

2단계 ● 미덕 알밤 농구 준비하기

미덕 알밤 농구는 농구의 골대 대신 공중에 걸린 박스에 콩주머니를 던져서 미덕을 획득하는 간단한 놀이이다. 하지만 콩주머니가 점수가 아닌 미덕이기 때문에 미덕의 보석을 생각해 보는 활동이 우선되어야 한다.

❶ 콩주머니에 학급에서 선정한 미덕의 보석과 알밤이라는 이름표를 붙인다.
❷ 60개의 미덕을 학생들에게 보여 준다. 학생들이 어려워하는 미덕은 질문을 받아 교사가 간단하게 설명해 준다.
❸ 우리 학급에 필요한 미덕을 5개씩 고를 기회를 준다. 가장 많이 나온 미덕의 순위를 매긴다. 미덕이 60개이므로 가장 많이 나와도 60종류가 된다.
❹ 미덕의 순위대로 '배움 쏙쏙 카드'에 하나씩 기록하여 콩주머니에 붙인다. 미덕의 순위가 높은 것은 개수를 늘려서 만드는 것도 좋다.
❺ 미덕 베스트 10을 선정하여 1위부터 5위까지는 3개씩 만들고, 5위부터 10위까지는 2개씩 만든다. 우리 반에서 많이 필요로 하는 미덕이기 때문에 더 의미가 있다. 반 학생 수와 던질 개수를 고려하여 미덕 콩주머니를 준비해 둔다.
❻ 알밤을 만든다. '배움 쏙쏙 카드'에 알밤이라는 글자를 쓰면 된다. 알밤 카드도 콩주머니에 붙인다. 미덕의 보석 콩주머니 개수보다 적게 준비한다. 미덕의 보석을 골대에 던져 넣다가 알밤이 나오면 미덕을 하나 더 획득할 수 있으므로 적당한 개수를 준비한다.

미덕의 보석 콩주머니

알밤 콩주머니

3단계 • 놀이 목표 정하고 모둠원 칭찬하기

❶ 교실 전면에 농구 골대를 2개 설치한다. 팀은 2개로 나누지만, 함께 선정한 미덕 보석 콩주머니를 활용하기 때문에 한 팀이라는 공동체 의식을 가질 수 있다.

❷ 콩주머니를 2개의 바구니에 담는다. 알밤을 던지면 미덕 하나를 더 던질 수 있는 기회를 얻을 수 있다. 그래서 학생들은 알밤을 찾아 던지고 싶어할 수 있으므로 미덕과 알밤을 적절히 섞는다. 농구 놀이를 시작하기 전에 구호를 외치면 좋다.

❸ 차례를 정하고 정해진 위치에서 미덕의 보석 콩주머니를 던진다. 콩주머니가 작은 농구공이 되는 셈이다. 각자 2개의 콩주머니를 던질 기회를 준다. 콩주머니를 던질 때마다 콩주머니에 적힌 미덕의 보석을 크게 외친다.

미덕이 아닌 알밤이 나오면 알밤을 던지고, 미덕을 하나 더 던질 기회를 얻는다. 만약 또 알밤이 나온다면 미덕으로 바꾸어 던진다. 그리고 알밤이 나왔을 때는 "알밤의 세계로"라는 구호를 외친다. 같은 팀 친구들은 "알밤의 세계로"라는 구호가 들리면 구호를 외친 친구에게 격려의 말을 크게 외친다. "○○○ 파이팅!", "힘내라!", "잘할 수 있어."라고 말하면 농구를 하는 친구에게 도움이 된다.

 자기 차례가 끝나면 바닥에 떨어진 미덕 콩주머니를 주워서 따로 바구니에 담도록 안내한다. 종이 박스 농구 골대는 너무 많은 콩주머니를 담으면 찢어질 수 있으므로 15개 정도의 콩주머니가 들어간 경우, 종이 박스 속 미덕을 다른 바구니에 따로 모아 담아 둔다.

❹ 학생들이 놀이를 마치고 난 후 모은 미덕을 살펴보고, 그 미덕을 실천하기 위

해서 우리가 교실에서 노력할 것은 무엇인지 이야기를 나눈다. 미덕 알밤 농구를 통해 좋은 공동체를 위한 마음, 태도 등의 필요성을 깨닫고 기를 수 있다. 또한 "알밤의 세계로"라는 구호로 친구들에게 힘을 전하고 친밀해지는 기회가 된다.

박스 농구 키트

박스 농구하기

하나 더! • <우리 반 알밤의 세계로> 부르기

알밤의 세계로 떠날 때 알밤들이 노래를 부르면서 등장하는데 <우리 반 알밤의 세계로>라는 노래를 만들어 함께 부르면 단결하는 마음을 키우는 데 좋다. <우리 반 알밤의 세계>는 '우리 반 알밤의 세계로' 콩주머니를 만들어서 미덕 콩주머니와 섞어 둔다. '우리 반 알밤의 세계로'가 나온다면 두 팀 모두 놀이를 중단하고 함께 노래를 부르고 춤을 춘다. 나만의 특별한 알밤을 그려서 콩주머니에 붙이면 특별한 재미를 줄 수 있다. 뒷면에는 함께 응원 구호도 적어서 붙일 수 있다.

그림책
공동체
놀이
21-30

범인을 찾아라!

놀이 소개

'범인을 찾아라!'는 형사가 도둑을 찾는 놀이다. 몇 개의 주어진 실마리와 예리한 관찰력, 인지력을 토대로 마침내 범인인 도둑을 잡는다. 이 놀이는 학급을 두 팀으로 나누어 진행하거나 학급 구성원 전체를 대상으로 할 수도 있다. 다만 놀이 시간에 제한을 두는 것이 놀이의 활기와 박진감을 느끼기에 좋다. 목격자 역할을 맡은(형사와 도둑을 제외한 학생들) 친구들은 도둑을 특정할 실마리를 제공한다. 이때 단번에 도둑을 알아볼 수 있는 실마리는 배제하도록 미리 안내한다. 형사 역할을 맡은 학생들은 최종적으로 범인을 특정하기 전에 서로의 의견을 나눈다. 이 놀이는 학생들이 다른 사람의 말을 경청하고 관찰력, 인지력을 높이는 데 도움이 된다.

그림책 만나기

도둑을 잡아라!
박정섭 글 · 그림, 시공주니어, 2010

『도둑을 잡아라!』는 책표지, 면지, 속표지의 존재를 유감없이 발휘하는 기발한 그림책이다. 표지 그림은 범인으로 보이는 사람의 대머리 둘레를 경찰차가 지나는 도로처럼 표현했다. 표지를 넘기면 면지에 노랑, 초록, 빨강으로 된 다른 여러 개의 옷, 안경, 교정기 등이 그려져 있다. 자세히 보면 그중에 범인의 것으로 추정되는 물건이 있는데, 이것을 발견하는 학생이 학급에 한 명쯤은 있을 것이다.

이 책은 빨간 지붕 집에서 들리는 "도둑이야!"라는 외침으로 시작된다. 물건을 도둑맞은 아주머니는 소식을 듣고 나타난 경찰에게 "뚱뚱한 남자였고 미루 안경원 쪽으로 뛰어 갔다." 하고 말한다. 경찰은 범인을 쫓아 미루 안경원으로 가서 또 다른 목격자로부터 범인이 '빨간 지붕집-미루 안경원-봉 치과-미래 이용원-명주네 양복점'으로 이동했음을 알게 된다. 또한 그가 뚱뚱하고, 촌스러운 빨간 안경을 끼고, 치아 교정기를 하고, 대머리에, 단추가 3개인 연두색 양복을 입은 남자라는 정보를 얻는다. 마침내 경찰은 6명의 용의자를 잡아들이지만, 이들 중 누가 범인인지 알 수가 없어 난감해한다. 하지만 그림책을 본 학생들은 누가 범인인지 안다.

놀이 즐기기

준비물: 없음

1단계 • 그림책 읽고 이야기 나누기

그림책 표지의 제목을 한 글자씩 보여 주면서 제목이 무엇인지 상상하도록 하여, 그림책 내용에 관심과 흥미를 갖도록 한다. 제목을 맞히면 표지를 열어 면지를 보여 준다. 교사가 "면지에 어떤 그림이 있는지 보세요."라고 말하며 책장을 넘긴다. 이때 눈썰미 있는 학생이라면 여러 개의 같은 물건 중에서 범인을 특정할 수 있는 그림을 발견한다. 면지에서 못 찾는다면 속표지에서 찾을 수 있다.

그림책을 읽으며 목격자들이 도둑의 인상착의에 대해 말할 때마다 학생들에게 질문하면서 읽는다. 출동한 경찰관들은 목격자로 특정된 6명의 용의자들 중에서 누가 진짜 범인인지 알 수 없어 독자들에게 물어본다. 이때 학생들에게 누가 범인인지 발표하도록 기회를 주어 참여 의욕을 높인다.

우리는 이 사회에서 나름의 역할이 있는데, 자기 역할이 아니라도 서로 도울 때 살기 좋은 세상을 이룰 수 있다. 이 그림책에 나오는 목격자들을 통해 이를 이해할 수 있다. 내가 해야 할 일을 누군가의 도움으로 잘 해낼 수 있었던 경험을 나누고, 힘든 상황에 있는 사람을 돕는 일이 얼마나 가치 있는 일인지 배운다. 아름다운 공동체를 위해 스스로 노력하겠다고 다짐하는 기회가 된다.

2단계 ● 나는 목격자! 놀이하기

❶ 학급을 두 팀으로 나누어서 각각의 팀에서 범인 1명, 경찰관 2명씩 정한다. 이때 범인임을 알 수 있도록 다른 학생과 구별되는 동작을 하거나 인상착의 중 하나를 다르게 한다. 상대 팀에서는 범인이 누구인지 알 수 없도록 보안을 유지한다.

❷ 각각의 팀원은 자기 팀 범인의 목격자가 되어 상대팀에게 실마리를 제공한다. 팀별로 번갈아 가며 실마리를 제공하여 범인을 찾도록 해서 놀이의 재미를 더한다. 목격자를 맡은 학생들은 경찰관에게 범인에 대해 어떤 실마리를 제공할지 미리 의논해서 실마리가 서로 겹치지 않도록 한다.

나는 목격자 놀이 장면

3단계 ● 범인을 찾아라! 놀이하기

3단계에서는 학급 전체가 목격자나 경찰이 되어 범인을 찾아보자.

❶ 교실의 책걸상을 가장자리로 이동시켜 가운데에 넓은 공간을 확보한다. 학급 학생들은 모두 바닥에 둥글게 앉는다.

❷ 교사가 신호를 주면 모두 엎드려 눈을 감는다. 교사는 학생들이 엎드린 다음 고개를 든 학급 학생 중 범인 5명과 목격자를 5명을 정해서 범인이 누구인지 서로 보게 한다. 그런 다음 교사는 범인 5명에게 미션을 1가지씩 준다. 이때 진짜 범인인 한 명에게만 다른 미션을 하도록 한다.

❸ 학생들은 "도둑이야!" 하면서 일제히 일어나 교실 공간을 자유롭게 다닌다. 경찰 역할을 맡은 2명의 학생은 목격자를 찾아 범인의 인상착의를 탐문한다. 이때 목격자가 아닌 학생에게 다가가면 해당 학생은 가슴에 두 손으로 X표를 하고 경찰은 또 다른 목격자를 찾는다.

 놀이 시작과 동시에 3~5분의 시간을 설정하여 놀이가 지루해지지 않도록 한다.

❹ 일정한 시간이 지나면 경찰은 범인이라고 생각되는 5명을 불러내서 그중 범인이라고 생각하는 학생을 가리킨다.

❺ 진짜 범인을 찾았다면 경찰과 목격자 모두 훈장수여를 받고 다시 역할을 정해 놀이를 계속해 나간다.

이 놀이를 통해 학생들은 평소 사물이나 사람을 볼 때 집중해서 제대로 잘 볼 수 있다. 관찰하는 습관과 서로 협력해서 문제를 해결하는 것이 얼마나 중요한지 몸소 체험하게 될 것이다.

범인을 찾아라! 놀이 장면

4단계 • 범인을 찾아라! 변형 놀이

 변형놀이는 마피아 놀이와 비슷하다. 학생들은 교실이나 강당에 둥글게 원을 만들어 앉는다. 학생들이 모두 "어둠이 내렸습니다."라고 말하면서 엎드린다. 학생들이 모두 엎드리면 교사가 다니며 마피아 역할을 할 학생의 등을 살며시 건드린다. 마피아 역할을 맡은 학생들은 모두 고개를 들어 서로를 확인한다. 이때 교사는 마피아들에게 미션(머리를 쓸어내리기, 교사와 하이파이브 하기 등)을 준다. 일정 시간을 주고 마피아의 배수를 찾아 세우고 한 명씩 확인해 나간다. 처음 마피아 역할을 맡은 학생을 모두 찾으면 시민 공동체가 승리한다. 이때 학급 전체에 보상을 준다. 처음에는 교사가 진행하고, 다음부턴 학생이 진행하도록 한다.

변형 놀이 장면

하나 더! • 리더 찾기 놀이

❶ 술래와 리더를 정한다.
❷ 모두 둥글게 원을 만들어 선다.
❸ 술래는 안대를 쓴다.
❹ 리더가 어떤 동작을 하면 모든 학생이 리더의 동작을 따라 한다. 리더는 일정한 시간마다 새로운 동작으로 바꾸고 다른 학생들은 리더가 바꾼 동작을 따라 한다.
❺ 술래가 리더를 찾는다.
❻ 술래가 리더를 찾으면 리더였던 학생이 술래가 되고, 새로운 리더를 뽑아 놀이를 계속한다.

보자기 구멍에 공 넣기

놀이 소개

'보자기 구멍에 공 넣기'는 '투게더 홀인' 교구를 활용하여, 학생들이 함께 보자기의 테두리를 잡고 가운데 구멍에 공을 넣는 공동체 놀이이다. 혼자서는 공을 구멍에 넣기 어렵지만, 모두가 힘을 합치면 가능해지는 이 놀이는 협동의 중요성을 상징적으로 보여 준다. 학생들은 보자기를 조절하며 공을 구멍으로 유도하는 과정에서 서로의 움직임을 예측하고 조화롭게 행동해야 한다.

　이를 통해 의사소통 능력과 팀워크가 자연스럽게 향상된다. 또한 이 놀이는 모든 학생이 같은 목표를 향해 노력하면서 성취감을 공유하고, 공동체 의식을 기를 수 있다. 목표를 달성하기 위해 서로 격려하고 협력하는 과정에서 학생들은 긍정적인 상호작용을 배우게 된다. 놀이를 하는 동안 협력의 중요성, 의사소통의 필요성, 공동체 의식의 가치를 체험하는데, 이러한 경험은 앞으로의 삶에서 큰 자산이 된다.

그림책 만나기

그건 내 거야!
아누스카 아예푸스 글·그림, 신수진 옮김, 비룡소, 2020

『그건 내 거야!』는 다섯 마리의 코끼리와 작은 생쥐가 등장하는 이야기이다. 이 책에서는 처음에 코끼리들이 각자 자신의 물건을 소유하려고 하지만, 결국 서로 나누고 협력하는 것이 더 좋다는 것을 깨닫게 된다. 이 책은 협동의 중요성을 여러 가지 방식으로 보여 준다. 캐릭터들이 서로의 입장을 이해하고 함께 문제를 해결해 나가는 과정을 통해 협동의 필요성을 강조한다. 또한 물건을 독차지하는 것보다 함께 나누는 것이 모두에게 이롭다는 나눔의 가치를 알려 준다. 크기와 능력이 다른 동물들이 협력하여 더 나은 결과를 만들어 내는 모습은 다양성을 인정하고 존중하는 태도를 가르친다. 협동을 통해 모든 인물들이 행복해지는 결말은 협력의 긍정적인 효과를 잘 보여 준다.

놀이 즐기기

 **준비물:** 투게더 홀인 교구(하토재)

1단계 ● 그림책 읽고 이야기 나누기

그림책을 읽은 후, 코끼리들이 서로 과일을 차지하려고 다투는 장면과 개미가 함께 과일을 들고 가는 장면을 떠올리며, 이들의 행동과 감정에 대해 이야기를 나눈다. 이 과정에서 학생들은 주인공들의 입장에서 생각해 보고 그들의 감정을 이해하는 기회를 갖는다. 코끼리들처럼 친구와 물건을 나누어 쓰거나 함께 놀았던 경험, 혹은 물건을 혼자 가지고 싶어 했던 경험 등을 이야기하며 자신의 경험과 연결시킨다. 협력의 긍정적인 결과를 생각하며 협동과 나눔의 가치를 자연스럽게 내면화할 수 있다.

2단계 • 공 먼저 넣기

이 놀이에서는 투게더 홀인 교구를 이용한다. 투게더 홀인은 협동심을 기르는 데 효과적인 교구이다. 이 교구는 여러 개의 구멍이 뚫린 보자기와 다양한 색깔의 공으로 구성되어 있다.

❶ 학생들에게 공을 나누어 주고, 공을 홀에 넣는 것이 목표라고 간단히 설명한다. 이때 특별한 규칙이나 순서를 정하지 않고, 학생들이 자유롭게 공을 넣도록 한다.

 놀이가 시작되면 대부분 자신의 공을 먼저 넣으려고 한다. 이 과정에서 학생들은 공을 빨리 넣기 위해 서두르고, 혼자 보자기를 흔들거나 위로 튕겨서 공이 떨어지게 한다. 교사는 이 상황을 지켜보면서 학생들의 행동과 반응을 관찰한다. 서로 밀치거나 다투는 등의 위험한 상황이 발생하지 않도록 주의를 기울이되, 가능한 한 개입을 자제하고 학생들이 자연스럽게 상황을 경험하도록 한다.

❷ 일정 시간이 지나고 나면, 교사는 놀이를 잠시 중단시키고 학생들과 함께 방금 있었던 상황에 대해 이야기를 나눈다. 어떤 점이 어려웠는지, 왜 공을 잘 넣을 수 없었는지, 어떤 감정이 들었는지 등을 물어본다. 이를 통해 학생들은 협력 없이 각자 행동할 때 발생하는 문제점을 스스로 깨닫게 된다.

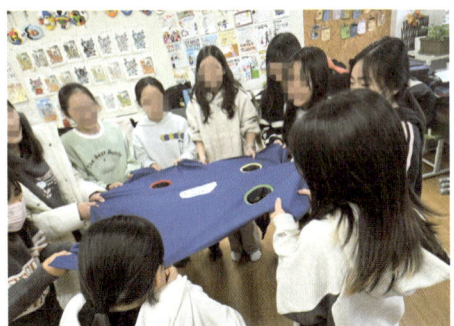

서로 공을 넣으려고 할 때 공이 튕기고 떨어지는 장면

3단계 • 공을 잘 넣기 위해 필요한 가치 생각하기

앞선 활동에서 협력의 중요성을 체감한 학생들에게 교사는 "공을 잘 넣기 위해서는 어떤 마음가짐이나 행동이 필요할까요?"라고 질문을 던진다. 이때 학생들이 참고할 만한 가치 카드를 예시로 보여 주면 그것들을 참고하여 말할 수 있다. 학생들은 공을 성공적으로 넣기 위해서는 팀원들 간의 원활한 의사소통이 필수적이라고 말한다. 서로의 의견을 주고받고 경청하는 과정이 중요하므로 존중과 소통, 경청의 자세가 필요하다고 이야기한다. 또한 여러 번의 시도 끝에 성공할 수 있으므로 쉽게 포기하지 않는 책임감과 끈기가 중요하다고 강조한다.

협동 활동의 성공을 위해 가장 필요한 것 5가지를 선택해 보자고 하였더니 학생들은 존중, 소통, 끈기, 격려, 약속을 꼽았다. 그리고 이러한 마음가짐과 행동을 잘 이끌어 줄 수 있는 리더의 역할도 중요하다고 했다. 공동체 놀이를 위해 다 함께 이야기를 나누는 과정은 협동 활동의 성공을 위한 다양한 요소들을 종합적으로 생각하도록 안내한다.

첫 번째로 뽑은 가치 / 꼭 필요하다고 생각하는 5가지 가치

4단계 • 협력하며 공 넣는 놀이하기

협력에 필요한 마음가짐인 존중, 소통, 끈기, 격려, 약속을 다시 한번 상기하면서 협력하여 공 넣는 놀이를 시작한다. 이 놀이는 두 단계로 나누어 진행된다.

첫 번째 단계

색에 상관없이 아무 구멍에나 공을 한 개씩 넣는다. 이 단계는 학생들이 서로 협력하는 기본적인 방법을 익히고 협동심을 형성하는 데 중점을 둔다. 놀이 시작 전에 학생들은 보자기의 가장자리를 골고루 잡고 선다. 교사는 구멍 뚫린 보자기 위에 여러 색깔의 공을 놓아 주고 놀이를 시작한다. 학생들은 서로 의견을 나누며 보자기를 조절하여 공을 움직인다. 이 과정에서 협력의 가치들을 실천하려고 노력한다.

두 번째 단계

구멍과 같은 색의 공을 해당 구멍에 넣는다. 이는 첫 번째 단계보다 더 높은 수준의 협력과 집중력을 요구한다. 학생들은 공의 색깔을 확인하고, 그에 맞는 구멍을 찾아 공을 이동시켜야 한다. 이 과정에서 더욱 세밀한 의사소통과 협력이 필요하다. "빨간 공을 오른쪽 위 구멍으로 옮기자", "파란 공은 왼쪽으로 조금만 더!" 등의 구체적인 지시와 협력이 이루어진다.

이 단계에서는 특히 리더의 역할이 중요하다. 리더는 전체적인 상황을 파악하고 팀원들에게 적절한 지시를 내리며, 각 팀원의 강점을 살려 역할을 분배한다. 놀이가 진행될수록 학생들의 협동력은 눈에 띄게 향상된다. 서로를 배려하며 보자기를 조절하고, 실수에 대해 너그럽게 대하며, 성공했을 때는 함께 기뻐하는 모습을 보인다. 이 활동을 통해 학생들은 협력의 가치를 몸소 체험하고, 그 중요성을 깊이 이해한다.

활동이 끝난 후, 교사는 학생들과 함께 경험을 나눈다. 협력의 가치를 실천하면서 느낀 점, 어려웠던 점, 앞으로 개선할 점 등에 대해 이야기를 나눈다. 이를 통해 학생들은 협동의 중요성을 더욱 깊이 인식하고, 일상생활에서도 이를 실천할 수 있는 방안을 모색한다.

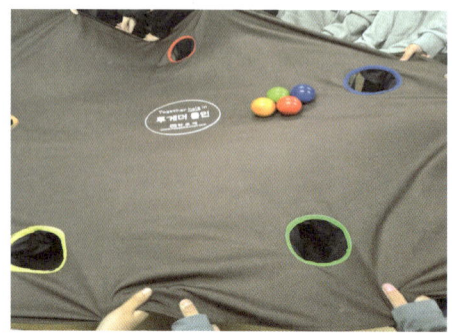 

의사소통하며 협력하여 공 넣는 장면

하나 더! • 구멍에 가치 공 넣기

 보자기 구멍에 공 넣기(투게더 홀인) 놀이를 통해 학습한 협력의 가치를 더욱 강화하고 내면화하기 위해, 협력에 필요한 마음가짐을 직접 놀이에 접목시킨다. 이 활동은 학생들이 앞서 논의한 협력에 필요한 마음가짐인 존중, 소통, 끈기, 격려, 약속 등을 색깔 공에 직접 적용한다.

❶ 각 색깔 공에 가치가 적힌 스티커를 붙이거나 매직으로 직접 쓴다. 예를 들어, 빨간 공에는 '존중', 파란 공에는 '소통', 노란 공에는 '끈기', 초록 공에는 '격려', 보라 공에는 '약속'이라고 적는다. 준비된 공으로 놀이를 진행한다.

❷ 놀이를 하는 동안 학생들은 각 공에 적힌 가치를 의식하며 활동에 참여한다. 예를 들어, '존중'이라고 적힌 공을 움직일 때는 특히 다른 사람의 의견을 경청하고 배려하는 태도를 보이도록 노력한다. '소통' 공을 다룰 때는 자신의 생각을 명확히 전달하고 다른 사람의 의견을 이해하려고 노력한다. 이렇게 놀이를 진행하면, 학생들은 협력에 필요한 각 가치의 중요성을 더욱 깊이 체감하고 실천할 수 있다.

❸ 공을 성공적으로 구멍에 넣을 때마다 해당 가치를 크게 외쳐, 그 가치의 실현을 축하하고 강조한다.

보자기 배드민턴

놀이 소개

'보자기 배드민턴'은 여러 명이 보자기의 끝쪽을 잡고 함께 셔틀콕을 치는 놀이다. 모둠원들이 함께 움직여 보자기의 가운데에 셔틀콕을 위치시킨 뒤 이를 보자기로 친다. 함께 보자기를 당겨서 셔틀콕을 치는 것이 생각보다 쉽지 않다. 협력하여 셔틀콕을 많이 친 모둠이 우승한다는 간단한 규칙임에도 불구하고 실제로 놀이를 진행해 보면 여러 명이 한 몸처럼 움직인다는 것이 쉽지 않음을 느끼게 된다. 셔틀콕을 함께 보자기로 치기 위해서 학생들은 서로 한 몸처럼 움직이기 위해 끊임없이 소통하며 서로를 독려해야 한다. 강당처럼 학생들이 충분히 움직일 수 있는 넓은 공간에서 하는 것을 추천한다.

그림책 만나기

보자기 한 장
정하섭 글, 정인성 · 천복주 그림, 우주나무, 2023

『보자기 한 장』은 평생 옷감을 짠 할아버지가 마지막으로 온 정성을 들여 만든 한 장의 보자기 이야기를 담고 있다. 일생을 성실하게 살아오신 할아버지는 마지막으로 누군가에게 도움이 되고 싶다는 마음을 간절히 담아 보자기를 만든 후 하늘로 날려 보낸다. 그 보자기는 여러 힘든 사람들에게 우연히 찾아가 희망과 치유, 위로를 전하게 된다. 할아버지가 보자기에 소중한 가치를 담아 날려 보내신 것처럼 보자기 배드민턴 놀이를 통해서 우리가 함께 얻을 수 있는 소중한 가치가 무엇인지 함께 이야기를 나누며 놀이를 열 수 있다.

놀이 즐기기

 **준비물:** 팀빌딩 투게더 보자기 배드민턴(학토재)

1단계 ● 그림책 읽고 이야기 나누기

  그림책을 함께 읽고 학생들과 그림책 속 보자기가 담고 있는 가치를 함께 찾아보도록 한다. 학생들이 찾을 수도 있고, 가치를 나타내는 말에 익숙하지 않다면 비폭력 대화의 욕구 목록에서 찾아도 좋다. 검색해 보면 다양한 이미지의 욕구 목록을 쉽게 찾을 수 있다. 학생들은 욕구 목록을 바탕으로 '휴식, 따뜻함, 부드러움, 편안함, 공감, 도움, 희망, 치유' 등을 찾았다.

  학생들에게 놀이 규칙을 간단하게 설명한 후, 보자기 배드민턴을 하면 충족할 수 있는 가치로는 무엇이 있을지 함께 찾아본다. 학생들은 '친밀한 관계, 소통, 연결, 우정, 즐거움, 재미' 등을 찾았다.

2단계 • 보자기 배드민턴 연습하기

　모둠별로 보자기와 셔틀콕을 하나씩 나눠 준다. 보자기 배드민턴을 처음 접하는 상황이므로 학생들이 충분히 연습할 수 있도록 시간을 넉넉히 준다. 이때 각 모둠이 너무 가까이 붙어 있으면 서로 부딪혀 다칠 수 있으므로, 연습 시작 전에 모둠별로 적당한 간격의 놀이 공간을 지정해 주는 것이 안전하다.

　이렇게 하면 모둠간 충분한 거리를 유지하며 활동을 진행할 수 있다. 공간이 정해지면, 시간을 정해 연습하고, 학생들의 수준에 맞춰 공의 높이를 지정한다. 셔틀콕을 칠 때 머리 위보다 높이 올라가야 유효 개수로 인정한다는 규칙을 적용하여 연습한다.

　처음에는 보자기에 탄성이 없으므로 학생들이 셔틀콕을 치는 횟수가 많지 않다. 이럴 때 학생들이 좀 더 적극적으로 소통하도록 독려한다. 모둠원들이 서로 소통하며 셔틀콕 치는 유효 횟수를 늘릴 방법을 함께 찾는다. 막연해하는 모둠에는 보자기를 느슨하게 하는 것이 도움이 될지, 팽팽하게 하는 것이 도움이 될지 실험하도록 독려하고, 어떤 전략을 펼쳐야 유리한지 힌트를 제공한다.

　모둠원들이 함께 움직일 수 있도록 구령을 넣는 등 다양한 전략이 있음을 안내할 수도 있다. 이때 놀이의 과정에서 실수한 친구를 비난하기보다는 서로 독려하여 함께 협력하는 것이 셔틀콕을 치는 횟수를 늘릴 수 있음을 알고, 함께 잘 움직일 수 있도록 함께 구령을 넣고, 일정한 박자에 맞춰 몸을 움직이는 것이 유리하다는 것도 알게 된다. 모둠별로 찾은 적절한 전략을 구사하며 점차 셔틀콕 치는 횟수를 늘려간다.

3단계 ● 소중한 가치로 다가가기

❶ 1단계에서 찾은 보자기 배드민턴을 하면 충족할 수 있는 가치 단어를 출력하여 강당 바닥이나 벽면에 크게 붙인다. 이때 각 모둠이 적당한 간격을 유지하며 부딪히지 않고 안전하게 놀이를 진행할 수 있도록 적당히 떨어진 위치에 붙인다.

 친밀한 관계, 소통, 연결, 우정, 즐거움, 재미 등 1단계에서 찾은 가치 중에서 모둠 수만큼의 가치를 출력한다. 예를 들면, 보자기 배드민턴 모둠을 전체 다섯 모둠으로 구성했다면, '친밀한 관계, 소통, 연결, 우정, 즐거움' 5가지 가치를 출력한다. 학생들에게 출력한 가치를 소개하고, 모둠별로 중복되지 않도록 가치를 하나씩 선택한다.

❷ 모둠별로 선택한 가치 쪽으로 움직이며 셔틀콕을 친다. 모둠별 움직이는 간격을 정하기 위해서 모둠에서 멀리뛰기 선수를 한 명씩 정한다. 각 모둠의 멀리뛰기 선수는 모둠에서 선택한 가치가 붙어있는 지점에서 출발하여 강당 중앙 방향으로 세 발 정도 뛰게 한다. 이때 공간을 고려하여 얼마나 간격을 둘지 정할 수 있다. 세 발 뛴 지점을 표시하고, 그 지점에 보자기 중앙이 오도록 한 후 보자기 배드민턴을 시작한다. 보자기로 셔틀콕을 튕기면서 모둠이 선택한 가치가 붙어있는 방향으로 움직인다.

❸ 모둠원 중 한 명이 벽에 붙어있는 가치를 터치하면 승리한다. 터치할 때는 한 손으로 가치를 터치하고, 다른 한 손으로는 보자기를 잡고 있어야 한다. 이때, 가는 도중에 셔틀콕이 떨어지면 출발한 지점으로 가서 다시 시작한다.

세 발 뛰기 하는 모습

뛴 지점을 포스트잇으로 표시하는 모습

4단계 • 보자기 배드민턴 가치 발견하기

보자기 배드민턴을 하면서 얻은 가치가 무엇인지 이야기를 나누기 위해서 욕구 목록을 한 번 더 사용한다. 학생들에게 '놀이하며 발견한 가치와 그 가치를 고른 이유'를 찾도록 한다. 학생들이 이야기를 잘 나눌 수 있도록 서클 형태로 앉고 중앙에는 3단계 놀이에서 출력했던 가치들을 잘 보이도록 둔다. 놀이 전후에 찾은 가치가 비슷할 수도 있고, 다를 수도 있으므로 이를 비교할 수 있다. 서클 중앙에 출력한 가치들을 두면 이런 점을 잘 발견할 수 있다.

학생들은 참여, 성취, 가까움, 공동체, 재미, 희망, 협력, 도움, 소속감, 지지 등 다양한 가치를 발견했다. 놀이하기 전과 비교했을 때, 좀 더 다양한 가치를 찾은 것을 알 수 있었다. "실수했을 때 격려해 주는 친구들이 있어서 지지를 선택했다.", "다 함께 노니 더욱 재미있어서 재미를 골랐다." 등 가치를 찾은 이유를 나누며 함께 공감할 수 있도록 한다. 보자기 배드민턴의 놀이 과정도 즐겁지만, 놀이 후 가치를 발견하는 과정을 통해서 놀이가 좀 더 의미 있는 경험으로 남게 된다.

하나 더! • 가치 선물하기

4단계 활동과 연결하여, '가치 선물하기' 놀이를 해 보자.

❶ 비폭력 대화의 욕구 목록을 참고하여 모둠별로 보자기 배드민턴을 하면서 얻게 된 가치를 고른다.

❷ 모둠별로 포스트잇을 한 장씩 나눠 주고, 모둠에서 고른 가치를 적는다.

❸ 릴레이 형식으로 가치를 선물하고 싶은 모둠에게 다가가서 모둠에서 적은 가치를 말하며 선물한다. 이때 가치를 선물받은 모둠이 아직 받지 못한 모둠에게 가서 가치를 선물한다.

가치를 선물할 때 "우리 모둠에서는 '재미'를 골랐어.", "'재미'라는 가치를 너희에게 선물할게."라고 말하면 더 효과적이다.

❹ 모든 모둠이 가치를 선물 받으면 끝난다. 놀이에 참여하기 위해서 가치를 받은 모둠과 받지 못한 모둠을 잘 살펴야 하므로 경청을 유도할 수 있고, 학생들이 가치를 선물 받으며 따뜻한 분위기를 만들 수 있다.

선 따라 걸어요!

놀이 소개

'선 따라 걸어요!'는 학생들이 선을 따라 다양한 방식으로 걷는 활동을 통해 신체적 균형감각을 키우고 협동심과 창의력을 발달시킬 수 있다. 선을 따라 걷는 과정에서 걸음을 조절하여 균형을 유지하고 집중력을 기르면서 자기관리 역량을 강화하고, 모둠이 함께하는 활동은 협동과 소통의 중요성을 배운다. 서로의 속도와 방향을 맞추는 과정에서 다른 사람의 관점을 존중하고 효과적으로 소통하는 방법을 알게 된다. 다양한 걷기 방법을 통해 창의적으로 도전하며 즐거움을 느낀다. 선의 모양과 디자인을 관찰하며 걷는 활동은 신체적 움직임과 미적 감각을 자극하면서 경험을 확장할 수 있다.

목표를 공유하고 함께 도전하며 성공적으로 목표를 달성했을 때 성취감을 나누는 경험은 공동체 의식이 자연스럽게 함양된다. 학생들의 신체적 활동과 정서적 교감은 전인적 성장을 이루고 놀이의 각 부분이 핵심적 역량과 연결되어 놀이 자체가 학습의 장이 될 수 있다.

그림책 만나기

선을 따라 걷는 아이

크리스틴 베젤 글, 알랭 코르크스 그림, 김노엘라 옮김, 꿈교출판사, 2011

『선을 따라 걷는 아이』는 주인공이 거리에 나가 길바닥에 보이는 선을 따라 걸으며 단순한 선을 통해 상상력과 창의력을 발휘하여 새로운 시각으로 세상을 바라보는 과정을 보여 준다. 학생들은 선을 따라 걷는 활동을 통해 그림책 속 주인공처럼 새로운 방법을 시도하고 상상력을 발휘할 수 있다. 무엇보다 학생들은 선 하나만 가지고도 놀이에 몰입하면서 즐거움을 느끼고, 선을 따라 걷는 규칙을 지키며 목표를 달성하는 경험을 한다. 친구들과 함께하는 놀이 활동은 협력과 소통의 중요성을 알고 공동체 역량을 강화시킨다.

놀이 즐기기

 **준비물:** 빈 카드, 사인펜, 연필, 원마커, 반환점 꼬깔콘, 활동 카드, 마스킹테이프, 두꺼운 책(하드 커버), 펀스틱

1단계 • 그림책 읽고 이야기 나누기

그림책을 읽기 전 선을 따라 걸어 본 경험을 나눈다. 그림책을 읽고 어떤 장면이 인상 깊었는지, 나는 어떤 선을 따라 걸어 보고 싶은지, 어떤 선이 좋은지 등의 이야기를 나눈다. 그리고 어떤 선을 그리고 싶은지 빈 카드를 주고 그려 보도록 한다. 좋아하는 색 사인펜을 한 개 골라 자유롭게 선 그림을 그린 후 카드를 짝과 바꿔서 연필로 따라 그리기를 해 본다.

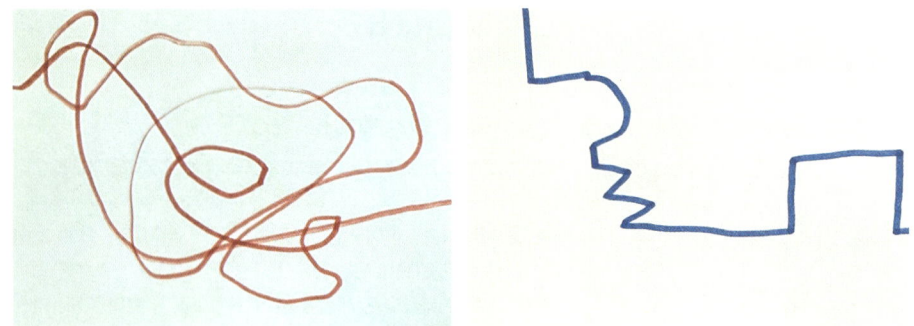

내가 따라 걷고 싶은 선

2단계 • 원마커로 걷기

❶ 그림책에 둥글고 부드러운 선, 뾰족하고 날카로운 선, 점선 등 다양한 선이 나온다. 선 따라 걷기는 원마커를 가지고 걷는 길을 만들어 걸으면서 친구들과 함께 협동하는 놀이로 시작한다. 이 과정은 단순히 선을 따라 걷는 놀이가 아니라 협력하며 만들어 가는 것임을 알도록 한다.

❷ 원마커로 걷기 놀이는 팀을 나누고 원마커를 팀의 인원수보다 한 개 더 많이 나눠 준다.

❸ 맨 앞에 있는 학생이 원마커로 길을 만들면 뒤에 학생들이 따라서 걷는다. 맨 마지막에 있는 학생은 마지막 밟은 원마커를 앞 사람에게 전달하여 맨 앞에 있는 학생이 새로운 길을 만들 수 있도록 해 준다.

❹ 이와 같이 길을 만들어 반환점을 돌아서 출발점으로 돌아오면 놀이에서 이긴다.

원마커로 걷기

3단계 ● 선 따라 걷기

마스킹테이프로 선을 만든다. 놀이 활동에 따라 필요한 선을 차례대로 추가해서 만들거나, 한 번에 필요한 선을 다 만들어서 놀이를 진행해도 된다.

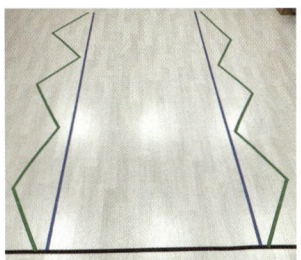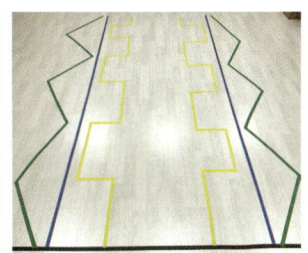

마스킹테이프로 선 만들기

놀이를 시작하면서 선 따라 걷기 놀이 활동 카드를 뽑는다. 놀이 활동은 '머리에 책 올리고 걷기', '뒤로 걷기', '발을 연결해서 걷기'가 있다. 팀별 활동으로 진행하지만, 학급원 모두가 함께 경험하는 것에 중점을 두기 때문에 최종 미션은 스티커를 모아서 학급 하트를 완성하도록 한다. 이긴 팀은 색깔 동그라미 스티커를 받아 학급 하트 만들기에 붙인다.

'머리에 책 올리고 걷기'를 할 때 사용하는 책은 하드 커버로 되어 있으면서 학생들 머리에 올리기 적당한 책으로 정하는 것이 좋다. 팀별로 한 사람씩 차례대로 머리에 책을 올리고 책이 떨어지지 않게 선을 따라 걸어서 출발점까지 돌아온다. 다음 사람이 책을 받아서 다시 걷기를 한다. 걷다가 책이 떨어지는 경우 그 자리에서 다시 시작한다. 팀원이 모두 활동을 마치면 이긴다.

머리에 책 올리고 걷기

'뒤로 걷기'는 선을 따라 뒤로 걷는 놀이이고, '발을 연결해서 걷기'는 선을 따라 발을 계속 연결하면서 걷는 놀이이다. 팀별로 한 사람씩 차례대로 뒤로 걷거나 발을 연결해서 걷고 팀원이 모두 활동을 마치면 팀이 이긴다.

뒤로 걷기 　　　　　　　　　　　발을 연결해서 걷기

각 놀이를 마칠 때마다 이기는 팀은 색깔 동그라미 스티커를 받아서 학급 하트 만들기 판에 붙인다.

동그라미 스티커

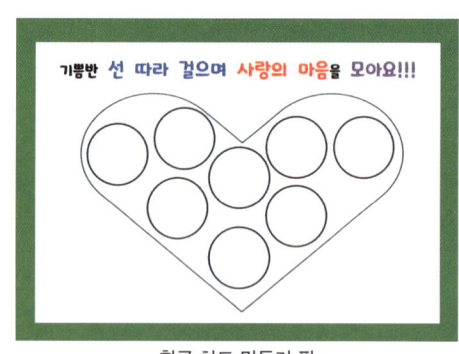

학급 하트 만들기 판

4단계 • 함께 선 따라 걷기 놀이

함께 선 따라 걷기는 팀원이 같이 미션을 완성하는 놀이로, 협력과 의사소통 역량이 강화된다. 놀이는 '짝과 손잡고 걷기', '릴레이로 한 명씩 늘려가며 걷기', '어깨동무하고 걷기'가 있다. 놀이 활동 카드를 뽑아서 놀이를 진행하며 이긴 팀은 색깔 동그라미 스티커를 받고 놀이 마지막에 학급 하트를 완성한다.

'짝과 손잡고 걷기'는 짝과 함께 각각 다른 모양의 선을 동시에 걷는 놀이이다. 선을 따라 끝까지 걸은 이후 손을 잡고 출발점으로 돌아온다.

'릴레이로 한 명씩 늘려가며 걷기'는 처음에 한 명이 펀스틱을 갖고 선을 따라 걷기를 해서 출발점으로 돌아오면, 그다음 두 명이 함께 펀스틱을 잡고 선을 따라 걷고 점점 인원을 늘려서 걷기를 한다.

'어깨동무하고 걷기'는 팀원이 어깨동무하고 선을 따라 걸어서 출발점으로 돌아오는 놀이이다.

짝과 손잡고 걷기

릴레이로 한 명씩 늘려가며 걷기

어깨동무하고 걷기

놀이마다 이긴 팀은 색깔 하트 동그라미를 받아서 학급 하트 만들기 판에 붙인다.

학급 하트 완성하기

하나 더! • 선 따라 걷기 변형하기

처음 학생이 출발하면 차례대로 바로 뒤따라 가면서 모두가 함께 선을 종류대로 따라 걷는 놀이를 한다. 시간제한을 두어 긴장감과 집중력을 높이거나 선 위에 작은 장애물을 두어 피하거나 넘도록 하는 도전 과제를 추가한다. 모둠별로 걷기 방법을 이야기하고 그중에 재미있는 것을 해 보거나, 다양한 걷기 방법을 시도한 후 가장 독창적이고 재미있는 방법을 선정하는 미니 경연대회를 하면 생각이 창의적으로 확장된다. 걷기 놀이를 할 때 음악을 추가하면 재미있는 요소를 더할 수 있다.

또한 하트 판 만들기를 할 때 색깔 동그라미 스티커에 공동체 활동에 필요한 덕목을 이야기하여 적으면 놀이의 의미가 더 깊어진다. '선 따라 걷기 놀이'가 끝나면 주변이나 실외 거리에 있는 선을 찾아 규칙을 정해서 선 따라 걷기를 할 수 있다. 그림책 내용처럼 공책에 선을 그리고 뒷사람이 따라 그리는 놀이를 하거나, 마지막에 선을 밟지 않고 하는 사방치기 놀이가 나오는데 이것도 추천한다.

소리로 보물찾기

놀이 소개

'소리로 보물찾기'는 술래에게 소리로 힌트를 주어 술래가 보물을 찾을 수 있게 도와주는 놀이이다. 술래가 보물을 찾지 못하게 방해하는 것이 아니라 술래가 보물을 잘 찾을 수 있게 도움을 주는 놀이이다. 놀이에 참여하는 모든 학생의 협력이 요구되기 때문에 반 전체의 공동체 의식을 높이기 좋다. 술래가 보물을 찾는 데 걸린 시간을 초 단위로 재어 놀이에 긴장감과 재미를 줄 수 있다.

이 놀이를 할 때는 술래, 보물이 될 사람, 시간을 재는 사람이 필요하다. 시간은 선생님이 재더라도 술래와 보물은 여러 학생이 두루 경험해 보도록 한다. 따라서 놀이를 한 번만 하고 끝내는 것이 아니라 여러 번 반복해서 한다. 이때, 놀이 규칙에 약간의 변화를 주며 흥미를 유지한다. 술래가 보물을 찾으려고 할 때 소리로 힌트를 주어야 하기 때문에 학생들의 집중력도 높일 수 있다.

그림책 만나기

박수 준비!
마달레나 마또주 글·그림, 민찬기 옮김, 그림책공작소, 2015

표지의 빨간색 점이 눈에 띈다. 책을 펼치면 왼쪽과 오른쪽에 빨간색 점이 있다. 이 점이 만나게 책을 접었다가 다시 펼치면 글로 적혀 있는 소리가 들리는 듯하다. 그렇게 심벌즈를 '치애애앵' 한 번 치고, '안녕' 하며 하이파이브를 다섯 번 해 보자!『박수 준비!』는 자연스럽게 숫자와 소리를 흉내 내는 말에 대해서 재미있게 배울 수 있는 인터렉티브 그림책이다. 손과 손이 만나서 박수 소리가 탄생하듯 이 그림책을 보고 다양한 박수를 창의적으로 만들 수 있다.

놀이 즐기기

 **준비물:** 보물로 정할 물건

1단계 • 그림책 읽고 이야기 나누기

그림책을 읽은 뒤, 빨간 점이 마주쳤을 때 나는 소리에 대해 다시 살펴본다. 심벌즈 소리, 뽀뽀 소리, 문을 두드리는 소리 등 일상생활에서 흔히 들을 수 있는 소리가 흥미로운 방식으로 책에 담겨 있다. 이 책의 마지막은 많은 사람이 모두 모여서 다 함께 박수를 짝짝짝 치는 것으로 마친다. 이 그림책을 보고, 일반적인 박수 말고 짝과 함께 이색 박수를 창의적으로 만들어 본다. 짝과 함께 만든 박수를 친구들 앞에서 보여 줌으로써 박수칠 때 동작에 따라 소리가 다르게 나는 것을 재미있게 탐색해 볼 수 있다.

 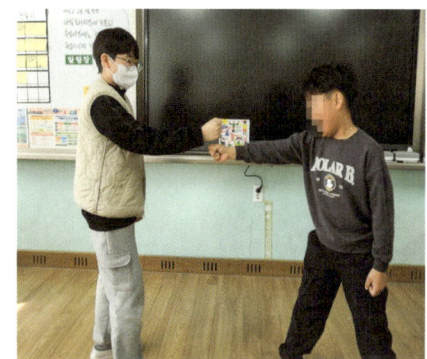

짝과 함께 이색 박수 만들기

2단계 • 소리로 보물찾기 연습하기

❶ 박수 세기를 1~5단계로 나누어 박수의 크기를 다르게 내도록 연습한다.

❷ 술래를 정하고 술래는 복도로 나가게 한다. 술래가 나간 뒤 보물이 될 사람을 정한다. 복도로 나간 술래는 교실 쪽을 보지 않는다.

❸ 술래를 제외한 나머지 학생 전체가 보물이 될 사람이 누구인지 확실히 알게 한 뒤, 술래를 교실로 들어오게 한다.

❹ 술래는 교실을 한 바퀴 돌면서 보물을 찾는다. 술래를 제외한 나머지 학생 전체는 술래가 보물에 가까워질수록 박수 소리를 크게 하고, 술래가 보물에서 멀어지면 박수 소리를 작게 한다.

❺ 술래가 보물을 찾으면 선생님은 몇 초 만에 보물을 찾았는지 알려 준다. 술래 역할을 바꿔서 다시 놀이를 해 보고, 소감을 나눈다. 학생들은 서로 술래를 하고 싶어 할 정도로 놀이에 몰입하고 재미있어 한다.

소리로 보물찾기 연습하기

3단계 • 소리로 보물찾기

본격적으로 놀이를 할 때는 보물을 사람으로 하지 않고 사물로 정한다. 특히 사물의 크기가 작으면 눈에 잘 띄지 않기 때문에 놀이의 난도가 높아진다. 사물은 특별히 준비하지 않고 책상 위에 놓여 있는 물건 중에 정한다. 필통, 우유, 연필, 지우개 등 크기가 큰 것부터 작은 것 순서로 난도를 높여가며 보물을 정한다.

1. 학생들이 서로 술래를 하고 싶어 하기 때문에 진행자인 교사는 술래가 겹치지 않도록 정한다. 특정 프로그램을 활용하여 랜덤으로 술래가 정해지도록 하면 학생들이 더 흥미로워한다. 교사가 술래를 임의로 정해도 된다.

2. 물건으로 보물을 정했을 때는 술래가 보물이 무엇인지 정확하게 가리키도록 하고, 그 횟수는 3번으로 제한한다. 보물을 찾는 횟수를 제한하지 않으면 아무 물건이나 마구 가리켜서 놀이의 재미가 떨어진다. 또한 교사가 화면에 타이머를 띄워 전체 학생들이 보물을 찾는 데 걸리는 시간을 알 수 있도록 하여 놀이에 흥미를 유지한다.

소리로 보물찾기 놀이하기

4단계 • 소리로 보물찾기 업그레이드

학생들이 소리로 보물찾기 규칙이나 방법에 익숙해졌다면 술래를 2명으로 늘려 놀이의 긴장감 및 몰입감을 높인다. 술래를 2명으로 할 때, 처음에는 교실을 반으로 나누어 술래 1명은 교실 왼쪽에서, 나머지 술래 1명은 교실 오른쪽에서 보물을 찾도록 한다. 이 방법이 익숙해지면 교실을 2개의 구역으로 나누지 않고, 보물을 2개로 정하여 박수 소리가 서로 겹쳐지게 하여 놀이의 난도를 높인다.

또, 박수를 혼자만 계속 치면 지루하므로 짝이나 모둠 친구들과 함께 박수를 치도록 한다. 모둠 친구들과 함께 박수를 칠 때는 팔을 양쪽으로 펼쳐서 양옆에 앉은 친구와 손뼉을 마주치도록 한다. 또한 힌트를 아예 반대로 줄 수도 있다. 술래가 보물에 가까워질수록 박수 소리를 크게 하는 것이 아니라 반대로 박수 소리를 작게 하거나 침묵하는 것이다.

하나 더! • 다양한 소리로 힌트를 주면?

박수도 일반적인 박수에서 벗어나 다양한 소리로 힌트를 주면 놀이에 다채로움을 줄 수 있다. 따라서 책상을 두드린다든지 악기를 치는 방법이 있다. 악기를 사용하는 방법은 음악 시간에 악기가 준비되었을 때 시도할 수 있다. 이 놀이를 위해 따로 악기를 준비하지 않고, 악기가 준비되었을 때 이 놀이를 해 본다. 예를 들어, 입으로 시계 소리를 내어서 힌트를 줄 수도 있다. 술래가 보물에 가까워질수록 입으로 똑딱똑딱 소리를 더욱 빠르게 내는 방법이다. 이렇게 놀이의 여러 가지 규칙과 방법을 조금씩 변형하면 같은 놀이지만 지루해하지 않고 재미를 유지할 수 있다.

소중한 바구니

놀이 소개

'소중한 바구니'는 학생들의 자리를 자연스럽게 섞을 수 있는 놀이이다. 학급이 함께하기에 적합하며, 특히 학기 초에 서로를 잘 모를 때 하기에 좋다. 반 전체 학생들이 동그랗게 앉아서 이야기를 시작해 보자고 하면, 학생들은 서로 알고 있거나 친숙한 학생끼리 모여서 옆에 앉는다. 그러면 학생들이 과정에 참여하기보다 옆 친구와 이야기를 나누느라 집중하지 못한다. 이럴 때 소중한 바구니 놀이를 하여 자연스럽게 자리를 섞는다. 그런 다음 자신이 소중한 이유를 나누면 서로 친해지는 기회가 된다. 바구니, 포스트잇, 펜만 있으면 되기에 준비물도 간단하고 별도의 준비 과정 없이 바로 시작할 수 있다는 점도 이 놀이의 큰 장점이다. 학기 초에 어색한 분위기를 풀기 위한 놀이로도 적합하다.

그림책 만나기

모두 소중해

리사칼리오 글·그림, 조은수 옮김 및 해설, 뜨인돌어린이, 2022

『모두 소중해』에는 다양한 등장인물이 나온다. 나이도 성별도 다양한 사람들이 모두 소중하다는 내용이 담긴 그림책이다. 한 학급에도 다양한 학생들이 모인다. 키, 외모, 성별, 성격도 다 다르지만 저마다 다르다는 점이 학급을 특별하고 빛나게 만든다. 이렇게 서로 다른 우리 모두가 소중하다는 메시지를 놀이를 통해 전달할 수 있다.

놀이 즐기기

 **준비물:** 바구니, 포스트잇, 펜

1단계 • 그림책 읽고 이야기 나누기

❶ 그림책을 읽고 학생들 각자 자신이 소중한 이유를 찾는다. 그림책 속에서는 저마다 다른 우리가 모두 소중하다는 메시지가 반복해서 나온다. 학생들은 그림책을 통해 특별한 이유가 없어도 존재 자체로 소중하다는 것을 깨닫는다. 우리는 이미 그 자체로 소중한 존재라는 사실을 학생들에게 다시 한번 전해 준다.

❷ 그림책을 다 읽은 후 학생들과 동그랗게 앉는다. 학생들에게 포스트잇을 한 장씩 나눠 주고 어떤 상황 또는 나의 어떤 점이 나를 소중하게 느끼게 하는지 포스트잇에 적도록 한다.

 놀이를 편안하게 진행하기 위해서 자신이 소중한 이유를 적을 때 되도록 문장보다는 간결한 단어 또는 다섯 글자 이하로 적도록 안내한다. 예를 들면 '나니까', '완벽해서', '사랑스러움', '착함', '귀요미' 등으로 적는다.

❸ 포스트잇에 자신이 소중한 이유를 다 적은 학생들에게 포스트잇의 내용이 보이지 않도록 반씩 2번 접어서 바구니에 넣도록 안내한다.

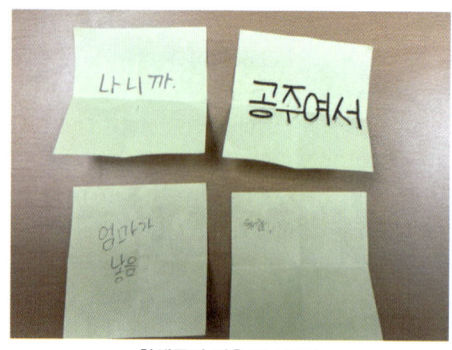
학생들이 적은 포스트잇

포스트잇을 담은 바구니

2단계 • 소중한 이유 뽑고 외치기

학생들이 포스트잇을 바구니에 넣으면, 교사는 바구니 속의 포스트잇을 잘 섞은 후 4장을 뽑는다. 이것을 학생들에게 차례대로 돌아가며 외치게 하고, 자신이 외친 이유를 기억하도록 안내한다.

'나니까', '완벽해서', '사랑스러움', '착함'의 4가지 이유가 뽑혔다면 첫 번째 학생은 "나니까."라고 외치고, 그 옆의 학생은 "완벽해서."라고 외친다. 다음 학생은 "사랑스러움."을 그다음 학생은 "착함."을 외친다. 다시 그 옆에 학생은 처음으로 돌아가 "나니까."라고 말하고 그다음 학생은 "완벽해서."라고 외치는 식이다. 다시 돌아가서 다섯 번째 학생은 처음으로 돌아가 "나니까."라고 외치는 식으로 반복한다. 이 과정을 모든 학생이 참여해 각자의 순서에 맞는 이유를 외칠 때까지 진행한다.

3단계 • 소중한 바구니*

❶ 학생들이 모두 동그랗게 앉은 상태에서, 교사는 자신이 앉아 있던 의자를 하나 뺀다. 교사가 원 가운데로 들어가서 "나는 소중해."라고 외친다. 그러면 학생들

---

* 경기도교육청 민주시민교육과, 『평화로운 학급 공동체 워크북(중등)』, '가치 열매 바구니 놀이' 참고, 2016, 70쪽.

이 "왜요?"라고 묻는다. 교사는 2단계에서 외쳤던 4가지 소중한 이유 중 하나를 말한다. 예를 들면 "나니까."라고 교사가 대답하면, 앉아 있던 학생 중에서 2단계에서 "나니까"라고 말했던 모든 학생이 일어나서 자리를 바꾼다. 이때 자신이 앉았던 자리가 아닌 다른 자리에 앉으라는 규칙을 안내한다.

❷ 교사가 빈 의자 중 하나에 앉으면 다시 자리에 앉지 못한 학생이 한 명 생긴다. 그 학생이 술래가 되어 교사가 했던 역할을 하며 놀이를 이어간다.

❸ 학생들이 놀이에 익숙해지면 규칙을 추가해 본다. 앞에서는 소중한 이유를 하나씩만 외쳤지만, 이번에는 뽑힌 이유 4가지 중 여러 이유를 동시에 말할 수 있는 규칙을 적용한다. 예를 들어, 한 학생이 "나는 소중해!"라고 외치고, 다른 학생이 "왜요?"라고 물으면, "나는 완벽하고, 사랑스럽고, 착하니까!"처럼 3가지 이유를 한 번에 말할 수 있다. 이때, 2단계에서 '완벽해서', '사랑스러움', '착함'을 외쳤던 학생들은 동시에 자리를 바꿔 앉는다. 이러한 방식으로 놀이가 더욱 역동적으로 진행된다.

모든 학생들이 자리를 바꾸게 할 수도 있다. 술래가 "나는 소중해!"라고 외치고, 다른 학생이 "왜요?"라고 물으면 술래가 "우리는 모두 소중해!"라고 말한다. 이때, 모든 학생이 동시에 자리를 바꾸며, 자리에 앉지 못한 학생이 새로운 술래가 된다.

❹ 학생들이 놀이에 충분히 익숙해지면 바구니에서 새로운 소중한 이유 4개를 뽑아 동일한 방식으로 놀이를 이어간다.

역동적으로 놀이하는 모습

4단계 • 소중한 이유 소개하기

놀이가 끝나면 학생들은 자연스럽게 자리가 섞인 채 앉게 된다. 동그랗게 앉아 바구니에서 뽑았던 소중한 이유의 주인이 누구인지 맞히는 놀이를 진행한다. 한 차례 놀이를 진행했을 경우 4명의 주인을 찾을 수 있고, 두 차례 진행했을 경우 뽑힌 포스트잇의 주인은 총 8명이다. 학생들은 소중한 이유를 적은 사람을 맞히는 활동에 즐겁게 참여한다.

맞히기 활동이 끝나면 돌아가면서 자신이 1단계에서 포스트잇에 적은 것이 무엇이었는지 말하고, 적은 이유도 말한다. 이 과정을 통해 학생들은 자신이 소중한 이유를 스스로 찾고 표현하며, 반 친구들 모두가 소중한 존재임을 깨닫고 서로를 존중해야 한다는 것을 자연스럽게 배운다.

하나 더! • 바람이 분다

자리를 섞는 놀이의 종류는 다양하다. '바람이 분다', '손님 모셔 오기' 등 자리를 바꾸는 놀이는 동그랗게 앉을 수 있는 공간으로도 충분히 역동적이고 재미있다.

'바람이 분다'는 '소중한 바구니' 놀이처럼 의자를 인원수보다 1개 적게 놓고 하는 놀이다. 진행자가 원의 가운데에서 바람이 부는 동작처럼 양손을 좌우로 흔들며 "바람이 분다. 바람이 분다. ~한 사람에게 바람이 분다."라고 말한다. 이때 해당하는 사람은 모두 일어나 자리를 옮긴다. 단, 옆자리로 옮기는 것은 안 된다. 이때 진행자도 빈 의자에 들어가 앉는다. 의자에 앉지 못한 사람은 원의 가운데에 서서 다시 '바람이 분다'를 진행한다. 예를 들면 "바람이 분다. 바람이 분다. 아침밥을 먹고 등교한 사람에게 바람이 분다."라고 이야기하며 놀이를 진행할 수 있다.

신문지 길게 찢기

놀이 소개

'신문지 길게 찢기'는 신문지만 있으면 할 수 있는 간단한 공동체 놀이이다. 학년에 크게 상관없이 누구나 즐길 수 있는 놀이로 모둠별로 진행하면 의사소통 능력과 협력을 배울 수 있다. 신문지를 길게 찢는 방법에 대해 의견을 나누면서 자연스럽게 대화와 토의가 일어난다. 인원은 2~4명이 적당하다. 한 모둠 인원이 4명을 넘어서면 적극적으로 참여하지 않는 학생이 있을 수 있으니 주의한다. 학생들은 자기 모둠의 신문지를 가장 길게 찢어야 한다는 공동의 목표를 위해 개인이 기여하는 방법과 제한된 시간 안에 집중하여 자신이 맡은 임무를 완수하는 능력을 배울 수 있다. 또한 직접 찢는 활동은 소근육 발달에도 도움이 된다. 실내와 실외에서 모두 할 수 있고, 길게 찢은 신문지를 놓을 수 있는 넓은 공간이 있다면 더욱 좋다.

그림책 만나기

종이 한 장
박정선 글, 민정영 그림, 비룡소, 2008

커다란 종이비행기를 탄 아이의 모습이 담긴 그림책 표지가 인상적이다. 『종이 한 장』은 종이 한 장으로 할 수 있는 다양한 일을 보여 주고 있다. 그림책을 보기 전에 제목만 보고 학생들과 종이 한 장으로 어떤 일을 할 수 있을지 예상해 보면 그림책을 훨씬 흥미롭게 읽을 수 있다. 학생들은 이 그림책을 보고, 종이 한 장으로 할 수 있는 일이 다양하다는 것을 알게 된다. 또한, 자신들도 종이 한 장으로 놀이를 하고 싶어 한다. 이 그림책을 읽은 뒤 신문지 길게 찢기 놀이를 하면 책과 놀이의 연관성이 높아 효과적이다.

놀이 즐기기

 준비물: 신문지

1단계 ● 그림책 읽고 이야기 나누기

그림책을 읽은 뒤, 학생들을 4~5명씩 모둠으로 나눈다. 학생들은 신문지 한 장으로 할 수 있는 놀이를 최대한 많이 떠올린다. 학생들은 모둠별로 돌아가며 신문지로 할 수 있는 놀이를 하나씩 말한다. 신문지로 할 수 있는 놀이를 가장 많이 떠올린 모둠에게 점수를 준다. 종이를 접어서 비행기나 배, 집 등을 만들겠다고 한 학생이 많고, 그 밖에 신문지 위에 사람이 올라가서 균형을 잡는 놀이를 떠올린 학생도 있다. 이 그림책 맨 뒤에는 종이컵, 고깔모자, 종이배, 종이비행기, 책 만드는 방법이 소개되어 있어 따라 만들 수도 있다.

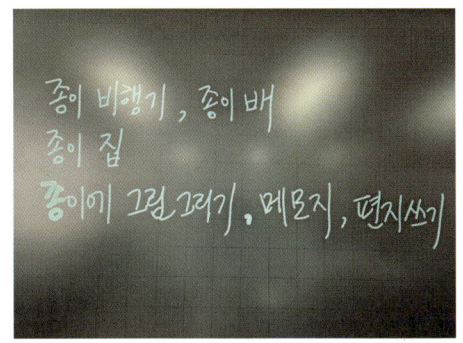
신문지 한 장으로 할 수 있는 놀이

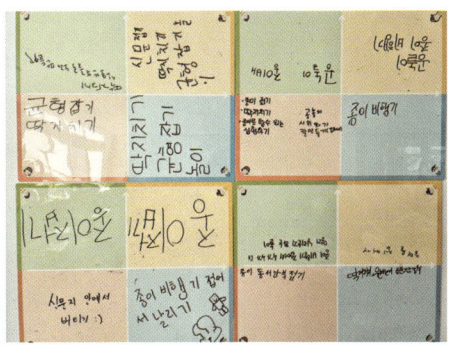
모둠별로 신문지로 할 수 있는 놀이 떠올리기

2단계 ● 신문지 길게 찢기 연습하기

모둠별로 5분의 시간을 주고, 신문지를 가장 길게 만들 방법을 의논한다. 본격적으로 놀이를 시작하기 전, 모둠별로 신문지를 한 장씩 주고, 가장 길게 찢을 수 있는 방법을 탐색한다. 연습은 학생들이 모둠별로 놀이할 때 생길 수 있는 의사소통 문제나 혼란을 줄여 준다. 연습을 통해 놀이 방법을 제대로 이해하고, 모둠별로 작전이나 전략을 세울 시간을 충분히 제공한다.

> 신문지는 중간에 끊어지면 안 되고, 풀, 가위 등의 도구는 사용할 수 없다. 이러한 2가지 조건을 미리 안내하고, 학생들이 제한 조건 안에서 가장 효과적인 전략을 찾을 수 있도록 한다.

신문지를 긴 가로로 찢어 나가는 모둠, 짧은 세로로 찢어 나가는 모둠도 있다. 신문지에는 결이 있어서 세로 방향이 더 잘 찢어지는데, 그 방향을 시간 안에 잘 찾는 모둠도 있고, 자신이 찾은 방식을 고수하는 모둠도 있다.

신문지 길게 찢기 연습

3단계 ● 신문지 길게 찢기 놀이하기

❶ 5분의 시간을 주고 모둠별로 신문지를 길게 찢는다. 앞에서 연습할 때 의논한 방법대로 실행한다. 한 사람이 도맡아서 하는 모둠도 있고, 여러 사람이 돌아가면서 조금씩 신문지를 찢는 모둠도 있다. 학생들은 주어진 시간과 다른 모둠의 진행 상황을 살펴보며 모둠에서 자신의 역할을 한다.

❷ 교사는 학생들이 남은 시간을 확인할 수 있도록 화면에 타이머를 켜고, 1분이 남았을 때는 "1분 남았습니다."라고 알려 준다.

❸ 시간이 다 되면, 모두 신문지에서 손을 떼서 더 이상 신문지를 길게 찢지 않도록 한다. 그리고 모둠별로 신문지 길이를 잴 수 있도록 조심해서 옮긴다. 신문지 길이를 비교하기 위해 땅에 놓을 때는 기준이 되는 선을 정하고, 기준선으로부터 신문지가 찢어지지 않도록 최대한 길게 늘어 놓는다.

❹ 모든 모둠이 신문지를 바닥에 내려 놓으면 신문지 길이를 비교하여 가장 길게 찢은 모둠을 발표한다. 열심히 한 모든 모둠에게 박수를 쳐 준다.

신문지 길게 찢기 놀이하기

4단계 • 신문지 길게 찢기 업그레이드

모둠원의 신체나 가지고 있는 물건을 이용하여 신문지에 이어서 더 길게 이어 붙인다. 이 놀이를 하기 전에는 모둠원의 인원을 동일하게 맞춘다. 모둠원이 많으면 더 유리하기 때문이다. 모둠원의 숫자가 맞지 않을 때는 심판의 역할을 만들어 놀이에서 소외되지 않도록 하고, 놀이의 규칙이 잘 지켜지는지 보는 역할을 준다.

학생들은 실내화나 외투를 벗어 이용하다가, 시간이 임박해지면 자신이 바닥에 누워서 팔을 뻗는 방법으로 길이를 더 길게 만든다.

물건이나 신체를 이용해 새로 놀이를 시작할 수도 있다. 이때 주의해야 할 점은 지금 자신이 가지고 있는 물건으로 한정하는 것이 좋다. 시간은 3분 이하로 준다. 시간을 적게 주었을 때 훨씬 긴장감 넘치고 흥미를 유지할 수 있다. 어떤 물건으로 길게 할 수 있을지 생각하고 다른 모둠이 하는 것을 응용하여 실천해 본다. 그리고 놀이 규칙은 참가자들의 의견을 모아 놀이를 하면서 변형하거나 새로 만들 수 있다.

신체나 물건을 길게 만들기

하나 더! • 무궁화꽃이 피었습니다

　기존 '무궁화꽃이 피었습니다' 놀이를 결합해서 더 길게 만드는 놀이를 할 수 있다. '무궁화꽃이 피었습니다'를 성공해서 안전선 안으로 들어온 친구들이 기준선을 중심으로 길게 만드는 놀이이다. 이 놀이에서 더 길게 만들기 위해서는 우선 '무궁화꽃이 피었습니다' 놀이를 성공해야 한다. 이때 기준선은 술래가 있는 반대쪽으로 정하면 된다. 그리고 술래는 선생님이 하거나 인원이 많은 모둠에서 한 명을 정하는 것이 좋다. 모둠원이 많을수록 신체를 이용하여 길게 만드는 데 유리하기 때문에 모둠별 인원을 맞추는 것이 중요하다. 인원이 맞지 않을 때는 '무궁화꽃이 피었습니다'의 술래를 2~3명으로 해도 된다. 놀이할 때 한 사람도 소외되지 않고 놀이에 참여할 수 있도록 한다.

신문지 탑 쌓기

놀이 소개

'신문지 탑 쌓기'는 신문지와 풀, 테이프, 가위 등 간단한 도구만 사용하여 가장 높은 탑을 만드는 놀이이다. 이 놀이는 신문지와 간단한 도구만으로 할 수 있어 준비 과정이 간단하지만, 모둠원들의 소통과 협력이 필수적이다. 학생들은 서로의 의견을 듣고 공동의 목표를 위해 협력함으로써 협동심과 팀워크를 기를 수 있다.

또한, 얇은 신문지를 활용하여 가장 높은 탑을 쌓기 위해서는 창의력도 요구된다. 이 놀이는 실외보다는 실내에서 진행하는 것이 더욱 적절하다. 왜냐하면 신문지가 얇고 힘이 없어서 실외에서 진행하면 비바람 등의 영향으로 신문지 탑이 쓰러질 우려가 있기 때문이다.

그림책 만나기

건축가 이기 펙의 엉뚱한 상상
안드레아 비티 글, 데이비드 로버츠 그림, 김혜진 옮김, 천개의바람, 2020

앞표지에서 제목 글자 위에 올라가 높은 건물을 그리는 아이가 바로 주인공 이기 펙이다. 이기 펙은 사과, 바나나, 분필로도 높은 탑을 쌓는다. 아주 어릴 때부터 어떠한 재료와 상황에서든 높은 탑 만들기를 좋아하는 이기 펙의 놀라운 재주를 보고 있으면 신기하기만 하다. 이 그림책은 좋아하는 일에 대한 지치지 않는 열정과 창의성, 기지와 문제해결 능력을 잘 보여 준다. 높은 탑을 잘 쌓는 건축가 이기 펙처럼 우리도 신문지로 높은 탑을 쌓아 보자.

놀이 즐기기

 **준비물:** 신문지(모둠별 10장씩), 풀, 테이프, 가위

1단계 • 그림책 읽고 이야기 나누기

그림책을 읽은 후, 학생들을 4~5명씩 모둠으로 나눈다. 그림책 속에서 주인공 이기 펙이 탑을 쌓는 재료로 무엇을 이용했는지 이야기를 나눈다. 이기 펙은 기저귀, 흙이나 찰흙, 복숭아와 사과, 팬케이크와 코코넛 파이를 이용하여 탑을 쌓는다. 학생들도 교실에 있는 다양한 재료로 탑 쌓기를 한다. 스피드스태킹 컵과 팀빌딩 투게더 협력 밴드(학토재)를 활용하여 모둠 친구들과 협력하여 컵 쌓기를 한다. 이러한 교구가 없다면 종이컵, 고무줄, 끈 등을 활용할 수 있다.

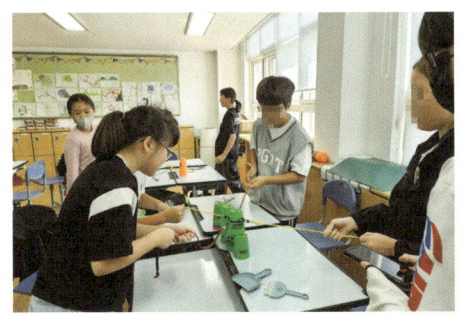
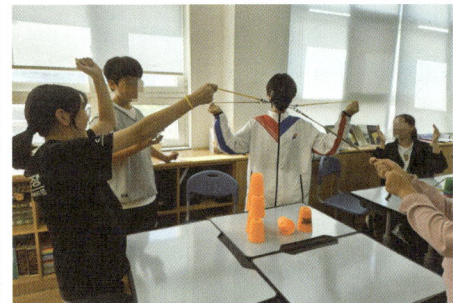

컵 쌓기

2단계 ● 신문지 탑 쌓기 주의할 점

❶ 모둠별로 신문지 탑을 만들 때, 공평한 놀이를 위해 동일하게 해야 할 조건을 정한다. 예를 들어, 모둠별로 신문지 10장씩, 풀, 테이프, 가위 등의 도구 등 준비물과 사용 도구를 정한다. 준비물과 사용 도구에 대해 이야기를 충분히 나눈다.

❷ 주어진 준비물과 도구의 개수만 사용하여 신문지 탑 쌓기를 한다. 이때, 테이프를 많이 사용하면 신문지를 재활용하기 어렵고 쓰레기가 많이 나온다. 따라서 테이프는 꼭 필요한 경우에만 사용하고, 사용한 테이프는 떼서 정리한다.

3단계 ● 신문지 탑 쌓기 놀이하기

❶ 약 20분간 시간을 주고 모둠별로 신문지 탑 쌓기를 한다. 학생들이 처음에는 주로 자르기, 접기, 뭉치기만 하므로 다른 모둠이 어떻게 하는지 살펴보도록 유도하고, 신문지를 말아서 할 수 있는 방법도 알려 준다. 다른 모둠이 어떻게 탑을 쌓는지 살펴보면서 우리 모둠의 방법을 수정해 나가는 것이 이 놀이의 재미 요소 가운데 하나이다.

❷ 교사는 학생들이 남은 시간을 확인할 수 있도록 화면에 타이머를 켠다. 진행 상황을 지켜보다가 진행이 더디다면 모두에게 동의를 구해 시간을 연장할 수도 있다.

❸ 정한 시간이 다 지나면 신문지에서 모두 손을 떼고 5초 이상 버틴 경우에만 탑

만들기를 성공한 것으로 한다.

❹ 줄자를 이용하여 탑의 높이를 재고, 가장 높은 탑을 쌓은 모둠이 이긴다.

 단순히 높이 쌓는 것만 평가하는 것이 아니라 독창적인 구조물이나 아름다운 탑을 만드는 모둠을 뽑는 방법도 있다. 그때 학생들의 아이디어와 창의성을 평가해 볼 수 있다.

가장 높이 쌓은 신문지 탑

가장 아름다운 신문지 탑

4단계 • 탑 쌓기 놀이 업그레이드

교실에 있는 다른 재료로 탑 쌓기 놀이를 할 수 있다. 교실에 있는 책, 풀, 색칠 도구 등 다양한 재료를 활용하여 모둠별로 협력하여 쌓아 본다. 이때 주의해야 할 점은 모둠별로 탑을 쌓는 인원과 쌓는 재료의 양은 동일하게 한다. 예를 들어, 학생이 10명이라면 책 10권을 이용하여 탑을 쌓도록 한다. 이때 사용하는 책의 종류는 학생들의 흥미를 위해 높은 탑을 쌓기에 좋은 책을 스스로 고르도록 한다. 놀이를 여러 번 반복할 경우, 점차 탑을 만드는 시간을 적게 주면 놀이에 흥미와 재미를 더할 수 있다.

책 탑 쌓기

하나 더! • 젠가 탑 쌓기

　책이나 나무 블록으로 탑 쌓는 놀이를 충분히 하였다면, 학생들이 많이 알고 있는 젠가 놀이도 할 수 있다. 젠가 놀이는 쌓은 탑이 무너지지 않도록 구조물을 하나씩 빼는 놀이이다. 이때는 나무 블록처럼 일정한 규격을 가지고 있는 재료로 탑을 쌓는 것이 놀이를 진행하기에 적합하다. 나무 블록이 무너졌을 때 해야 할 벌칙을 미리 정해 놓으면 훨씬 재미있게 진행할 수 있다. 또한, 높이 쌓는 놀이를 충분히 했다면 책이나 나무 블록을 도미노처럼 일렬로 줄지어 놓고 쓰러뜨리는 놀이도 할 수 있다.

신호등 얼음땡

놀이 소개

'신호등 얼음땡'은 우리가 일반적으로 알고 있는 '얼음땡'에 신호등의 '빨강'과 '초록'의 의미를 결합한 창의적인 놀이이다. 학생들의 나이와 관계없이 모두 함께 즐길 수 있는 이 놀이는 학생들 간의 상호작용과 협동심을 높이는 데 큰 도움이 된다. 특히 협력적 소통 역량을 향상시키는 데 유익하다. 빠른 반응력과 순간적인 판단력이 요구되는 놀이를 통해 학생들은 자연스럽게 서로의 의견을 경청하고, 효율적인 의사소통을 통해 문제를 해결하는 법을 배운다.

무엇보다 이 놀이는 공간에 대한 제약이 적어 다양한 장소에서 쉽게 즐길 수 있다. 교실이나 강당처럼 실내에서 진행할 수도 있고, 운동장처럼 넓은 실외 공간에서도 가능하다. 이처럼 다양한 장소에서 하는 활동은 학생들의 적응력과 상황에 맞는 소통 방식을 개발하는 데 긍정적인 영향을 미친다.

그림책 만나기

얼음땡
문명예 글·그림, 시공주니어, 2022

한 아이가 횡단보도 앞에서 친구들을 기다리며 신호등을 관찰하기 시작한다. 신호등의 빨간불과 초록불에 맞춰 사람들이 멈추고 움직이는 모습이 아이에게는 얼음땡 놀이처럼 보인다. 아이는 이를 혼자만의 얼음땡 놀이로 상상하며 즐거워한다. 『얼음땡』은 이러한 상상과 창의력을 통해 독자들에게 일상의 사물과 상황을 새로운 시각으로 바라보는 재미를 제공한다. 특히 익숙한 놀이 '얼음땡'을 신호등 색깔과 연계하여 학생들이 즐거운 시간을 보낼 수 있다.

놀이 즐기기

 준비물: 안대

1단계 ● 그림책 읽고 이야기 나누기

그림책을 읽은 후, 학생들을 4~5명씩 모둠으로 나눈다. 각 모둠은 그림책 속 신호등을 건너는 인물들을 연기해 본다. 예를 들어, 짐을 든 할머니, 강아지를 데리고 가는 남자 어른 등 자신이 원하는 역할을 맡는다. 모둠 학생들은 교실 가운데 나와 정지 동작으로 그림책 장면을 표현하고, 모두가 '땡' 하고 외치면 각자의 역할에 맞게 행동하며 횡단보도를 건넌다. 이후 학생들의 움직임을 관찰한 다음, 어떤 역할인지 맞히며 그림책 장면을 더욱 즐겁게 탐색한다.

그림책의 한 장면을 정지 동작으로 표현하기

2단계 • 신호등 얼음땡 연습하기

  놀이가 시작되기 전, 학생들이 색깔에 따른 움직임을 정확하게 이해하고 익숙해질 수 있도록 연습한다. 연습은 놀이를 할 때 혼란을 줄이며, 학생들이 안전하게 즐길 수 있게 도와준다.

  학생들은 교사가 색깔을 말하기 전까지 모두 자기 자리에서 차분하게 기다린다. 교사가 "초록" 하고 외치면, 학생들은 천천히 다른 자리로 이동하기 시작한다. 이때, 학생들은 다른 친구들과 부딪히지 않도록 주의하며, 미리 설정된 선 밖으로 나가지 않도록 유의점을 안내한다. 반대로, 교사가 "빨강" 하고 외치면, 학생들은 즉시 본인의 자리에서 멈춘다. 연습을 여러 번 반복함으로써 학생들은 색깔에 따른 자신의 움직임을 자연스럽게 체득한다. 연습을 통해 놀이에 대한 이해도를 높이고, 실제 놀이 진행 시 더 몰입할 수 있도록 도울 수 있다.

  연습이 끝난 후, 가위바위보나 제비뽑기와 같은 방법으로 학생들 중 한 명을 술래로 정한다. 술래로 선정된 학생은 눈을 가릴 수 있는 안대를 착용한다. 안전한 놀이를 위해 바닥에 테이프를 붙이거나 선을 그어 놀이 구역을 명확히 하여 학생들이 지나치게 멀리 떨어지지 않도록 유도한다. 이는 학생들이 놀이에 집중할 수 있도록 하고, 동시에 안전한 환경을 제공해 준다.

'얼음' 정지 동작 연습하기

'땡' 움직임 동작 연습하기

3단계 • 신호등 얼음땡 놀이하기

❶ 놀이 시작 전, 술래는 안대를 착용하고 중앙에 선다. 이때 교사는 학생들에게 놀이 규칙을 다시 한 번 상기시키고, 안전한 놀이를 위해 주의할 점을 간단히 점검한다.

❷ 시작 신호와 함께 학생들은 술래 주변에서 활기차게 움직이기 시작한다. 학생들은 술래의 위치와 동선을 파악하며 조용하게 자리를 이동한다.

❸ 놀이 도중 선생님이 "빨강" 하고 외치면, 모든 학생들은 즉시 그 자리에서 정지해야 한다. 그때 술래는 자신의 청각과 촉각을 극대화하여 주위의 미세한 소리나 움직임을 감지하려 애쓴다. 술래는 조심스럽게 손을 뻗어 주변을 탐색하며, 자신에게 가장 가까이에 있는 학생을 찾아 터치한다. 반면, "초록"이라는 구호가 나오면 학생들은 자유롭게 다시 움직일 수 있다. 학생들은 몰래 술래의 방향을 유도하기 위해 손뼉을 치거나 소리를 낼 수 있다. 이러한 요소들은 놀이에 흥미와 긴장감을 더할 수 있다.

❹ 술래가 빨강 신호에서 누군가를 터치하면, 그 학생이 다음 번 술래가 된다.

❺ 새로운 술래는 잠깐 준비한 뒤 바로 놀이에 참여하여 놀이가 끊임없이 활기차게 이어지도록 한다. 이러한 과정은 학생들에게 지속적으로 흥미를 갖게 하며, 각 라운드마다 새로워지는 긴장감과 재미를 제공한다.

신호등 얼음땡 놀이하기

4단계 • 신호등 얼음땡 놀이 업그레이드

 학생들이 신호등 얼음땡 놀이의 규칙이나 방법에 익숙해졌다면 술래를 2명으로 늘려 놀이의 긴장감 및 몰입감을 증가시킬 수 있다. 술래가 2명인 경우, 경기장의 양쪽 끝에서 술래가 놀이를 시작한다. 교사가 "초록" 하고 외치면 학생들을 술래를 피해서 천천히 걸으며 이동한다. 술래가 2명으로 늘었기 때문에 이동할 수 있는 공간이 줄어 자신의 움직임을 조금 더 자세히 살펴야 한다. 술래에게 터치된 학생이 2명이 되면 다음 라운드로 놀이를 진행한다.

 놀이가 끝난 후에는 자신의 경험을 돌아보며, 잘했다고 생각하는 점이나 특히 재미있었던 순간을 자유롭게 이야기한다. 예를 들어, "빨강" 구호에 누가 가장 빠르게 멈췄는지 말하는 학생, 술래를 재치 있게 피하는 모습을 칭찬하는 학생도 있다. 이렇게 서로의 강점을 인정하고 칭찬하는 과정을 통해 협력적 소통 역량을 향상시킨다.

하나 더! • 음악 신호등 놀이

 음악과 동작을 결합하여 리듬감과 순발력을 키울 수 있는 '음악 신호등 놀이'로 변형할 수 있다. 이 놀이에서는 학생들이 음악의 스타일에 맞춰 동작을 수행하게 되며, 동시에 술래를 피해 다니는 재미 요소가 추가된다.

❶ 술래가 아닌 학생들은 지정된 장소에 자유롭게 흩어져 서서 준비한다.

❷ 빠른 드럼 비트가 초록 신호로 정해지며, 이 음악이 들리면 학생들은 천천히 걸으며 구역 안을 돌아다닌다. 음악이 갑자기 멈추면 빨간 신호가 된다. 이때 학생들은 즉시 동작을 멈춰야 하며, 안대를 착용한 술래도 동시에 멈추고 주변에 손을 뻗어 주변 학생들을 찾는다.

❸ 술래가 멈춘 상태에서 손을 뻗어 한 학생을 터치하면, 터치된 학생이 다음 번 술래가 되어 놀이를 이어나간다.

각 라운드는 음악이 다시 시작되며 순환되기 때문에, 학생들은 계속해서 다양한 음악에 반응하고, 순발력과 리듬감을 즐길 수 있다. 이 과정에서 학생들은 신체적 움직임과 청각적 요소를 결합하여 상황에 맞는 빠른 판단력을 기를 수 있다.

아슬아슬 중심을 잡아라!

놀이 소개

'아슬아슬 중심을 잡아라!'는 교구를 사용하여 개인이나 모둠이 균형 잡기 모양을 만드는 놀이다. 교구를 가지고 단계별로 제시된 균형 잡기 모양을 혼자서 만들어 보고, 다음으로 친구들과 함께 만들어 본다.

교구로 균형 잡기 모양을 만들면서 몰입과 즐거움을 경험할 수 있다. 모양이 서로 다른 교구로 중심을 잡으려면 높은 집중력이 필요하다. 그리고 자신 주변의 상황을 살피고, 실패에 대한 불안을 조절하며 놀이에 참여할 때 자기 조절 능력을 향상할 수 있다. 교구들의 중심을 잡아 모양을 만드는 과정에서 여러 번의 실패를 경험하고 다시 도전하면서 회복적 탄력성도 기를 수 있다. 실패 끝에 성공을 경험하게 되면 성취감과 기쁨을 느낄 수 있다. 친구들과 놀면서 서로 도우며 협동심을 기르고, 모양을 쌓으면서 배려하는 경험도 할 수 있다. 놀이의 마지막 단계에서는 주어진 모양이 아닌 자기가 상상해 낸 균형 잡기 모양을 만들면서 창의적 표현력과 상상력을 기를 수 있다.

그림책 만나기

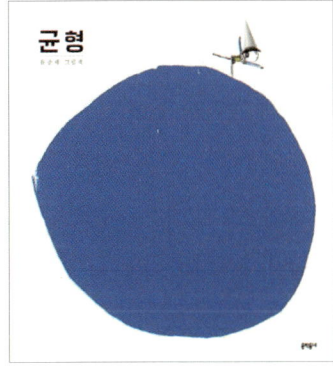

균형
유준재 글·그림, 문학동네, 2016

표지에는 동그라미 위에서 아슬아슬 균형을 잡는 아이가 보인다. 그림책 속 아이는 멋진 무대를 공연하기 위해 균형 잡기를 혼자서, 그리고 친구들과 함께 연습한다. 균형을 잡으려면 집중해야 하고, 많은 연습과 노력이 필요하다. 때로는 실수하기도 하고, 다른 친구와 호흡이 잘 맞지 않기도 해서 속상하기도 하다. 모두가 한마음이 되어 집중한 순간 멋진 공연이 펼쳐진다. 균형 잡기를 해 본 경험, 그때의 느낌과 균형 잡기를 잘하려면 무엇이 필요한지 이야기를 나눈다. 다른 친구들과 함께 공연이나 활동을 하는 데 필요한 것에 관해서도 생각을 나누어 본다.

놀이 즐기기

 **준비물:** 카프라, 중심 잡기 3종 세트(학토재)

1단계 • 그림책 읽고 이야기 나누기

그림책 표지를 살펴보고 누가 무엇을 하는 장면인지 이야기를 나누고, 제목과 연관 지어 무엇에 관한 그림책인지 생각해 본다. 표지의 주인공처럼 균형 잡기를 하기 위해 무엇이 필요할지 이야기를 나눈다. 균형 잡기를 해 본 경험과 그때의 느낌이 어떠했는지 이야기한다. 체육 시간에 균형 잡기 동작을 할 때 자꾸 넘어지려고 해서 어려웠다는 경험을 이야기한 학생도 있다. 그림책처럼 다른 사람들과 함께 균형 잡기 공연에 성공하는 데 협력과 협동심이 필요하다는 의견들이 나온다.

그림책에서는 몸으로 중심을 잡아 균형 잡기를 했지만, 안전하고 다양하게 균형 잡기를 할 수 있는 교구를 가지고 해 보도록 안내한다. 놀이에 사용하는 나무 막대

교구인 '카프라'와 린스틱 나무 막대, 너트와 골프공, 우드 코인 3종으로 구성된 '중심 잡기 교구'에 대해 간단하게 설명하고 놀이를 시작한다.

2단계 • 혼자서 균형 잡기 놀이

교사가 카프라와 중심 잡기 교구를 이용하여 제시한 균형 잡기 모양을 혼자서 만든다. 첫 단계는 카프라나 균형 잡기 린스틱 나무 막대를 사용하여 초급 모양을 만든다. 초급 모양은 균형 잡기 요소가 들어가되 균형 잡기가 쉽다. 중급, 고급 단계로 갈수록 중심을 잡아야 하는 교구의 개수가 늘어나서 쌓기가 어려워진다. 초급 모양을 잘 만든다면 중급, 고급 모양까지 도전한다.

두 번째 단계는 카프라나 린스틱 막대로 높이 쌓기이다. 막대의 균형을 잡아 집중하여 높이 쌓는다. 자신이 쌓을 수 있는 데까지 가장 높이 쌓아 본다.

'혼자서 균형 잡기 놀이'를 통해 물체의 중심을 찾아보면서 집중력 향상 및 소근육 발달, 자기 조절 능력을 기를 수 있다. 여러 모양을 만드는 단계에 도전하고 실패해도 괜찮다고 생각하면서, 다시 도전하는 회복 탄력성도 경험해 본다. 도전하여 성공하는 과정에서는 기쁨과 성취감도 느낄 수 있다.

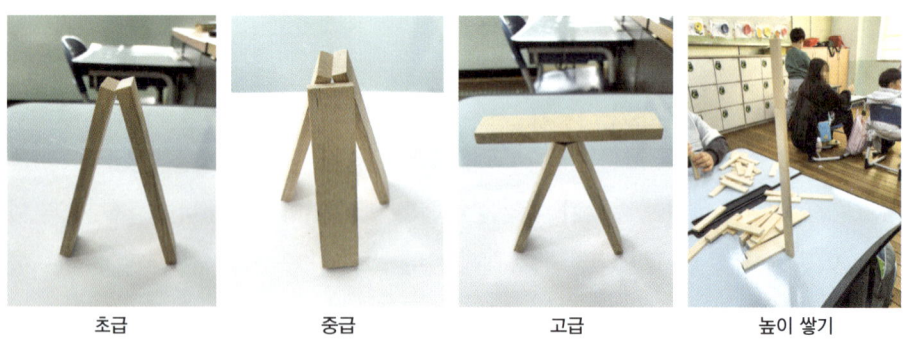

초급   중급   고급   높이 쌓기

3단계 • 함께 균형 잡기 놀이

카프라나 중심 잡기 교구 중 골프공과 너트, 우드 코인을 사용하여 균형 잡기를 해 본다. 모둠별로 골프공과 너트, 우드 코인 중 먼저 도전할 교구를 선택한다. 모둠에서 교구를 쌓을 순서를 정한다.

 골프공과 너트를 이용하여 만드는 초급 모양은 너트, 골프공, 너트의 순서로 위로 쌓는 것이다. 모둠 내에서 첫 번째 학생이 너트를 놓고, 두 번째 학생이 너트 위에 골프공을 놓는다. 다음 순서 학생이 골프공 위에 너트를 쌓으면서 초급 모양이 완성될 때까지 놀이한다. 초급 모양이 완성되면, 중급, 고급 모양을 순서대로 놓으며 만든다. 골프공과 너트 교구를 이용하여 고급 모양까지 완료하면 우드 코인 교구를 가지고 위의 단계처럼 초급, 중급, 고급 모양을 만든다.

 놀이 과정에서 혼자 만드는 것이 아니라 다른 친구들과 모양을 완성하면서 의사소통 능력, 배려심을 기를 수 있다. 또한, 개인의 것이 아닌 모둠의 목표이기 때문에 더 집중하여 놀이한다. 함께 도전하여 성공하는 과정에서는 협동심과 공동체 의식이 길러진다.

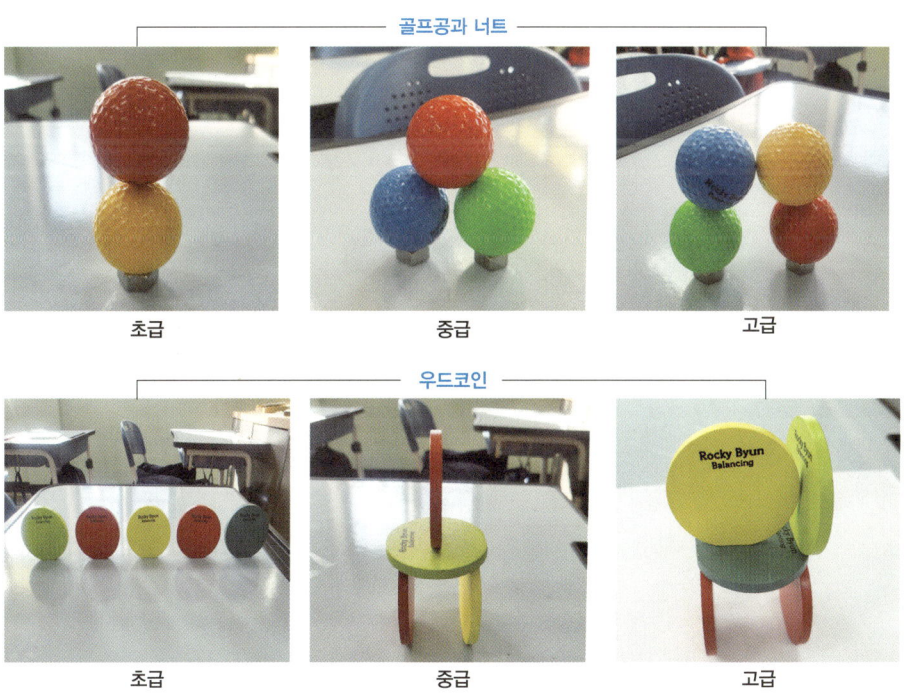

하나 더! • 나처럼 해 봐요. 이렇게~

개인 혹은 모둠이 교구로 균형 잡기 모양을 만들면 다른 모둠 친구들이 같은 모양으로 만들어 보는 '나처럼 해 봐요. 이렇게~' 놀이도 할 수 있다. 카프라나 중심 잡기 3종 교구를 사용하여 놀이한다.

❶ 모둠 내에서 순서를 정한다.

❷ 첫 번째 학생이 교구를 활용하여 균형 잡기 모양을 만들고 "나처럼 해 봐요. 이렇게~"라고 말하면 모둠의 다른 친구들이 같은 모양으로 만든다. 모둠원이 순서대로 돌아가면서 자신만의 균형 잡기 모양을 만들고 다른 친구들이 같은 모양으로 만든다. 놀이 과정을 통해 상상력, 창의적 표현력을 기를 수 있다.

❸ 모둠원이 돌아가면서 균형 잡기 모양을 만든 후에는 모둠 친구들이 함께 균형 잡기 모양을 만들고 "나처럼 해 봐요. 이렇게~"라고 말하면 다른 모둠이 같은 모양으로 만든다. 다른 모둠의 균형 잡기 모양을 보고 모둠원들이 돌아가면서 같은 모양으로 쌓아 본다. 모든 모둠이 균형 잡기 모양을 만들고 다른 모둠이 같은 모양을 만들어 본다. 함께 의논하여 균형 잡기 모양을 만들면서 협력, 의사소통 능력을 기를 수 있다.

학생들이 만든 모양들

그림책
공동체
놀이
31-40

암호 이름 애벌레 경주하기

놀이 소개

'암호 이름 애벌레 경주하기'는 2가지 놀이로 구성되어 있다.

첫 번째는 '꿈 볼을 받아라!'이다. 이 놀이는 학생들의 꿈을 담은 볼을 바닥에 한 번 튕겨서 릴레이로 받아 내는 활동이다. 학생들은 자기 꿈을 탁구공에 적어 내는 과정에서 자기표현의 기회를 갖는다. 또한 자기 꿈을 다른 사람들과 공유함으로써 자존감을 높이고 어떤 꿈을 갖고 있더라도 자신이 소중한 존재임을 확인할 수 있다. 또 공을 던지는 사람과 받는 사람 간에 소통을 원활하게 해야 하는 놀이로, 학생들은 효과적인 의사소통의 중요성을 깨닫고 서로의 의견을 존중하며 협력하는 방법을 배울 수 있다.

두 번째는 '암호 이름 애벌레 경주'이다. 이것은 『노스애르사애』의 주인공 애벌레처럼 자신을 표현하는 암호 이름을 적은 애벌레를 이용한 경주 놀이이다. 암호 애벌레를 만들고 조작하는 과정에서 발생하는 문제들을 스스로 해결함으로써 창의적 사고와 문제해결 능력을 키울 수 있다.

그림책 만나기

노스애르사애
김범재 글·그림, 계수나무, 2021

『노스애르사애』의 주인공은 작은 애벌레이다. 남들보다 늦게 태어난 이 애벌레는 다른 애벌레들과 달리 꽃을 먹으며 알록달록한 색을 지니고 있다. 친구들이 나비가 되어 날아갈 때도 작은 애벌레는 여전히 애벌레로 남아 있다. 작은 애벌레는 주눅 들지 않고 숲속 친구들과 어울리며 즐겁게 지낸다. 나비 친구들이 찾아와 괜찮은지 묻자, 애벌레는 자기 모습을 있는 그대로 사랑한다고 당당히 대답한다. 노스애르사애는 자신을 있는 그대로 사랑하는 마음을 담고 있다. 그리고 서로의 다른 꿈과 개성을 존중하고 응원하는 따뜻한 메시지를 담은 그림책이다.

놀이 즐기기

 **준비물:** 탁구공, 바구니, 색종이, 빨대

1단계 • 그림책 읽고 이야기 나누기

❶ 그림책을 읽고 가장 인상 깊은 장면을 나눈다. 각자 어떤 장면에 마음이 머물렀는지, 왜 그랬는지 서로의 생각을 나눈다.

❷ 탁구공에 자기 꿈을 적어서 꿈 볼을 만든다. 각자의 개성이 담긴 꿈 볼을 소개하며 친구들의 꿈을 인정하고 격려한다.

❸ 자신이 좋아하는 문장이나, 자기의 개성을 잘 표현할 수 있는 문장을 적는다. 그 문장의 자음과 모음을 하나씩 뽑아서 자기의 암호 이름을 만들어 본다. 『노스애르사애』의 제목이 "내 모습을 이대로 사랑해."라는 문구에서 자음과 모음을 차례로 연결하여 만들어졌다는 것을 알 수 있다. 책 제목처럼 자기만의 비밀암호 이름을

만들어 본다.

❹ 색종이를 활용해 나만의 애벌레를 만든다. 그림책을 읽고 나누기 활동으로 만든 꿈 볼과 암호 이름 애벌레를 활용해서 재미있는 학급 놀이를 할 수 있다.

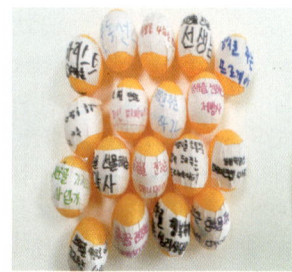
꿈 볼 만들기
– 탁구공에 자기 꿈을 적기

암호 이름 만들기

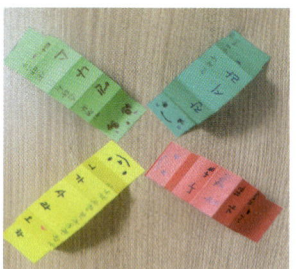
암호 이름 애벌레 만들기

2단계 • 꿈 볼을 받아라

'꿈 볼을 받아라!'는 학생들의 소중한 꿈이 적힌 탁구공을 릴레이로 받아내는 놀이이다.

❶ 학생들은 자신의 소중한 꿈을 탁구공에 적어 놀이 도구를 만든다. 자기 꿈 볼을 만들고 간단히 소개한 뒤 놀이를 시작하면 더 의미가 있다.

❷ 놀이를 진행하기 위해 두 팀으로 나눈다. 그리고 3명의 꿈 볼 지키미를 선정한다.

❸ 꿈 볼 지키미는 1.5m 정도의 간격으로 떨어져서 선다.

 점수는 맨 앞에 있는 사람부터 1점, 다음 사람은 2점, 다음 사람은 3점으로 거리가 멀어질수록 높아진다. 자기 팀 꿈볼을 던지는 사람은 릴레이로 공을 바닥에 한 번 튕긴 후에 꿈 볼 지키미의 바구니에 골인시킨다. 꿈 볼을 던지는 사람은 순서대로 1점, 2점, 3점 바구니에 도전해서 넣는다. 꿈 볼을 받는 사람은 발을 어깨너비만큼 벌리고 서서 다리를 움직이지 않고 고정한 상태로 팔만 움직여서 꿈 볼을 받는다. 한 팀당 꿈 볼을 30개씩 부여하고 릴레이로 공을 튕겨 바구니에 집어넣게 한다. 릴레이를 할 때 맨 앞사람부터 차례로 1점, 2점, 3점, 다시 1점, 2점, 3점을 순서대로 던지게 한다. 공이 튕겨 나가거나, 두 번 튕겨 들어가는 것은 0점 처리한다.

❹ 30개의 꿈 볼을 릴레이로 다 던지고 난 후 바구니에 남은 공의 개수와 점수를 곱해서 전체 점수를 계산한다. 점수 합산이 높은 팀이 이기게 된다. 공을 던지는 사람과 공을 받는 사람이 잘 던지고 잘 받기 위해 서로 소통하며 협력해야 하는 놀이이다.

3단계 ● 암호 이름 애벌레 만들기

❶ 학생들에게 자신을 가장 잘 표현하는 문장이나, 자신을 격려하고 응원하는 문장을 쓰게 하고 그 문장에서 자음과 모음을 하나씩 빼서 다시 조합을 이루어 암호 이름을 만든다. 예를 들면 '누가 뭐래도 당당히'라는 문장에서는 '나머로다디', '나는 잘하고 있고 잘 할 수 있어'라는 문장에서는 '나호가시'라는 암호 이름을 만들 수 있다.

❷ 암호 이름을 붙여 줄 애벌레를 만들어 본다.

애벌레 만드는 방법

색종이를 절반 접고 한 번 더 접어서 4등분을 한다. 4등분 한 색종이를 자른다. 자른 색종이는 다시 긴 방향으로 절반 접고, 다시 한 번 절반을 접고, 마지막으로 한 번 더 접는다. 그럼 색종이가 8등분이 되어 접힌 선이 생긴다. 접힌 상태로 사각의 모서리 부분을 살짝만 둥근 형태로 자르고 난 후 접힌 색종이를 펴면 애벌레의 마디 모양처럼 완성이 된다.

애벌레 만들기 QR

❸ 애벌레 모양이 완성되면 맨 앞쪽에 애벌레의 얼굴을 그리고, 암호 이름을 몸통에 쓴다. 그리고 네 번째 마디에 하트를 그린다. 네 번째 마디에 하트를 그리는 이유는 애벌레 경주를 할 때 빨대로 바람을 불어 주면 애벌레가 앞으로 잘 나갈 수 있는 포인트가 되기 때문이다.

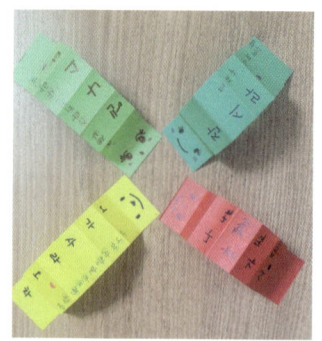

색종이를 활용해 애벌레 만들기

4단계 • 암호 이름 애벌레 경주하기

  암호 애벌레가 완성되었다면 애벌레 경주를 해 본다. 도착점을 너무 멀리 잡지 않도록 한다. 애벌레의 8마디 중 4마디 부분에 초점을 맞춰 빨대로 바람을 불면 애벌레가 기어가듯 이동한다. 학생들에게 『노스애르사애』에 나오는 애벌레처럼 각자 자기만의 속도대로 행복한 삶의 목표에 도달할 수 있다는 것을 강조하며 놀이에 참여하도록 지도한다. 애벌레가 앞으로 나가기 위해서 어디에 바람을 불어 넣어야 하는지, 애벌레의 8마디를 어떻게 접어야 하는지, 바람의 세기는 어떻게 조절해야 하는지, 놀이를 진행하면서 각자가 생각해 보고 해결하는 과정을 통해 도착점에 도착하는 모든 암호 애벌레에게 칭찬과 격려를 아끼지 않는다. 팀별로 나누어 릴레이 놀이로 진행해도 재미있다.

빨대를 이용해서 애벌레 경주하기

하나 더! • 꿈 볼 릴레이

'꿈 볼 릴레이'는 탁구공으로 만든 꿈 볼을 주어진 도구(예: 숟가락, 종이컵, 책)로 운반하여 릴레이로 진행하는 놀이다. 꿈 볼이 떨어지지 않도록 조심하면서 팀원들과 협력하여 목표 지점까지 도착하는 것이 목표이다. 이 활동은 협력, 균형, 감각, 집중력을 높일 수 있다.

❶ 학생들을 두 팀으로 나눈다.
❷ 각 팀은 주어진 도구(숟가락, 컵, 책 등)에 탁구공을 올려 놓고 출발선에서 목표 지점까지 운반한다.
❸ 첫 번째 주자가 목표 지점에 도착하면, 다음 주자에게 도구와 공을 넘겨 릴레이를 이어간다.
❹ 꿈 볼을 떨어뜨리면 다시 처음부터 시작해야 하며, 모든 주자가 완주한 팀이 승리한다.

온라인 직소퍼즐

놀이 소개

　온라인 직소 퍼즐을 활용한 학급 공동체 놀이는 물리적 퍼즐과 마찬가지로 협동심, 문제 해결 능력, 그리고 소통을 강화하는 데 효과적이다. 온라인 환경은 학생들이 서로 다른 장소에 있어도 실시간으로 협력하여 퍼즐을 완성할 수 있어, 팀워크를 키우는 데 유용하다.

　교사는 온라인 직소 퍼즐 사이트를 활용해 학급에 맞는 퍼즐을 준비할 수 있다. 예를 들어, 출판사가 허용한 그림책의 장면, 학급 사진, 또는 특정 주제를 배경으로 하는 이미지를 사용할 수 있다. 직소 퍼즐은 다양한 미션을 포함할 수 있어 학생들의 문제 해결 능력을 향상시키는 데도 도움이 된다. 학생들은 팀을 이루어 제한 시간 내에 퍼즐을 완성하는 목표를 가지고 협력한다. 각 팀은 조각을 적절히 배치하며 퍼즐을 맞추고, 가장 빠르게 완성한 팀이 승리한다. 하지만 모든 팀이 퍼즐을 완성하도록 격려하며 협력과 성취의 분위기를 형성하는 데 중점을 둔다.

그림책 만나기

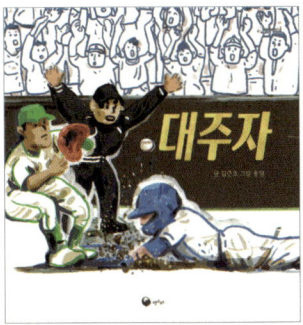

대주자
김준호 글, 용달 그림, 책고래, 2024

한 야구 선수가 있다. 그는 연습을 게을리하지 않고, 야구를 할 때 가장 행복함을 느낀다. 하지만 막상 경기가 시작되면 경기장에 잘 보이지 않는다. 중요한 경기에서도 사람들의 함성과 응원 속에서 그는 벤치에 머물러 있다. 그럼에도 불구하고 이 선수는 이렇게 말한다. "나는 야구를 할 때 가장 행복한 야구 선수다."『대주자』는 경기장에서는 눈에 띄지 않을 수도 있지만, 자기의 역할을 묵묵히 하며 꿈을 향해 훈련을 하루도 거르지 않고 매일 열심히 하는 '대주자'의 이야기이다. 보이지 않아도 자신의 자리에서 최선을 다하며 진정한 행복을 찾는 이야기이다.

놀이 즐기기

 **준비물:** 온라인 퍼즐 플랫폼, 학생용 기기(PC, 태블릿, 핸드폰 등)

1단계 • 그림책 읽고 이야기 나누기

『대주자』를 읽고 나면 대주자가 어떤 역할을 하는 사람인지, 야구는 어떤 스포츠인지 궁금증이 생긴다. 그래서 야구에 대해 먼저 알아보는 활동을 하는 것이 좋다. 야구의 규칙을 소개할 수 있는 간단한 자료를 준비한다.

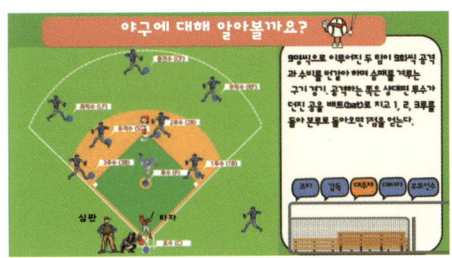

야구에 대해 알아보기

대주자에 대해 알아보기

야구의 규칙

❶ 팀 구성: 각 팀은 9명의 선수로 구성한다.
❷ 경기 진행: 경기는 9이닝으로 진행되며, 각 이닝은 두 팀이 번갈아 공격과 수비를 한다. 한 팀이 공격할 때 다른 팀은 수비를 한다.
❸ 타격: 공격 팀의 선수는 투수가 던진 공을 배트로 쳐서 출루를 시도한다. 공을 치고 나면 1루로 달려야 하며, 1루, 2루, 3루를 거쳐 홈으로 돌아오면 점수를 얻는다.
❹ 출루: 타자가 공을 치고 1루에 도달하면 출루한 것이며, 여러 방법으로 출루할 수 있다. 예를 들어, 안타(공을 쳐서 안전하게 출루), 볼넷(투수가 4개 이상의 볼을 던져서 출루), 희생타(타자가 아웃되지만 주자가 진루하는 경우) 등이 있다.
❺ 아웃: 수비 팀은 타자를 아웃시키기 위해 여러 방법을 사용한다. 타자가 3번 아웃되면 공격과 수비가 바뀐다. 아웃의 방법에는 삼진(3개의 스트라이크), 플라이 아웃(공을 치고 공이 땅에 떨어지기 전에 잡히는 경우), 태그 아웃(주자가 베이스에 도달하기 전에 태그당하는 경우) 등이 있다.
❻ 점수: 점수는 주자가 홈으로 돌아올 때마다 1점이 추가된다. 각 팀은 상대 팀보다 더 많은 점수를 얻어야 승리한다.
❼ 승패: 9이닝이 끝난 후 점수가 더 높은 팀이 승리한다. 만약 점수가 같으면 연장 이닝을 진행하여 승자를 결정한다.

※ 대주자는 야구에서 주자가 아웃되거나 부상 등의 이유로 교체될 때, 그 자리를 대신하여 경기에 나서는 선수이다. 대주자는 경기의 중요한 순간에 팀의 승리에 기여할 수 있는 중요한 역할을 맡는다.

2단계 ● 직소퍼즐: 모둠별 퍼즐 완성하기

온라인 플랫폼(www.jigsawexplorer.com)을 통해서 개인별 또는 모둠별로 직소 퍼즐을 즐길 수 있다. 다음 제공하는 QR 코드를 통해 직소 퍼즐을 만드는 법을 먼저 참고한다.

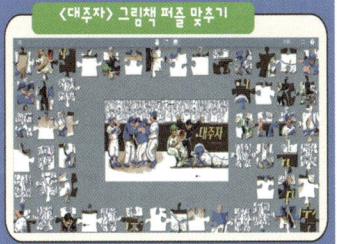
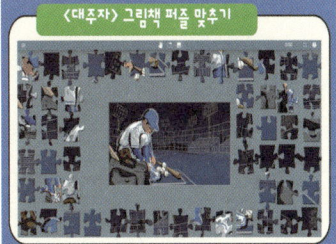

직소퍼즐 만드는 방법 / 모둠별로 퍼즐 완성하기

만든 퍼즐은 학생들에게 링크를 통해 공유해 주거나, 교사가 링크를 QR 코드로 변환해서 제공한다. 직소 퍼즐을 모둠별로 해결하도록 하면 학생들은 함께 조각을 움직이며 퍼즐을 완성할 수 있다. 어느 모둠이 가장 빨리 퍼즐을 완성할 수 있는지 겨뤄 볼 수 있다. 모둠별 협력과 모둠 간 경쟁을 유도하는 활동이 된다.

3단계 ● 모둠별 퍼즐 속 숨겨진 미션 외치기

모둠별 퍼즐 속에 미션을 숨겨 놓고, 퍼즐이 다 완성되면 학생들이 미션 활동을 수행한다.

❶ 교사는 함께 나눌 질문을 그림책 장면에 숨겨 놓은 상태로 직소 퍼즐을 만들어서 학생들에게 제공한다.

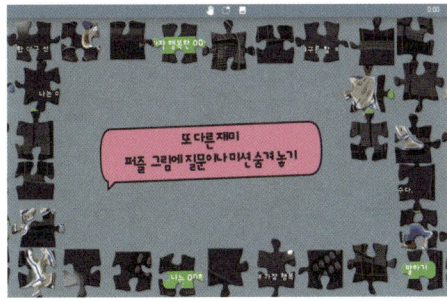
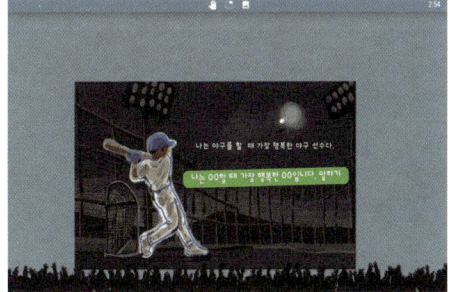

퍼즐 속에 모둠별 미션 숨기기 / 모둠별 퍼즐을 완성 후 숨겨진 미션 수행하기

❷ 학생들은 모둠별로 퍼즐을 완성하고 난 후 퍼즐에 숨겨진 미션 질문을 함께 해결해 본다.

> **미션 질문 예시**
>
> - "나는 ~ 할 때 가장 행복한 ~입니다."라고 적어 주세요.
> - 대주자에게 격려의 한 마디를 적어 주세요.
> - 야구에 대해 얼마나 알고 있나요? 야구 선수의 포지션을 5가지 적어 주세요.
> - 중요한 일에 역할을 했지만 아무도 알아 주지 않았던 경험과 기분을 적어 주세요.
> - 대주자로서 살아가는 주인공의 감정은 어떨까요? 왜 그렇게 생각했는지 이유도 함께 적어 주세요.
> - 그림책 속 대주자가 추구하는 삶의 가치는 무엇일까요? 이유도 함께 적어 주세요.
> - 다른 사람에게 주목받고 싶었던 경험이 있었나요? 왜 그런 마음이 생겼는지 함께 이유도 적어 주세요.

❸ 학생들이 해결한 미션을 학급 전체가 함께 공유해 본다.

 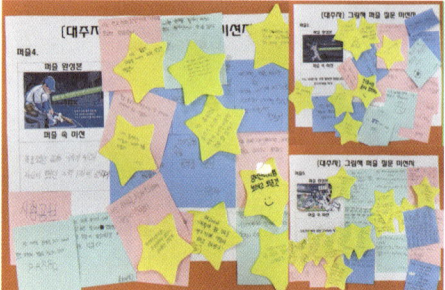

퍼즐 속 미션을 수행한 학생들 결과물

4단계 ● 이구동성 학급 퍼즐 맞추기

　온라인 직소 퍼즐은 학급의 특정 주제나 공동의 목표를 이룰 수 있도록 설계할 수 있다. 퍼즐의 완성 과정에서 특정 조각에 힌트나 미션을 숨길 수도 있고, 그림 전체에 크게 한 글자씩 숨겨 놓고 퍼즐을 완성해서 숨겨진 글자를 맞춘다. 학급 퍼즐 맞추기 활동의 예로 학급 이구동성 게임을 진행해 본다.

　6개의 모둠이 각 한 글자씩 담겨 있는 퍼즐을 완성한다. 이구동성 게임을 하기 위해서는 퍼즐의 개수를 40개 미만으로 설정하고, 퍼즐 완성 시간을 3분 이내로 한다. 모둠별로 글자를 1개씩 완성하고 나면 다 같이 동시에 그것을 외친다. 교사가 신호를 주고 학급 전체가 한 글자씩 동시에 외치고 6글자가 모두 모이면 어떤 문장이나 단어가 되는지 맞힌다.

1모둠

2모둠

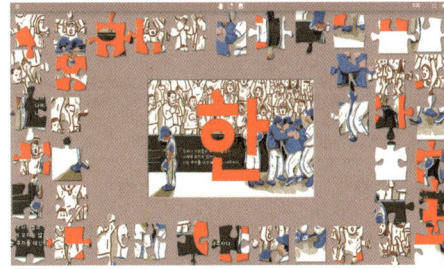
3모둠

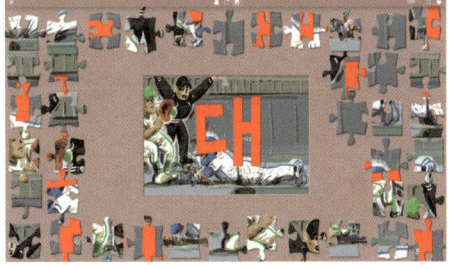
4모둠

5모둠

6모둠

하나 더! • 직접 만드는 퍼즐

  온라인 퍼즐 놀이는 퍼즐에 사용되는 그림을 직접 만들어서 사용할 수 있다는 점이 매력적이다. 목적에 따라 퍼즐을 마음대로 생성할 수 있어 다양한 미션 활동이 가능하다. 동물이나 사물의 일부를 퍼즐 속에 숨겨 놓고 한 단계 한 단계 퍼즐을 맞추면서 전체 모습을 완성하는 활동을 흥미롭게 진행할 수 있다.

  또한 퍼즐의 조각 수를 점점 늘리면서 난이도를 올려 학생들에게 도전 의식을 주는 것도 매우 유익하다. 개별 활동으로 진행해도 좋고, 모둠별로 도전하는 것도 좋다. 특히 모둠별로 도전 퍼즐게임을 진행할 경우 퍼즐이 완성될 때 함께 문제를 해결한 성취감을 나누고, 협동의 가치를 느낄 수 있다.

우리 반 ㄱㄴㄷ

놀이 소개

'우리 반 ㄱㄴㄷ'은 한글 자음(닿소리)과 모음(홀소리)을 활용하여 엄마, 친구, 학급 등 하나의 대상이나 주제에 대해 특성을 찾아 표현해 보는 놀이이다. 학생 한 명당 한글 자음과 모음 카드를 1장씩 들고 다닌다. 자신의 카드와 상대의 카드를 조합해 주제의 특성에 가까운 단어를 찾을 때까지 계속 친구를 만나러 다닌다. 제시된 주제에 맞는 단어를 만들면 칠판에 붙이고, 또 다른 자음과 모음 카드를 가지고 새로운 친구를 만나 주제에 맞는 특성을 나타낼 수 있는 단어를 찾아 나선다. 이 놀이는 친구와 함께 소통하면서 자신이 가진 생각과 친구의 생각을 조율하며 존중과 배려, 소통과 협력의 덕목을 함양할 수 있는 놀이이다. 미래 핵심 역량인 의사소통 역량, 공동체 역량을 키울 수 있다.

그림책 만나기

우리 엄마 ㄱㄴㄷ
전포롱 글·그림, 파란자전거, 2016

『우리 엄마 ㄱㄴㄷ』은 한글 자음 ㄱ부터 ㅎ까지 차례대로 사용해서 엄마를 특정하는 단어로 표현하고 그 단어를 문장으로 표현한 그림책이다. 엄마가 좋아하는 것, 싫어하는 것, 엄마의 겉모습뿐만 아니라 마음과 성격, 그리고 나와의 관계 등을 소박하고 따뜻한 그림과 함께 그려 냈다. 이 그림책을 읽으면 저절로 엄마를 떠올리게 되고 우리 엄마는 어떤 엄마인지 생각해 보게 한다. 자신과 가장 가까운 엄마에 대한 그림책을 토대로, 학교에서 가장 오래 함께 만나는 친구에 대한 탐구를 자연스럽게 놀이로 펼쳐 서로를 이해하고 관심을 갖게 되는 공동체의 따뜻한 경험을 선물할 수 있다.

놀이 즐기기

 **준비물:** 한글 자음과 모음 카드 각각 2~3벌

1단계 • 그림책 읽고 이야기 나누기

그림책을 읽기 전에 먼저 제목을 가린 채, 표지 그림을 보고 제목이 무엇인지 물어본다.

> 교사 질문: 표지에 무엇이 보이나요?
> 학생 답변: 파마를 한 어른이 보여요. 돋보기를 들고 무언가를 관찰하는 아이도 보여요. 커피가 든 잔도 보이고요. 표지 가장자리에 고양이, 동전, 꽃, 편지 등이 보여요.

표지를 충분히 살핀 다음, 제목을 보여 주고 어떤 내용일지 생각해 보도록 한 다음 그림책 읽기를 시작한다. 학생들은 그림책을 읽으면 표지에 나왔던 인물과 그림들이 어떤 관련이 있는지 발견하는 재미를 느낀다. 이렇게 표지를 충분히 살펴보면서 표지가 그림책의 내용을 대표한다는 것을 자연스럽게 알게 된다. 엄마를 관찰하고 관찰한 특징을 ㄱㄴㄷ순으로 표현하고 단어를 문장으로 설명했다는 것을 알게 될 것이다.

2단계 • 자음, 모음 카드 만들기

두꺼운 A4 용지를 6등분 한 카드를 나누어 주고 모둠별로 한글 자음과 모음 카드를 한 벌씩 만든다. 이때 누가 어떤 자음과 모음을 만들 것인지 모둠에서 자율적으로 협의한다. 학생들은 스스로 카드를 만들면서 놀이 상황을 상상할 수 있다. 또한 직접 만든 카드가 놀이에 쓰이고, 놀이 준비에 참여하여 도움이 된다는 생각에 뿌듯함을 느낄 수 있다. 자음과 모음 카드를 만들 때 어떤 제한을 두지 않고 자유롭고 창의적으로 표현하도록 한다. 내가 만든 카드를 보고 누구나 알아볼 수 있어야 한다는 점을 안내한다. 모두가 알아보는 자음과 모음을 만들어야 소통할 수 있다고 안내한다.

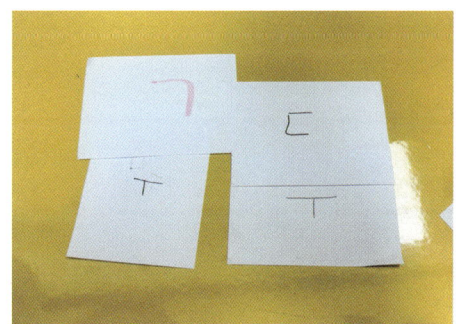 

학생들이 만든 한글 자음과 모음 카드

3단계 • 우리 반 ㄱㄴㄷ

❶ 책상과 의자를 교실 가장자리에 붙이고 되도록 학생들이 자유롭게 다닐 수 있도록 넓은 공간을 만든다.

❷ 칠판에 ㄱ부터 ㅎ까지 순서대로 미리 써 둔다. 이때 여러 단어가 나와도 함께 붙일 수 있는 공간을 확보해 둔다. 학생들이 만든 자음과 모음 카드는 구분하여 교실 한 곳에 섞어 둔다.

❸ 학생들이 자음과 모음 카드를 각각 한 장씩 갖도록 한 후, 자유롭게 친구를 만나 우리 반의 특성을 나타낼 수 있는 단어를 만들어 칠판에 붙인다. 단어 특성상 받침이 있을 수 있으므로 친구를 만날 때 둘, 셋, 넷을 만나도 된다고 미리 알려 준다. 학생들이 만든 단어가 학급 특성을 드러내지 못했더라도 배제하거나 제한하지 않고 모두 허용한다.

❹ 자신이 가진 카드를 다 쓰면 다시 자음과 모음 카드를 하나씩 더 가지고 친구를 만난다.

❺ 일정한 시간이 지나거나 ㄱ에서 ㅎ까지 '우리 반 ㄱㄴㄷ' 단어가 완성되면 "완성!" 하고 외치며 모두 자리에 앉는다.

❻ 자리에 앉아 학급 특성을 표현한 단어를 ㄱ부터 ㅎ까지 차례대로 읽는다. 이때 자음별 단어가 여럿일 경우 우리 학급에 더 잘 어울린다고 생각하는 것을 다수 의견을 수용해서 선택한다.

 학생들이 왜 그 단어를 생각하고 표현했는지 이유를 발표하는 의미가 있다. 하나의 놀이를 두 번째 할 때는 시간제한 등 새로운 도전 목표를 두어 학생들이 더 능동적으로 참여할 수 있도록 한다.

❼ 소감 나누기를 하면서 놀이 과정을 다시 떠올려 본다.

 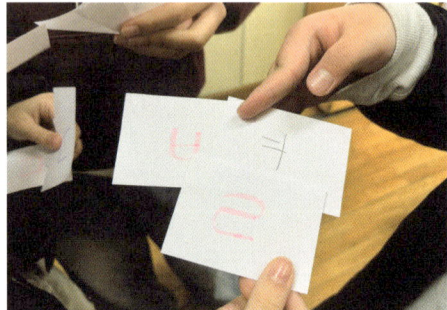

놀이 장면

4단계 • 우리 반 ㄱㄴㄷ 변형 놀이

❶ 학급 전체에게 초성(예: ㅇ, ㅈ) 카드를 제시하면 학생들은 각자 우리 반의 특성이 드러나는 단어를 연상해서 그림을 그린다. 너무 자세하게 그리느라 시간을 많이 할애하지 않도록 한다. 짧은 시간에 특징을 잡아 그리는 캐리커처가 적당하다.

❷ 그린 그림을 들고 자신이 연상한 단어와 같은 그림을 그린 친구들을 찾아서 만난다.

❸ 만든 단어를 칠판에 기록한다. 하나의 단어를 완성한 다음엔 또 다른 초성 카드를 제시해 놀이를 이어간다. 학생들은 놀이 활동을 통해 자신만의 생각에 갇히지 않고 친구들의 표현을 보고 다양한 생각을 발견할 수 있다. 또한 친구들의 표현을 보고 자연스럽게 배우는 긍정적인 효과가 있으며, 공동체가 함께 하는 것이 개인의 발전과 성장에 도움이 됨을 느낀다.

❹ 완성된 '우리 반 ㄱㄴㄷ'을 한 해 동안 전지에 붙이거나 교실 벽면에 전시하여 학생들이 보고 학급 공동체의 일원으로서 자부심을 느끼도록 한다.

하나 더! • 우리 학교 ㄱㄴㄷ

앞의 활동을 바탕으로 활동할 대상을 더 크고 넓게 확장해서 우리 학교, 우리나라에 대해 표현하는 놀이를 해 본다. 또한 주제나 대상은 그대로 두고 한글이 아닌 0~9까지 수로 표현하는 놀이 등 다양하게 변형해서 할 수 있다. 예를 들어, 우리 학교나 우리나라를 주제로 '우리 학교 ㄱㄴㄷ', '우리나라 ㄱㄴㄷ' 놀이로, 또는 '우리 학교 0~9', '우리나라 0~9'로 변형한다.

원바운딩 협력

놀이 소개

'원바운딩 협력'은 6명을 기준으로 한 모둠을 구성하여, 책상 위에 원바운드를 해서 정해진 시간 내에 더 많은 공을 주고받는 놀이이다. 책상 6개를 붙인 후 모둠당 공 1개를 가지고 책상 주위에 선다. 보통의 공놀이와 차이가 있다면 원바운딩 놀이에서는 공을 아래에서 위로 던지면서 시작한다는 점이다. 책상 위에서 공의 아랫부분을 손바닥으로 쳐서 위로 올린다. 이때 공이 책상 밖으로 나가거나 몸에 맞으면 안 된다. 또한 한 사람이 연속해서 공을 쳐도 안 되고 모둠의 2~3명만 참여해도 반칙이다. 모두가 참여해야 하므로 공이 모둠 친구들에게 고르게 도달할 수 있도록 배려하면서 공을 보내야 한다. 모둠 친구들끼리 충분히 대화하여 전략을 모색하면서 미래 사회가 요구하는 협력적 문제 해결 역량과 의사소통 역량을 키울 수 있다.

그림책 만나기

팀워크
자니 루이스 글, 미시 터너 그림, 김세실 옮김, 다산어린이, 2023

『팀워크』는 '위대한 마음유산' 시리즈 중 하나로 우리 아이들이 세상을 살아가는 데 필요한 마음의 힘을 탐구하는 이야기이다. 5명의 아이들이 일상의 삶에서 주어진 과제를 함께 해결하기 위해 마음을 모은다. 그 결과 자기 생각만 주장하다가 시간을 다 보내는 팀보다 모두가 함께 힘을 모아 더 나은 경험을 쌓아가는 즐거움을 깨닫게 된다. 학생들은 원바운딩 놀이를 통해 연대의 힘이 빚어내는 성취감을 맛볼 수 있다.

놀이 즐기기

 **준비물:** 모둠당 공 1개

1단계 ● 그림책 읽고 이야기 나누기

5명의 어린이들이 일상생활에서 하나의 목표를 향해 힘을 모으는 이야기를 함께 읽으면서 팀워크에 대한 생각을 정리한다. 자신의 생각을 허니컴 보드에 적어 칠판에 붙이고 함께 이야기를 나누는 시간을 갖는다. 게시된 친구들의 의견을 보고 궁금한 내용을 직접 질문할 수도 있다. 서로의 생각을 눈으로 확인해 가는 과정에서 팀워크의 중요성과 필요성을 자연스럽게 인식한다.

팀워크에 대한 생각 나누고 게시하기

2단계 ● 원바운딩 놀이 안내하기

원바운딩 협력을 본격적으로 시작하기 전에 학생들이 이 놀이를 이해하고 활동에 참여할 수 있도록 안내한다. 교실에서 간단하게 공으로 할 수 있는 활동으로, 책상 주변에 둥글게 서서 오래 공을 주고받는 놀이이다. 이때 책상 6개를 붙이고 6명씩 한 모둠으로 한다. 놀이의 규칙은 다음과 같다.

첫째, 공은 원바운딩만 한다.
둘째, 손바닥으로 공의 아랫부분을 쳐서 위로 올린다.
셋째, 한 사람이 연속해서 공을 치면 안 된다.
넷째, 공이 몸에 맞거나 책상 밖으로 나가면 아웃이다.
다섯째, 연습 시간을 충분히 준 후 모둠별로 공을 주고받는 개수를 측정한다. 활동 안내 시에는 여기까지만 설명한 후 '원바운딩 협력 놀이'를 위한 연습 시간을 제공한다.

책상 배치

공의 아랫부분을 쳐서 위로 올리기

3단계 ● 원바운딩 협력 놀이하기

❶ 의자를 모두 교실 가장자리로 뺀 후에 책상 6개를 붙여 모둠을 만든다.
❷ 6명이 한 모둠이 되어 공을 1개씩 가지고 책상 주변에 둥글게 선다.
❸ 놀이 시작 신호에 맞춰 공을 아래에서 위로 책상을 향해 살짝 던지며 놀이를 시작한다.
❹ 공 가까이에 있는 학생이 손바닥으로 공의 아랫부분을 쳐서 위로 올린다. 이때

공이 책상 위에서 한 번 바운딩되도록 유지해야 한다. 자기 앞에 오는 공을 부드럽게 바운딩시키며 서로 배려해야 오래 공을 주고받을 수 있다.

 모둠 내 1~2명만 공을 주고받는 행위는 반칙이므로 모두가 참여하도록 협력해야 한다. 한 명이 연속해서 공을 쳐도 안 된다. 공이 책상 밖으로 나가거나 몸에 맞으면 경기가 끝나므로 아웃되기 직전까지 센 개수가 모둠 점수가 된다.

❺ 모둠별로 돌아가면서 한 번씩 원바운딩 개수를 측정하고, 한 번 더 기회를 준다. 단, 두 번째 도전은 모둠별 경쟁이 아니다. 첫 번째 주고받은 공의 개수를 모두 합친 것보다 두 번째 공의 개수를 합친 수가 더 많으면 모두가 이기는 게임이라고 선언한다. 명칭 그대로 '원바운딩 협력 놀이'가 탄생하는 순간이다.

 첫 번째 놀이가 끝나면 학생들이 한 번 더 하고 싶다고 원할 수 있다. 놀이가 끝나면 학생들은 이미 어느 모둠이 1등이고, 어느 모둠이 꼴찌인지 알고 있기 때문에 한 번 더 도전해서 그 순위를 뒤집고 싶어하기 때문이다. 이때 교사는 학생들의 요구를 들어주는 척 의도적으로 반응하면서, 이미 계획해 놓은 두 번째 놀이 기회를 준다.

❻ 교사는 칠판에 모둠별 점수판을 그려, 1차 원바운딩 개수를 쓴 후 합산한 수를 기록한다. 이후 2차 개수를 순차적으로 기록한 후 합산한다.

❼ 모둠별 경쟁 모드로 진행한 1차전과 모둠 간 협력 모드로 진행한 2차전 경험을 바탕으로 팀워크가 주는 유쾌한 변화를 기억하고, 삶 속에서 협력이 필요한 순간에 어떻게 행동할 것인지에 대한 기대를 나눈다.

원바운딩 협력 놀이 / 원바운딩 모둠별 점수 기록표

이와 같이 '원바운딩 협력 놀이'를 1차전에서는 모둠별 경쟁, 2차전에서는 모둠 간 협력 차원으로 진행할 수 있다. 아울러 각 모둠 내에서 팀워크를 발휘하여 성장하는 단계적 모습을 목표로 진행하는 것도 의미 있는 활동이다. 즉, 경쟁의 대상을 다른 모둠의 활동 결과에 두는 것이 아니라, 우리 모둠의 이전 단계에 둔다. 다른 모둠의 결과와 상관없이 자기 모둠의 이전 결과보다 나아지는 것을 목표로 협력적 전략을 탐색하고 이를 적용하여 연습에 임한다.

이후 1차, 2차, 3차에 걸쳐 3번의 도전 기회를 제공하고 원바운딩 개수를 측정한다. 횟수가 거듭됨에 따라 개수가 증가한다면 팀워크가 향상되고 있다고 할 수 있다. 하지만 모든 모둠이 다 똑같은 결과가 나오지 않을 수도 있다. 그런 경우에는 3번의 도전 중 가장 좋은 결과를 최종 점수로 인정함으로써 실수하는 친구를 격려하는 분위기를 만든다.

4단계 • 원바운딩 협력 놀이 업그레이드

책상 위 원바운딩 놀이 방법에 익숙해진 후에는 다목적실이나 소강당에서 원형으로 서서 공을 원 안으로 던져 바운딩시키는 놀이로 업그레이드해서 진행할 수 있다. 손바닥으로 공의 아랫부분을 쳐서 원 안으로 원바운딩시키는 방법은 같으나, 책상 위에서 진행할 때보다 몸의 움직임이 더 커지기 때문에, 모둠원들은 자세를 낮추고 언제라도 공을 칠 준비 태세를 갖추고 있어야 한다.

원 안에서 공을 한 번 바운딩하도록 유지하는 규칙도 같다. 공이 원 밖으로 나가거나 몸에 맞아서 원바운딩 유지가 안 되면 놀이가 끝나므로, 원바운딩이 오래 유지되게 친구들과 협력하면 좋다는 점을 강조하도록 한다. 교사는 이 놀이가 이기고 지는 것이 목표가 아니므로 친구가 실수를 하더라도 서로 격려하고 즐겁게 활동하도록 안내한다.

원바운딩 협력 놀이 업그레이드

하나 더! • 배구형 놀이

원바운딩 협력 놀이는 고학년에서 배구형 놀이에 응용할 수 있다. 배구형 놀이를 할 때 바닥에 닿지 않은 공을 바로 이어받는 활동은 많이 어렵다. 그래서 바닥에 한 번 튕긴 공을 토스하는 원바운딩을 활용하는 단계가 필요하다.

6명이 한 팀이 되어 모둠별로 원을 만들고 중앙을 향해 둥글게 선다. 처음 시작하는 학생이 바닥에 공을 한 번 튕겨 다른 친구에게 보낸다. 친구들은 공이 바닥에 한 번 튕기기를 기다렸다가, 언더 토스나 오버 토스로 반대쪽에 있는 친구 방향으로 공을 보낸다. 이때 공이 어깨 위로 오면 오버 토스로, 어깨 아래로 오면 언더 토스로 보내야 한다.

원바운딩 배구형 놀이에서는 원바운딩 후에 공을 보내는 것을 기본으로 하되, 공을 다루는 기능이 우수한 학생은 '노바운드'로 바로 공을 보낼 수도 있다. 그러나 공을 연속해서 2번 칠 수 없는 규칙은 지켜야 한다. 학생들은 모두가 참여하여 개수를 세면서 공 이어받기를 하고, 최대한 공을 오래 살리도록 협력한다.

잔칫상을 차려라

놀이 소개

'잔칫상을 차려라'는 『무궁화꽃이 피었습니다』를 읽고 '무궁화꽃이 피었습니다'라는 놀이를 하면서 다양한 떡과 음식을 찾아 잔칫상을 차리는 놀이다. 옛날에 온 동네 사람들이 모여 함께 음식을 마련한 잔칫상을 떠올린다. 학생들은 그림책을 읽으며 다양한 떡의 종류가 있음을 알고 떡의 특징을 자연스럽게 알아간다. 잔치 음식인 떡과 '무궁화꽃이 피었습니다' 놀이를 가미하여 한층 더 흥미를 갖고 즐겁게 참여할 수 있는 놀이가 될 것이다. 여럿이 함께 어울려 놀이하면서 잔칫날의 흥겨운 분위기 속에서 공동체 역량을 기를 수 있다.

그림책 만나기

무궁화꽃이 피었습니다
천미진 글, 강은옥 그림, 키즈엠, 2019

『무궁화꽃이 피었습니다』는 '떡들이 전통 놀이를 하면 어떨까?'라는 작가의 기발한 생각이 모티브가 되어 나오게 된 그림책이다. 전통 놀이인 '무궁화꽃이 피었습니다'만으로도 학생들이 충분히 흥미를 가지며, 등장인물이 맛있는 떡이라 흥미와 재미가 한층 더 올라간다. 무지개떡이 술래가 되어 "무궁화꽃이 피었습니다."라고 외칠 때마다 등장하는 떡들(인절미, 망개떡, 콩떡, 가래떡 등)의 특징이 고스란히 드러나 학생들이 어서 빨리 '무궁화꽃이 피었습니다'를 하고 싶다는 욕구를 불러일으킨다. 그림책을 읽으면서 자연스럽게 놀이의 규칙과 방법을 터득하고, 다양한 떡의 이름과 특징을 아는 것은 덤이다.

놀이 즐기기

 **준비물:** 학생들이 달릴 수 있는 공간 또는 교실, 다양한 떡과 음식의 그림이나 사진, 커다란 접시(또는 자석 칠판)

1단계 ● 그림책 읽고 이야기 나누기

『무궁화꽃이 피었습니다』는 다양한 떡들이 '무궁화꽃이 피었습니다' 놀이를 하는 그림책이다. 책을 읽기 전에 내가 알고 있는 떡 이름 발표하기, 내가 좋아하거나 먹어 본 떡 발표하기, 생일이나 명절에 먹는 떡 종류 알아보기 등으로 떡에 대한 사전 지식을 물어본다. "저는 콩가루 묻은 인절미를 좋아해요.", "추석 때 할머니랑 송편을 만들었어요." 등 떡과 관련된 경험을 발표해 그림책에 대한 흥미를 북돋운다. 표지 그림을 보고 어떤 놀이인지, 자신이 해 본 적 있는 놀이인지 알아본다.

그림책을 읽고 난 뒤 등장하는 떡과 특징이 무엇인지 이야기를 나눈다. 서로 다른 친구들이 있어 놀이가 더 즐겁고 흥미롭다는 것, 서로 다른 친구들이 있기에 더 즐겁게 지낼 수 있음을 그림책 읽기를 통해 안다. 아울러 놀이도 신나게 할 수 있음을 실감한다. 그림책에 인절미, 콩떡, 가래떡, 망개떡, 바람떡, 시루떡 등 각각 다른 특징을 가진 떡들이 등장하는 것처럼, 학급 친구들도 각각 서로 다른 특징이 있음을 알고 서로가 가진 특징을 탐구하고 찾아 발표한다. 또한 친구에게 떡으로 별명을 붙여 준다면 누구에게 어떤 떡 이름을 붙여 주고 싶은지 발표하면서 자연스럽게 학급 친구와 특징에 관심을 갖는다.

2단계 ● 떡 이름과 특징, 친구 이름 맞히기

❶ 놀이를 하기 전에 그림책에 나오는 떡과 떡의 특징을 잘 알 수 있도록 사진을 보고 이름 맞히기, 사진과 이름 찾아 연결 짓기, 특징 듣고 떡 찾기, 떡 이름 빙고 게임을 한다. 예를 들면 교사가 '인절미' 하면 인절미 사진을 빨리 찾아 들기 등이 있다.

❷ 학급 친구와 친구의 특징을 찾는 놀이로 이어간다. 예를 들면 친구의 이름 초성을 말하면 해당하는 친구를 찾거나 "줄넘기 이단 뛰기를 잘하는 친구는 누구인가요?" 등의 질문을 하고 맞힌다. 학생을 한 명씩 일어나게 해서 그 친구의 특징을 찾는 방법으로 바꿔서 해도 좋다. 제한 시간을 두고 친구와 친구 이름 말하기 놀이 등으로 이어간다.

떡 이름과 떡 찾기 놀이 모습

놀이 장면

3단계 ● 친구꽃이 피었습니다

그림책을 읽으며 떡의 이름, 특징, '무궁화꽃이 피었습니다' 놀이 규칙을 자연스럽게 터득한 다음 학급 친구의 이름이나 특징을 넣어 '~~~한 친구꽃이 피었습니다' 놀이를 한다.

술래 한 명을 정하고 술래가 "무궁화꽃이 피었습니다."라고 외치는 대신 친구 이름이나 친구의 특징을 외친다. 예를 들면 "김씨꽃이 피었습니다.", "키가 150 이상인 친구꽃이 피었습니다.", "청바지 입은 꽃이 피었습니다." 하고 외친다. 놀이를 하기 전에 친구의 특징을 찾아서 표현하는 과정을 거쳐 놀이가 활발하게 이루어지도록 한다.

친구 특징 카드 예시

4단계 • 잔칫상을 차려라

❶ 놀이 공간은 술래가 움직이는 사람을 가시적으로 분별할 수 있는 정도의 거리가 적당하다.

> 술래와 출발선 사이 일정한 곳에 잔칫상(접시나 쟁반 활용)을 차릴 수 있는 떡과 음식 카드를 펼쳐 준비해 둔다. 잔칫상 음식에 제한을 두지 말고 학생들의 의견을 반영하여 준비하는 것도 놀이의 흥미를 높일 수 있다. 교실에서 놀이를 할 때, 책상을 잔칫상으로 이용하고, 놀이에 활용할 떡이나 음식을 미리 그려서 활용하도록 하는 것도 참여도를 높이는 방법이다.

❷ 가위, 바위, 보로 술래 한 명을 정하고 나머지 모둠 친구들은 출발선에 선다.
❸ 술래는 "무궁화꽃이 피었습니다"라는 구호 대신 "○○ 떡이 피었습니다." 또는 "~~~한 친구꽃이 피었습니다."라고 외친다. 술래가 떡 이름을 외치면 모두가 움직

여 그 떡을 찾아 잔칫상에 올리고, 친구 이름이나 친구의 특징(조건)을 구호로 외칠 시 특징에 해당하는 친구들만 움직일 수 있다. 잔칫상(접시)에 떡을 찾아 올릴 때 술래에게 움직임을 들키면 술래에게 가서 술래의 손을 잡고 선다.

❹ 일정 시간을 정해 두고 술래를 바꾸면서 놀이를 계속 이어간다. 어느 정도 잔칫상이 풍성해지면 놀이를 멈추고 차려진 잔칫상과 놀이한 소감을 나눈다.

교실 공간을 활용한 모습

잔칫상 모습

하나 더! • 교실에서 모둠별로

공간이 충분하지 않다면 책상을 그대로 두고 분단 사이 공간에서 최소한 움직이며 술래가 외치는 조건에 맞는 친구를 모둠별로 찾는 활동을 해 보자. 술래가 특정하는 친구를 찾는 놀이를 통해 친구에 대해 관심을 가지고 친구의 특성에 대해 자연스럽게 알아 가는 기회가 된다. 또한 서로 다른 특징을 찾으며 다름을 존중하는 마음을 가지고 한 명 한 명 모두가 소중한 존재임을 느껴 본다.

전기가 톡톡톡!

놀이 소개

'전기가 톡톡톡!'은 학급 구성원 전체가 함께 연결되어 있다는 사실을 감각적이고 실제적으로 깨닫게 해 주는 놀이이다. 학급 전체가 자리에 앉아 한 손은 손바닥을 펴고, 한 손은 검지를 편다. 손가락으로 옆 사람 손바닥을 톡톡 두드려서 전기를 보내는 놀이이다. 첫 번째 학생이 숫자를 설정하고 그 수만큼 옆 사람이 손바닥을 손가락으로 톡톡 두드려, 마지막 학생에게까지 전기를 전달한다.

마지막에 전기를 받은 학생은 해당 숫자와 관련된 우리 학급에서 있었던 추억을 이야기한 뒤 첫 번째 전기를 보낸 학생과 함께 탈출한다. 서로의 손짓에 주목하고 손가락으로 두드리면서 의사소통 역량에 주목하고, 횟수에 따른 우리 학급에 얽힌 추억을 함께 떠올리면서 공동체 역량을 향상시킨다. 마지막에 전기를 받은 학생이 친구의 신호를 받고 함께한 추억을 되새기고, 함께 탈출하면서 팀워크의 중요성을 느낄 수 있다.

그림책 만나기

연결 : 언제나 어디서나 우리는…
유가은 글·그림, 길벗어린이, 2020

그림책 속에 파란 로봇과 빨간 첨탑이 있다. 작은 동그라미였던 파란 로봇은 빨간 첨탑이 나누어 주는 것들로 쑥쑥 자라고 로봇이 된다. 첨탑은 지속해서 신호를 주며 로봇과 연결되길 원하지만 로봇은 신호를 첨탑에게 보내지도 않고 응답하지 않기도 한다. 첨탑과 로봇의 관계를 보면서 지속적인 연결을 위해 교사가, 엄마가, 친구들이 보내는 신호가 있다는 사실을 알아차린다. '전기가 톡톡톡' 놀이를 통해서 우리 모두가 연결될 수 있다는 사실을 다시 확인하고, 우리 학급에서 함께 있었던 추억으로 연결될 수 있다.

놀이 즐기기

 준비물: 인형

1단계 • 그림책 읽고 이야기 나누기

그림책을 읽은 후, 학생들을 4명씩 한 모둠으로 나눈다. 모둠원들과 함께 본래 잘 연결되었으나 현재 연결이 잘 되지 않는 관계에 대해 돌아가며 이야기한다. 학생들은 초등학교 때 잘 지냈으나 이제 연락을 하지 않는 친구들, 부모님과 대화하는 시간이 많았으나 중학교 진학 후에 대화 시간이 줄어든 일 등을 말했다. 이후 연결되고 싶으나 연결되지 못하는 관계를 몸으로 표현해 보고, 노력하여 연결된 모습을 몸으로 표현하는 시간을 갖는다.

연결되고 싶으나 연결되지 못하는 모습

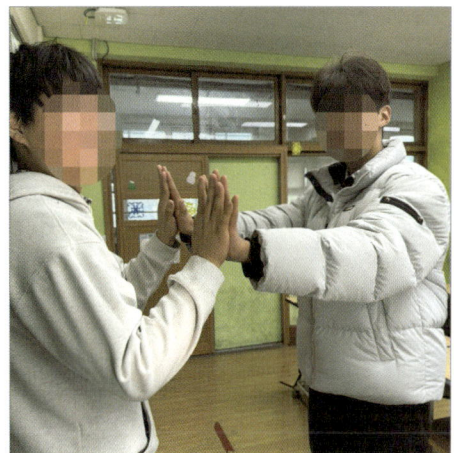
노력하여 연결된 모습

2단계 ● 전기가 톡톡톡 연습하기

  놀이가 시작되기 전, 학생들이 전기 신호를 보내는 활동을 연습해 본다. 이러한 연습은 전기 신호를 보내는 활동에 익숙해지고 친구들이 보내는 신호 및 반응에 집중할 수 있게 해 준다.

❶ 학급 인원을 반으로 나눈 뒤 상대팀을 마주보고 각각 한 줄로 앉는다.
❷ 오른손은 손바닥이 하늘을 향하도록 펴고, 왼손은 검지를 편다.
❸ 신호를 주는 학생의 반대 끝에 인형을 둔 뒤 양팀에게 동시에 신호를 준다.
❹ 신호를 받은 학생은 왼손가락으로 오른쪽에 앉은 학생의 오른손에 신호를 전달하는 방식으로 끝에 앉은 학생에게까지 전달한다.
❺ 양쪽 끝에 앉은 학생 중 먼저 전기를 받은 학생이 인형을 먼저 잡으면 승리한다.

  자신이 신호를 받기 전에 보내면 무효 처리가 된다. 신호를 빨리 전달하여 인형을 획득하는 놀이를 할 때는 과도한 경쟁으로 과열될 수 있기 때문에 신호를 보내는 방식을 익히는 수준에서 멈추는 것이 좋다.

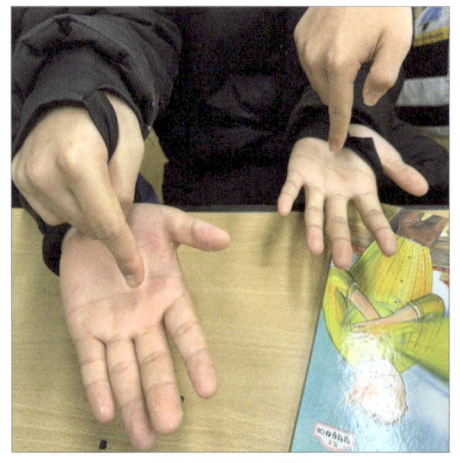
전기 신호 전달 방법

앞사람에게 전기 전달

　처음에는 빠르게 전기 신호가 갈 수 있도록 횟수를 제안하지 말고 제한 시간 1분 내에 전기 신호가 끝까지 전달되도록 한다. 학생들이 익숙해지면 전기 신호의 횟수를 2회~3회로 지정해서 마지막에 신호를 전달받은 학생이 신호 횟수를 받았는지 말하고, 횟수가 맞은 경우를 성공으로 간주한다.

4단계 ● 전기가 톡톡톡 업그레이드

❶ 자리에 앉은 상태에서 학급 전체가 연결될 수 있도록 오른손 손바닥이 하늘을 향하도록 펴고, 왼손은 검지를 편다.
❷ 제일 앞에 앉은 학생 중 1명이 마음 속으로 숫자 하나를 정한 뒤 그 숫자만큼 옆 사람의 손바닥을 톡톡 두드린다. 전기 신호를 받은 학생은 옆 사람에게 전달하고 옆에 더 이상 사람이 없을 때는 뒷사람에게 전달하는 방식으로 끝에 앉은 학생에게까지 전기 신호를 보낸다.
❸ 마지막에 전기 신호를 받은 학생은 받은 전기 신호의 횟수를 말하고 그 숫자와 관련된 우리 학급에서 있었던 추억을 발표한다. 예를 들어 신호를 보낸 학생이 3회 신호를 보냈다면 마지막에 신호를 받은 학생은 숫자 3을 외친 뒤 3과 관련된 추억을 발표한다. "우리 반은 체육대회 계주에서 3등을 했어~ 중간에 OO이가 한 번 넘

어졌는데도 끝까지 포기하지 않고 달려 줘서 고마웠어."

❹ 마지막 학생은 신호를 받은 뒤 횟수를 맞히고 추억을 말한다. 그런 다음 신호를 보낸 학생과 마지막 학생이 함께 탈출한다.

❺ 모든 학생이 탈출에 성공하면 함께 축하하고 놀이를 마무리한다.

하나 더! • 모스부호 톡톡톡

짧게 한 번 두드리는 것과 길게 누르고 있는 방식의 모스 신호와 연계하여 전기 신호를 주는 놀이를 하면 난이도가 높아져서 학생들이 성취감을 얻을 수 있다. 기존 모스부호와 12띠 동물을 연계하여 놀이를 진행한다.

12띠 동물 모스부호

쥐	•	용	•—	원숭이	—••
소	••	뱀	—•	닭	••—
호랑이	—	말	••••	개	——•—
토끼	•••	양	•—•	돼지	—•——

짧게 : • 길게 : —

4단계 상태에서 전기 신호를 마지막에 받은 학생이 모스부호에 따라 해당하는 동물의 울음소리를 내거나 동작을 표현하면 학생들의 흥미도가 올라간다.

주제별 낱말 릴레이

놀이 소개

 '주제별 낱말 릴레이'는 '색깔', '날씨', '음식' 등과 같은 주제에 속하는 낱말을 릴레이로 말하는 놀이이다. 예를 들어 '음식'이 주제라면 모둠원이 돌아가며 '김밥', '떡볶이', '피자', '미역국' 등과 같이 음식에 속하는 낱말을 차례로 말한다. 12가지 주제가 담겨 있는 '12가지 표현 주사위'를 굴려서 나온 주제로 놀이를 할 수 있다. 이 놀이는 자기 차례에 단어를 알맞게 말해야 하므로 어휘력과 함께 순발력을 기를 수 있으며, 다른 사람이 말하는 단어를 경청하는 과정을 통해 의사소통 능력을 키우게 된다. 또한, 각자의 차례를 지키는 과정에서 질서를 지키고 협력하는 경험을 얻는다. 단어를 떠올리지 못하는 모둠원을 배려하며 격려하거나 도울 기회를 가짐으로써 공감과 배려를 배울 수 있다.

그림책 만나기

도토리 모자
임시은 글·그림, 북극곰, 2017

세상에서 제일 멋진 모자를 쓴 도토리 토리. 하지만 갑자기 바람이 불어서 모자가 벗겨진 채 땅에 떨어지고 만다. 토리의 모자를 찾아주기 위해 친구들이 모이고, 하나둘 힘을 합친 끝에 토리의 모자를 찾게 된다. 친구들이 모일수록 힘이 합쳐져 모자를 찾는 것이 수월해졌다.
이 책을 통해 혼자서 하기 힘든 일이어도 여럿이 함께하면 해낼 수 있다는 것과, 힘을 모으는 과정에서 즐거움이 커지고 함께 하는 친구들의 소중함을 알게 된다. 그림책의 등장인물들처럼 친구들과 함께 힘을 합쳐 주제에 맞는 낱말을 찾으며 학생들은 즐거움을 느끼고, 놀이 미션에 성공했을 때 친구들과 함께 성취감을 맛볼 수 있다.

놀이 즐기기

 **준비물:** 12가지 표현 주사위(학토재)

1단계 ● 그림책 읽고 이야기 나누기

그림책에는 도토리의 친구들인 메뚜기, 무당벌레, 장수풍뎅이, 도마뱀, 곰이 힘을 합쳐 도토리를 도와준다. 책을 읽은 후, 이 책의 주제가 무엇일지 한 낱말로 말해 본다. 학생들은 '친구', '도움', '협동', '우정' 등을 이야기한다. 그런 다음 혼자 하기 어려운 일을 여럿이 함께해서 해결했거나, 여럿이 있어서 더 즐거웠던 경험을 글과 그림으로 표현하거나 이야기해 보도록 한다. 학생들은 "영어 발표를 준비할 때 친구들과 함께해서 빠르게 준비할 수 있었다.", "놀이터에서 친구들과 다 같이 잡기 놀이를 해서 더 재미있었다.", "운동회 때 힘을 합쳐 단체 줄넘기를 했다." 등과 같이 여럿이 함께 해서 더 좋았던 경험을 이야기한다.

혼자 하면 어렵거나 재미가 없는 일도 함께하면 쉽고 즐겁게 할 수 있다는 것을 학생들이 공감하며, 함께 할 수 있는 학급 공동체가 있다는 것이 얼마나 소중한 일인지 다시금 되새겨 본다. 놀이를 하기 전에 공동체의 소중함을 언급하면 놀이를 할 때 과열되거나 언쟁이 일어날 소지를 미리 막을 수 있고, 놀이의 목적과 즐거움을 강조함으로써 활동이 목표에 맞게 진행되도록 도와준다.

눈 오는 날 친구들과 즐겁게 논 경험

친구들과 함께 단체 줄넘기를 한 경험

2단계 • 우리 반 친구들과 관련된 낱말 찾기

❶ 놀이가 시작되기 전, 먼저 우리 반 친구들과 관련된 낱말 찾는 놀이를 한다. 12가지 표현 주사위를 사용하여, 주사위에 담긴 12가지 주제를 우리 반과 연결하여 떠오르는 낱말을 찾는다. 12가지 표현 주사위를 사용하여 놀이한다. 12가지 표현 주사위는 정십이면체 주사위로, 각 면에 '색깔', '날씨', '음식', '동물' 등 마음과 생각을 비유할 수 있는 12개의 낱말이 적혀 있다.

예를 들어 우리 반 친구들과 먹고 싶은 '음식'이 무엇인지, 우리 반 친구들 하면 떠오르는 '색깔'은 무엇인지, 우리반 친구들과 놀고 싶은 '요일'은 언제인지 등을 각자 생각하여 활동지에 적는다. 질문에 따라 낱말을 적을 수도 있고 그림을 그리거나 알맞은 표정이나 몸짓으로 표현할 수도 있다.

❷ 활동지에 낱말을 적을 때는 학생들이 돌아가며 주사위를 던져서 나온 주제부터 쓰기 시작한다. 한 학생이 주사위를 굴려서 '장소'가 나왔다면 활동지의 '우리 반 친구들과 가고 싶은 장소' 칸을 다 같이 채워 넣는다. 주사위 굴리기는 여러 학생들에게 기회를 줄 수 있다. 같은 주제가 또 나왔을 때는 활동지 오른쪽에 적힌 주제의 낱말을 쓴다.

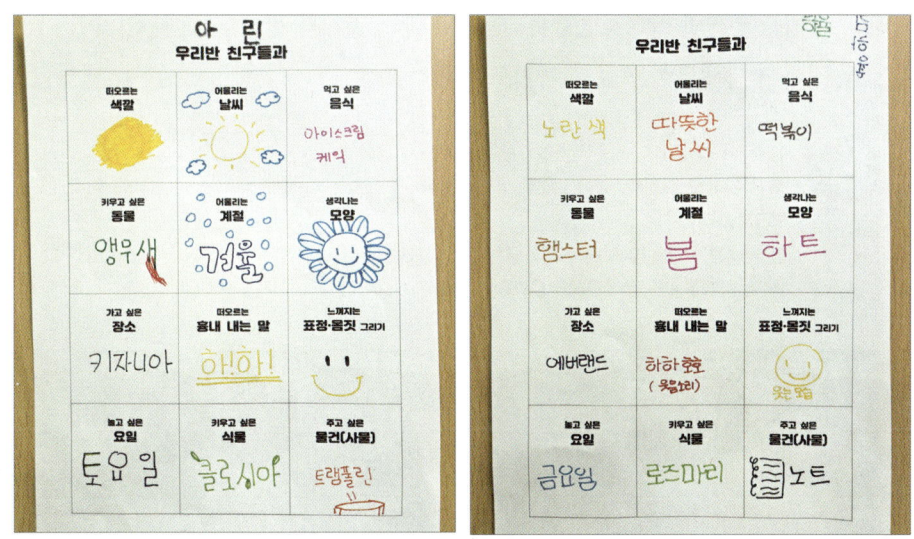

활동지 사례

❸ 활동지의 칸을 모두 채운 후에는 4인 모둠으로 모여서 각자 쓴 것을 이야기하고, 왜 그렇게 생각했는지 이유를 설명한다. 이야기를 나누다 보면 학급에 대해 긍정적으로 생각하는 친구들의 마음을 발견하게 된다. 학급 친구들과 함께하고 싶거나 학급에 대해 떠오르는 긍정적인 생각들은 학급 공동체를 더욱 따뜻하게 만들어 준다.

3단계 • 주제별 낱말 릴레이

❶ 학급 전체가 둥글게 모여 앉는다. 교사가 원 가운데에 주사위를 던진다. 던져진 주사위에 가장 가까운 학생이 주사위 윗면에 적힌 주제를 큰소리로 외친다.

❷ 위 학생의 오른쪽에 앉은 학생부터 돌아가며 그 주제에 속한 낱말을 빠르게 외친다. 예를 들어 주제가 '식물'이라면 주사위를 잡은 사람이 "식물!" 하고 외치고, 오른쪽으로 돌아가며 무궁화, 선인장, 사과나무, 민들레 등과 같이 말한다.

❸ 낱말은 3초 안에 말하도록 하여 놀이가 긴박감 있게 진행되도록 한다. 더 이상 낱말을 말하지 못하면 낱말을 말한 사람 수만큼 성공한 것으로 하여, 교사가 "4명 성공!" 하고 외치고 학급 전체가 4점을 얻는다.

❹ 주사위를 총 5번 굴려서 30점을 얻거나 학급 전체가 한 주제를 다 외치면 미션 완료로 정하여 학생들이 목표를 가지도록 한다.

1. 주사위를 굴리다 보면 같은 주제가 반복해서 나올 수 있다. 이럴 경우, 이미 나왔던 낱말을 사용하지 않거나, 이미 나온 낱말을 사용하되 순서는 바꿀 수 있다는 등 규칙을 미리 정해두는 것이 좋다.

2. 학생이 낱말을 말하지 못하거나 미션에 실패했을 때는 다 같이 "괜찮아! 괜찮아!"라고 말하여, 실패한 친구를 질책하지 않도록 사전에 지도한다.

주제별 낱말 릴레이 하기

하나 더! • 이미지 프리즘 씨앗 카드

'이미지 프리즘 씨앗 카드(학토재)'와 결합하여 놀이를 변형해 보자.

❶ 교실 끝에 책상을 두고, 이미지 프리즘 씨앗 카드를 펼쳐 놓는다.
❷ 반대편 바닥에 출발선을 긋고 두 사람이 그 앞에 선다.
❸ 교사가 주사위를 던져서 나온 주제를 큰소리로 외친다. 두 학생은 손을 잡고 달려가서 주제와 관련 있는 카드를 1장 골라 교사가 10을 셀 동안 제자리로 함께 뛰어온다. 도착한 후 두 사람이 가져온 카드가 주제 낱말과 어떤 관련이 있는지 설명한다. 둘이 함께 갔다가 돌아오도록 하며, 서로 상의할 수 있다.
❹ 가져온 카드가 주제와 부합하면 1점씩 준다. 학급의 목표 점수를 정하고 반 전체가 참여하여 공동 목표를 향해 힘을 모은다.

친구를 기억해

놀이 소개

'친구를 기억해'*는 친구에 대한 정보를 기억하여 적는 놀이다. 친구의 특징을 기억해서 맞히는 놀이이므로 친구에 대한 특징과 설명을 잘 기억해야 유리하다. 이런 과정을 거치므로 놀이를 하면서 자연스럽게 친구에 대해서 알게 된다. 서로에 대해서 잘 알기 어려운 학기 초에 하면 좋다. 학생들은 놀이를 바탕으로 알게 된 사실로 서로 말문을 트게 되고 공동의 관심사를 바탕으로 친하게 지낼 수 있는 계기가 되기도 한다. 친구를 기억해 놀이로 자기소개를 하면, 놀이적인 요소로 인해 1차시의 수업 시간을 즐겁게 보낼 수 있다. 집중해서 기억하는 과정을 통해서 친구에 대한 많은 정보와 기억을 남길 수 있는 의미 있는 시간이 된다.

---

* 낙서를 기억해! 기억력의 한계를 테스트하라!
  https://youtu.be/f9ZdM8SI8KE?si=6iBvKRaOvqpsc6Bo 내용 참고

그림책 만나기

다다다 다른 별 학교
윤진현 글 · 그림, 천개의바람, 2018

그림책 첫 번째 장을 펼치면 새 학기 첫날 교실의 풍경이 떠오른다. 학생들도 교사도 기대감과 긴장감을 가지고 만나게 되는 첫날, 교실에는 저마다 다른 다양한 학생들이 가득 앉아 있다. 그림책에서는 다름이 더 잘 드러나도록 재미있는 삽화로 각자의 캐릭터가 잘 드러나게 학생들이 표현되어 있다. 학생들을 표현한 그림만 봐도 다양하고 다채로움이 느껴지며 1년간 다양한 구성원들 사이에서 어떤 일이 생길지 궁금해진다. 그림책에서는 이런 다양한 학생들을 잘 표현하기 위해서 각자 다 다른 별에서 왔다고 가정한다. 학급에서도 각자 다른 별에 살고 있을 듯한 학생들을 알아가기 위해 놀이를 시작한다.

놀이 즐기기

 **준비물:** 종이, 펜, 핸드폰(또는 태블릿 PC)

1단계 ● 그림책 읽고 이야기 나누기

그림책을 읽고 등장인물들이 자신을 다른 별에서 온 외계인으로 표현한 것처럼 학생들에게 자신이 어떤 별에서 왔고, 자신이 온 별은 어떤 특징이 있는지 작성한다. 1차시 수업으로 진행하기 위해서 온라인 설문지를 만들어 학생들의 답을 취합한다. 교실에 비치된 태블릿이 있다면 태블릿을 사용해도 좋고, 학생의 개인 핸드폰도 가능하다. 온라인 설문지 질문은 다음처럼 구성한다.

1. 학번, 이름은 무엇인가요?
2. 나는 어떤 별에서 왔고 그 이유는 무엇인가요?

(예) '생각대로별'에서 왔고, 생각하는 것을 좋아하기 때문이다.
3. 내가 온 별의 특징은 무엇인가요?
(예) '생각대로별'에서는 어떤 생각이든 뭉게뭉게 생각 구름으로 만들 수 있다.

2, 3번 질문에는 그림책에 있는 예를 하나 적어서 학생들이 쉽게 적을 수 있도록 한다. 학생들에게 온라인 설문지 주소를 QR코드로 안내하고 설문지를 작성하도록 한다. 설문지를 작성하는 시간은 10분 정도 준다. 학생들이 모두 설문지를 제출하면 설문 결과 시트를 공유한다. 설문 결과 시트 주소를 QR코드로 제공하면 학생들이 쉽게 접근하여 볼 수 있다. 그리고 10분의 시간을 주어 반 학생들의 설문 결과를 외우도록 한다.

2단계 • 친구를 기억해 놀이하기

❶ 학생들에게 종이를 한 장씩 나눠 주고 총 20개의 칸이 있는 표를 그리도록 한다.
❷ 1부터 20까지 칸에 작게 적는다.

 학생들의 상황과 학년에 따라 칸의 수를 조절한다. 학생 수가 30명이라면 30칸 이내로 표를 만든다. 놀이를 준비할 수 있는 상황이라면 수가 적혀 있는 표를 학생 수만큼 출력하여 수업을 진행한다.

❸ 교사는 설문 결과에서 20개의 별을 선정하여 답안으로 구성한 후 3초 정도의 간격을 두고 순서대로 20개의 별을 부른다.
❹ 학생들은 들은 단어를 순서에 맞게 그림으로 낙서하듯 메모한다. 3초가 생각보다 빨리 지나가기 때문에 간단한 그림으로 표현한다. 단, 학생들에게 글이나 영어 등 문자로는 메모할 수 없음을 안내한다. 20개의 별을 모두 부른 후, 5~10초 동안 학생들이 그림을 정리할 수 있는 시간을 준다.
❺ 그림 정리가 끝나면 약 3분간 사진의 낙서에 맞는 별이 무엇인지 적는다. 적은 후에 정답을 공개하고 채점하게 한다. 가장 많이 맞힌 학생이 이긴다.

설문지 결과

학생들의 놀이 활동지

3단계 • 친구 별 맞히기

❶ 2단계에서 작성한 표에 해당 칸의 별이 어떤 학생의 것인지 이름을 적는다.

❷ 약 5분 동안 최대한 추측하여 모든 칸에 이름을 적도록 독려한다. 1단계에서 학생들에게 설문 결과를 공유하여 외우는 시간을 주었기 때문에 적는 것을 많이 어려워하지 않는다.

❸ 대부분의 학생은 5분 이내에 칸을 채운다. 타이머 프로그램을 켜서 TV로 공유하면 학생들이 시간을 고려하여 시간 내에 더 잘 적는다.

❹ 시간이 끝나면 정답을 공개하고 채점한다. 가장 많이 맞힌 학생이 이긴다.

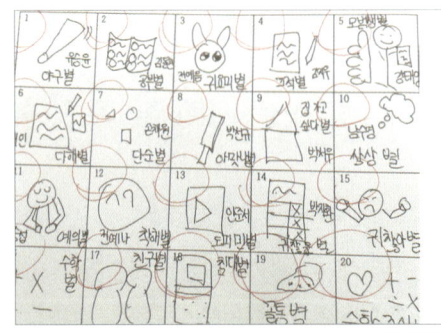 

학생들의 놀이 활동지

4단계 • 나의 별 소개하기

 놀이가 끝난 후 동그랗게 둘러앉는다. 돌아가면서 자신의 별을 소개한다. 1단계에서 설문지에 작성했던 내용을 참고하여 말하도록 한다. 학기 초이므로 이름도 익힐 겸, 자기 차례에 이름을 말하고, 어느 별에서 왔는지 소개한다. 자신이 온 별의 이름과 자기 별의 특징을 이야기하면 자연스럽게 자신을 소개하게 된다. 1단계에서 미리 구상했던 내용이므로 학생들이 말하기에 덜 부담스러워한다. 또한 그림책 형식으로 나누기 때문에 말하기를 어려워하는 학생도 부담 없이 자신의 이야기를 한다.

하나 더! • 글과 그림으로 자기 별 표현하기

 학생들이 그림책의 내용처럼 자신의 특징이 잘 드러난 캐릭터를 디자인하여 자신의 모습과 자기 별의 모습을 그려 본다.

 A4 1장에 채색 도구와 펜을 이용하여 그림을 그리고, 어떤 별에서 왔는지, 자신의 별이 어떤 특징을 가졌는지 글로도 적는다. 글과 그림으로 자신의 별을 표현한 후 돌아가면서 작업한 결과물을 들고 자신의 별을 소개하는 시간을 가진다. 글과 그림을 통해 자신을 소개한 다음 친구를 기억해 놀이를 진행한다. 놀이가 끝난 후에는 글과 그림의 결과물을 학급 게시판에 게시하여 친구에 대해서 함께 더 잘 기억하고 서로 연결되도록 한다.

친절 풍선 물들이기

놀이 소개

'친절 풍선 물들이기'는 물총놀이를 하면서 공동체를 위한 친절한 행동을 알아가는 놀이이다. 학생들이 좋아하는 물총놀이로 학생들의 흥미를 높이고 친절한 행동을 반복적으로 외치면서 평소에도 실천으로 옮긴다.

친절한 행동은 공동체 구성원 간의 유대감을 형성하고 서로 돕고 배려하는 문화를 만든다. 서로를 돕는 문화가 만들어지면 개인이 어려움에 빠졌을 때 공동체의 도움으로 문제를 손쉽게 해결할 수 있고, 조직적으로 이루어지는 친절한 행동은 공동체를 전반적으로 발전시키고 삶의 질을 높인다.

학생 개인의 친절한 행동은 작은 실천에서 시작되지만, 그 영향력은 학급 전체로 퍼져 행복하고 건강한 학급을 만드는 데 크게 기여한다. 학급이나 학교에서 친절을 실천하는 것은 공동체 발전에 중요한 밑거름이자 원동력이 된다. 그래서 학생들에게 친절한 행동을 알려 주고 일상에서 실천할 수 있도록 독려해야 한다.

그림책 만나기

친절
자니 루이스 글, 미시 터너 그림, 김세실 옮김, 다산어린이, 2023

『친절』은 나 자신과 다른 사람, 그리고 세상과 건강한 관계를 맺기 위해 마음의 힘이 필요하다고 말한다. 마음의 힘을 키우는 것 중 하나가 친절을 베푸는 것이고, 책에 나오는 친구들의 일상을 따라가며 어떻게 행동하는 것이 친절한 것인지 알려 준다. 학생들은 친절이 무엇인지 알고 있지만 일상에서 어떻게 행동해야 하는지 잘 알지 못한다. 친절한 행동을 적은 풍선을 물총으로 맞히면서 일상에서 실천할 수 있는 친절한 행동을 반복적으로 익혀 본다.

놀이 즐기기

 **준비물:** 풍선앤아이(학토재), 물총, 빨랫줄, 테이프, 색이 다른 물감 3~4개, 용량이 큰 수조

1단계 • 그림책 읽고 이야기 나누기

그림책 장면과 비슷한 경험이 있는지 이야기를 나누면서 그림책을 읽는다. "친절은 너그러워지는 거예요."라고 설명하는 장면에서 미나는 릴리에게 풍선을 양보한다. 미나처럼 좋아하는 물건을 다른 사람에게 양보한 경험이 있는지 학생들에게 물어보고, 자기 경험을 허니컴 보드에 쓰라고 안내한다. 구성원 모두가 자기 경험을 말하고 듣는다. 이렇게 경험을 나누는 동안 교사는 한 학생의 발표가 끝날 때마다 "친절한 행동을 했구나." 또는 "너그러운 마음씨로 친절을 실천했구나." 하고 학생들의 실천을 칭찬하고 응원한다.

학생들이 경험을 나눌 수 있는 그림책 장면이 나오면 위와 같은 방법으로 자기 경험을 이야기한다. 각자 실천한 친절을 나누면서 다양한 방법을 모을 수 있고, 평소에 생각하지 못한 부분에서 친절을 실천할 수 있음을 깨닫게 된다. 이러한 깨달

음은 나도 할 수 있다는 자신감으로 이어져 평소보다 빈번하게 친절한 행동을 실천하게 한다.

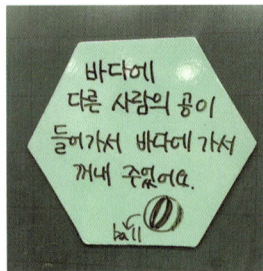 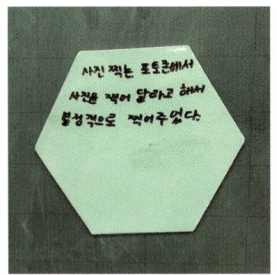 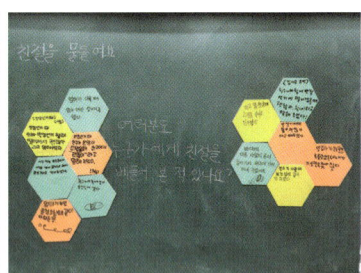

친절을 베푼 경험 나누기

2단계 • 풍선에 친절한 행동 쓰기

❶ 학생들에게 자신이 실천했던 친절한 행동을 떠올리도록 한다. 그림책을 읽으면서 나누었던 이야기 중 자기 경험이나 다른 학생의 경험 중 인상 깊었던 친절한 행동이 있는지 묻는다. 그림책에서 보았던 장면을 떠올리도록 안내한다.

❷ 친절한 행동을 정한 학생들은 큰 소리로 자신이 정한 친절한 행동을 말한다. 친구들의 발표를 들으며 친절한 행동에 대해 실마리를 얻거나 친구가 이미 말한 친절한 행동은 제외하고 떠올린다.

❸ 교실에서 실천할 수 있는 친절한 행동을 풍선앤아이에 쓴다. 친절한 행동이 어느 정도 떨어진 거리에서도 잘 보이도록 풍선 가운데에 두꺼운 펜으로 쓴다. 물총으로 풍선을 맞혀야 하므로 풍선에 글씨를 쓸 때는 유성 펜을 사용한다. 시간이 충분하다면 풍선앤아이를 꾸밀 시간을 주어도 좋다.

❹ 친절한 행동을 쓴 풍선앤아이를 칠판에 게시하여 다음 단계를 준비하는 동안 살펴보게 한다. 학생들에게 친절한 행동을 꾸준히 노출해 내면화할 수 있도록 한다.

풍선에 친절한 행동 쓰기

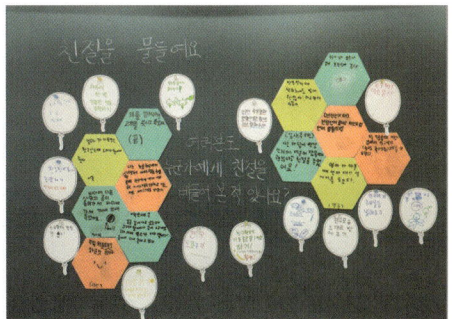
다양한 친절한 행동

3단계 ● 물총놀이 준비하기

❶ 놀이를 할 수 있는 안전한 공간에 친절 풍선을 걸 빨랫줄을 설치한다.

 빨랫줄을 걸 기둥이 없다면 게시판에 작품을 걸듯 벽에 줄을 걸어 물총을 쏠 공간을 만들 수 있다. 빨랫줄을 3단으로 만든다면 3단계로, 4단으로 만든다면 4단계로 놀이를 진행한다. 놀이하는 도중 빨랫줄이 아래로 떨어지지 않도록 줄을 묶은 부분에 테이프로 보강하면 놀이를 원활하게 진행할 수 있다.

❷ 빨랫줄 제일 아랫단에 친절한 행동을 쓴 풍선앤아이를 건다.

❸ 친절 풍선을 물들이기 위해 큰 수조에 3~4개의 색깔 물감을 푼다. 빨랫줄을 3단으로 만들었다면 3개의 물감과 수조를 준비하고, 4단이라면 4개의 물감과 수조를 준비한다. 물총에 물감을 푼 물을 넣어 사용하므로 색이 충분히 표현될 수 있도록 물감을 모자람 없이 넉넉하게 풀어서 사용한다.

빨랫줄에 풍선 걸기

튼튼하게 빨랫줄 설치 방법

물감을 푼 수조

4단계 • 친절 풍선 물들이기

'친절 풍선 물들이기'는 물감 푼 물을 물총에 넣고 친절 풍선을 맞혀 높은 단까지 올리는 놀이이다.

❶ 자기가 쓴 친절 풍선을 빨랫줄 제일 아랫단에 걸면서 친절한 행동을 큰 소리로 외친다.

❷ 물감을 푼 물을 물총에 넣는다. 물총에 물을 넣을 때 한 개의 색깔을 선택한다. 처음에 빨간색을 넣었다면 놀이가 끝날 때까지 빨간 물만 사용한다.

❸ 정해진 위치에 서서 제일 아랫단인 1단에 있는 친절한 행동 중 하나를 큰 소리로 읽고 그 풍선을 향해 물을 쏜다. 놀이할 때 물총 쏘는 것보다 친절한 행동을 외치는 것이 더 중요한 활동이라고 안내하여 이를 잊지 않도록 한다. 물총을 쏠 수 있는 기회를 학생 수준에 따라 알맞게 정한다. 놀이가 진행될수록 실력이 늘어나면 기회를 줄여도 좋다.

❹ 제일 아랫단에 걸어 둔 풍선이 한 개의 색깔로 물들면 한 단 위로 올린다. 예를 들어 1단에 있던 풍선에 빨간 물감이 묻었다면 풍선을 2단으로 올려 위치를 바꾼다. 이렇게 풍선이 다른 색으로 물들 때마다 한 단씩 위로 올린다. 빨간색으로 물들어 2단으로 올라간 풍선에 빨간색이 아닌 다른 색이 묻으면 위의 단으로 올라갈 수 있지만 계속 같은 색으로 물들면 원래 자리에 그대로 둔다.

❺ 모든 풍선이 제일 높은 단 위로 올라갈 때까지 놀이를 진행한다. 한두 개 남은 풍선을 맞혀 제일 높은 단으로 올리기 위해 풍선에 적힌 친절한 행동을 여러 번 외치면서 친절한 행동을 마음 깊이 새긴다. 사소한 다툼이 발생하기 전에 서로에게 "친절한 행동" 하고 외치며 즐겁게 놀이할 수 있도록 서로를 배려한다. 이 과정에서 친절한 행동은 상대를 배려하고, 서로 양보하고 존중하는 것이 공동체를 돕는 방법임을 이해하게 된다.

물총을 쏘는 장면

한 단 위로 올라간 풍선

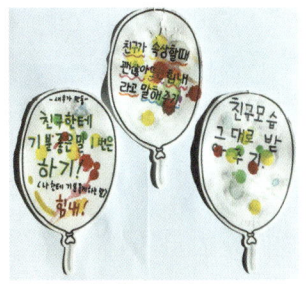
친절 풍선 물들이기

하나 더! • 빨랫줄 한 줄로 변형하기

빨랫줄을 한 줄로 변형하여 활동을 진행할 수 있다.

❶ 준비한 물감 수에 따라 모둠 인원을 구성한다. 준비된 물감이 3개라면 한 모둠을 3명으로 구성한다. 모둠원은 각자 다른 색을 선택하여 물총에 각기 다른 색 물을 넣는다.

❷ 모둠에서 의논하여 친절한 행동 중 이번 주나 이번 달에 실천할 수 있는 행동을 정한다.

❸ 모둠에서 정한 친절한 행동을 풍선앤아이에 쓰고 빨랫줄에 건다.

❹ 모둠원 모두 정해진 위치에 한 줄로 서서 동시에 모둠에서 작성한 풍선을 향해 쏜다. 정해진 기회만큼 물총을 쏜 뒤 풍선에 몇 개의 색깔 물이 묻었는지 확인한다.

모둠에서 물총을 쏘면 어떤 위치에 서야 하는지, 빨랫줄에서 풍선의 위치 등 협의하는 과정에서 학생들은 소통하는 방법과 경청해야 하는 이유를 배운다.

침묵 줄서기 게임

놀이 소개

'침묵 줄서기 게임'은 여러 팀으로 나누어 의자 위에서 말을 하지 않고 주어진 조건에 맞추어 줄을 서는 놀이이다. 일반적으로 많이 해 보았던 줄서기를 침묵 상태로 하면서 익숙한 것을 새로운 방식으로 받아들이는 과정에서 즐거움을 느낄 수 있다. 침묵하며 주어진 조건에 맞춰 줄을 서야 하므로 말하며 줄을 설 때보다 말 이외의 다양한 의사소통의 방법을 주고받는 것이 필요하다. 그리고 다른 친구의 몸짓과 표정에 집중하여 잘 관찰해야 한다. 의자 위에서 줄을 서기 위해 움직일 때 다른 사람의 몸짓, 표정, 비언어적 지시 등에 집중하여 서로 배려하고 양보하는 태도가 길러진다. 공동체 안에서 줄서기 목표에 도달하기 위해 협력하며, 다양한 비언어적 의사소통 표현 능력을 기르고, 다른 사람과 소통할 때 집중력도 높아질 수 있다.

그림책 만나기

침묵 게임에 초대합니다
실비아 베키니 글, 마리아 히론 그림, 유지연 옮김, 정글짐북스, 2015

주인공 아이가 침묵 게임에 초대하면서 이야기가 시작된다. 그림책에서는 하던 일을 멈추고 조용히 자신을 둘러싼 공기와 소리에 가만히 집중해 보는 것이 침묵 게임을 위한 첫 단계라고 소개한다. 침묵 게임을 시작하는 방법, 적당한 장소, 침묵이 필요한 이유, 우리의 삶에 도움을 주는 것, 주의해야 할 점 등 침묵 게임에 관한 여러 이야기를 담은 그림책이다. 우리가 학교에서 자주 하는 놀이를 침묵으로 해 보고, 책 속의 내용에서 침묵 관련하여 공감 가는 부분을 다른 사람들과 공유해 볼 수 있다.

놀이 즐기기

 준비물: 의자

1단계 • 그림책 읽고 이야기 나누기

그림책 제목을 살펴보고 침묵했을 때, 침묵 놀이를 한 경험과 그때의 느낌, 침묵이 필요할 때 등을 이야기한다. '침묵의 007', '유령 기차', '누가 더 오래 말을 하지 않는가' 등의 놀이를 해 본 학생들이 있다. "침묵할 때 조용했다." "말을 할 수 없어서 답답했다." 등 느낀 점도 나눈다.

학급 전체로 1~2분 정도 아무런 소리가 나지 않는 침묵의 상태를 경험해 보고 느낌이나 생각을 나눈다. 같은 놀이를 하더라도 침묵할 때와 그렇지 않을 때의 차이점에 대한 의견을 이야기한다. 책에 안내된 친구와 하는 침묵 게임 방법, 침묵 게임 할 때의 목적, 주의점 등에 대해 살펴본다.

침묵의 줄서기 놀이 방법에 대해 안내하고, 놀이에서 필요한 덕목을 학생들과 생각해 본다. 서로 도와서 줄을 서야 할 때 '도움과 협동', 의자에 올라가서 줄을 바꿔야 할 때 '배려', 말하고 싶은 것을 참는 '인내' 등을 필요한 덕목으로 꼽았다.

2단계 • 침묵으로 줄서기

❶ 학생들을 두 팀으로 나눈다. 공간이 넉넉하다면 여러 팀으로 나누어도 된다.
❷ 각 팀은 각자 의자를 가지고 와서 한 줄로 길게 놓고 신발을 벗고 의자 위로 올라간다.

> 놀이가 시작되면 서로 말을 할 수 없지만, 표정, 몸짓, 손으로 의사소통하는 것은 가능하다. 의자 위에서 움직이는 놀이여서 줄을 설 때 밀거나 당기지 않고 의자 밑으로 떨어지지 않도록 안전 교육을 충분히 하고 놀이를 시작한다. 조건에 맞춰 줄을 다 선 팀은 만세 자세를 하거나 손 머리를 하는 등 완료했을 때 동작을 미리 정하고 참여할 수 있도록 한다.

❸ 놀이할 준비가 되면 교사가 줄 서는 조건을 제시하고 학생들은 현재 자신이 있는 의자에서 조건에 맞는 위치로 이동한다.

> 놀이 초반에는 이동하는 것이 익숙하지 않기 때문에 시간제한을 두지 않고, 침묵 속에서 조건에 맞게 줄을 선다. 이동할 때는 자신의 한 칸 앞이나 뒷사람과 조건을 비교하여 앞이나 뒤로 갈 것인지를 생각하여 움직인다. 예를 들어 학생들이 두 팀으로 나눠 의자 위에 올라가고, 교사가 "학급 번호 순서로 줄을 서기"라고 말한다. 학생들은 자기 번호를 생각하고 앞뒤 친구의 번호를 떠올리거나 손가락으로 서로 번호를 알려 주면서 줄 서는 위치를 앞이나 뒤로 이동한다. 줄서기 조건으로는 학급 번호 순서, 키 큰 순서, 키 작은 순서, 생일 순서가 있다. 조건에 맞추어 어느 위치로 이동할지 말 없이 의사소통을 해야 하므로 다른 사람의 몸짓이나 손짓 등 비언어적 표현에 더 집중해야 한다. 좁은 의자 위에서 움직여야 하므로 서로 자리를 비켜 주거나 잡아 주는 등 서로 배려하고 도움을 주고받는다.

❹ 놀이가 진행되고 이동이 익숙해지면 시간제한을 두어 줄을 서거나, 조건에 맞추어 먼저 줄을 서는 팀에게 점수를 주는 등의 요소도 추가한다.

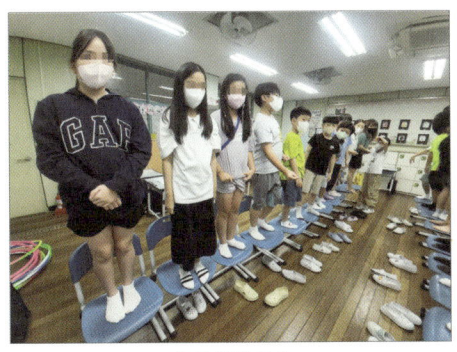
놀이 준비 모습

줄서기가 완료되어 만세하는 모습

3단계 • 침묵으로 줄을 서고, 조건 맞히기

침묵 줄서기가 익숙해지면 한 팀은 조건에 맞춰 줄을 서고 다른 팀이 줄 선 조건을 맞힌다.

❶ 각 팀 친구와 의논하여 줄 서는 조건 3~5개를 종이에 적어 주머니에 넣는다. 줄서기 조건을 정할 때는 눈으로 확인할 수 있는 것이나 객관적 사실에 근거한 것으로 할 수 있도록 안내한다.

> **줄서기 조건 예시**
>
> 학급 번호 순서, 키 순서(크거나 작거나), 생일 순서(1월~12월 또는 12월~1월), 손바닥 크기 순서(크거나 작거나), 발 크기 순서(크거나 작거나), 형제·자매 순서(첫째, 둘째 등), 가족의 수 순서, 팔 길이 순서(길거나 짧거나)

❷ 두 팀 중 한 팀은 뒤돌아서 있고 다른 팀은 주머니에서 종이를 한 장 뽑고 종이의 조건에 맞게 침묵으로 줄을 선다. 줄서기를 완료하면 완료 동작을 한다.

❸ 뒤돌아서 있던 팀은 다른 팀 친구들이 줄 선 것을 보고 줄서기의 조건이 무엇이었는지 생각하고 의논하여 맞힌다.

> 줄서기 조건을 맞힐 때는 말로 의논할 수 있다. 줄서기 조건의 정답을 이야기한 다음에는 서로 역할을 바꾸어 한 팀은 줄을 서고, 다른 팀은 줄 선 조건을 맞힌다. 예를 들어 A팀에서 손바닥이 큰 순서의 종이를 뽑은 후, 조건에 맞춰 침묵으로 줄을 선다. 줄을 다 선 후에는 완료 동작을 표시한다. 뒤돌아서 있던 B팀은 A팀이 줄 선 순서를 보고 의논하여 조건이 무엇인지 말한다. B팀의 정답을 듣고 A팀이 정답인지 아닌지 이야기한다.

❹ 놀이가 끝난 후 침묵으로 줄을 섰을 때 느낀 점을 이야기한다. 알고 있는 놀이 중에서 침묵으로 하면 더 재미있을 것 같거나 하고 싶은 놀이를 찾아 이야기 나눈다.

키가 작은 순서로 줄 서는 모습

손바닥 크기가 큰 순서로 줄 서는 모습

하나 더! • 침묵으로 공 피하기

'침묵으로 공 피하기'도 할 수 있다. 학급을 공격팀과 수비팀으로 나누어 침묵으로 공격팀은 공을 굴려 친구를 맞히고, 수비팀은 굴러온 공을 피하는 놀이다.

❶ 강당이나 교실 등 공을 굴리고 피할 수 있는 공간에서 공을 준비한다.
❷ 학급을 두 팀으로 나눈 후, 놀이에서 적용할 공통의 규칙을 확인한 후 시작한다. 공격팀이 굴린 공에 맞거나 수비팀 영역 밖으로 나가거나 말을 하면 밖으로 나가고, 공격팀은 공은 굴려서 수비팀을 맞히는 것을 규칙으로 정한다. 공격팀 학생들은 양팔 간격 정도로 다른 사람과 떨어져 앉는다. 저학년의 경우에는 원 마커 등으로 자리를 배치해 주어도 좋다. 수비팀은 공격팀이 만든 공간 안으로 들어간다.
❸ 교사가 시작 신호를 하면 공격팀은 공을 굴려서 수비팀을 맞힌다. 공격팀 공에 맞은 수비팀 학생은 원 밖으로 나가서 대기한다. 공격팀은 계속 공을 굴려 주고 받으며 수비팀을 맞힌다. 모든 수비팀이 밖으로 나가면 공격팀과 수비팀 역할을 바꿔서 진행한다. 수비팀은 공을 피하는 과정에서 친구를 밀어서 다치지 않도록

안내한다.

 침묵으로 공 피하기 놀이 과정에서 수비팀은 굴러가는 공의 위치에, 공격팀은 말할 수 없으므로 공을 주고받는 과정에 집중하므로 집중력을 기를 수 있다.

그림책
공동체
놀이
41-50

우리 함께 콩떡콩떡

놀이 소개

'우리 함께 콩떡콩떡'은 학급 전체 또는 모둠별 참여가 가능하고, 친구와 함께 줄넘기를 다양한 방법으로 넘으며 미션을 완성해 가는 놀이다. 혼자서 줄넘기를 넘는 것도 좋지만 다양한 방법과 놀이 요소를 첨가해 친구와 함께 넘는다면 더 즐겁고 재미있는 줄넘기 놀이가 될 것이다.

이 놀이는 서로 다른 신체적인 요소를 극복하고, 배려하고 협력하면서 팀워크를 키울 수 있다. 학생들은 놀이를 하면서 혼자서 할 때보다 친구와 서로 몸과 마음을 맞출 때 즐거움이 배가된다는 것을 이해하게 된다. 줄을 더 잘 넘기 위해 할 수 있는 방법을 토의하면서 자연스럽게 친구와 소통하는 능력을 기르고, 혼자가 아닌 공동체의 일원으로서 기여와 배려의 기쁨을 함께 맛보는 경험을 하게 될 것이다. 이 놀이를 통해 함께 살아가는 사회도 공동체 안에서 누군가를 배려하고 이해하며 함께 할 때 더 가치 있는 성취를 얻을 수 있음을 깨닫는다.

그림책 만나기

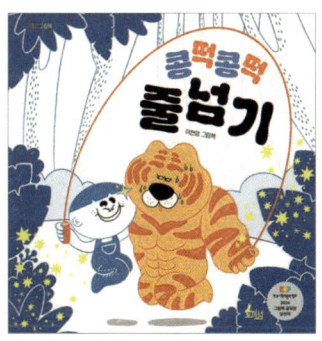

콩떡콩떡 줄넘기

이현영 글·그림, 토끼섬, 2024

주인공 호호는 줄넘기를 넘다가 잠깐 쉬면서 찹쌀떡을 먹는 순간 떡 냄새를 맡은 반갑지 않은 호랑이를 만난다. 전혀 예측하지 못한 일이다. 이런 순간이 때로는 도전이 되기도 하고, 때로는 기회가 되기도 한다. "떡 하나 주면 안 잡아먹지"라고 유명한 말을 하는 호랑이를 보며 호호는 생각한다. '떡을 주면 정말 호랑이가 안 잡아먹을까? 전래동화를 보면 떡을 다 먹고, 사람도 먹으려고 하던데.' 하고 고민하던 호호는 기발한 생각을 해낸다. 줄넘기 하나로 위기를 멋지게 넘기고, 호랑이와 친구까지 되는 유쾌한 이야기다. 이 그림책은 위기 상황에서 재치를 발휘하여 위기에서 벗어날 뿐만 아니라 위험한 존재인 호랑이와 친구까지 될 수 있음을 보여 준다. 학생들은 호호가 한 것처럼 어려운 상황에 부딪혔을 때 쉽게 포기하지 않고 이겨 낼 수 있는 재치와 용기를 가지고 도전할 힘을 갖게 될 것이다. 또한 친구의 겉모습이나 선입견만으로 친구 사귀기를 주저하지 않을 것이다.

놀이 즐기기

 **준비물**: 줄넘기, 미션지, 교실 내 넓은 공간(노는 운동장)

1단계 • 그림책 읽고 이야기 나누기

그림책을 읽기 전에 먼저 표지를 보고 무엇이 보이는지, 어떤 이야기가 전개될지 유추해 본다. 교사가 "표지 그림에 무엇이 보이나요?"라고 물으면, 학생들이 "나무가 있는 숲에서 아이랑 호랑이가 줄넘기를 넘고 있어요."라고 대답한다.

그림책을 읽으면서 그림책의 내용, 어떤 일어났는지 질문한다.

- 주인공의 이름은? 주인공은 어떤 성격일까요?
- 호호는 왜 숲으로 갔을까요?

- 그림책에 나오는 떡줄넘기는 어떤 것이 있나요?
- 떡줄넘기처럼 줄넘기를 해 본 적 있나요?
- 내가 잘하는 줄넘기는 무엇인가요?
- 내가 만약 호호라면 갑자기 호랑이가 나타났을 때 위기를 어떻게 극복할 것인가요?
- 호랑이와 함께 줄넘기를 넘는 또 다른 방법은 무엇이 있을까요?
- 내가 도전하고 싶은 떡줄넘기를 누구와 도전하고 싶나요?

서로 다른 능력을 가진 친구일지라도 함께 하는 즐거움이 바로 공동체 놀이의 맛이라는 것을 콩떡콩떡 줄넘기를 통해 찾아본다.

2단계 • 떡줄넘기 미션 만들기

❶ 3~5명 모둠으로 나눈다.
❷ 내가 호호라면 어떤 줄넘기 미션으로 호랑이와 내기를 하고 싶은지 자유롭게 아이디어를 발표한다.
❸ 모둠별 아이디어 토의가 끝나면 학급 전체로 확대해서 모둠별 의견을 발표하고 비슷한 의견은 유목화해서 분류한다.
❹ 도전하고 싶은 미션을 활동지에 적어 두고, 모둠별 또는 학급 전체가 도전한다. 이때 함께 도전하고 싶은 친구를 뽑으면 운과 흥미를 돋우는 자연스러운 놀이로 유도하는 방법이 될 수 있다.

모둠별 떡줄넘기 미션 만들기

함께 줄넘기할 친구 뽑기

3단계 • 떡 줄넘기

❶ 다양한 길이의 줄넘기(둘이 넘을 수 있는 길이의 줄넘기, 서넛이 함께 넘을 수 있는 길이의 줄넘기, 긴 줄넘기 등), 떡줄넘기 미션지(콩떡 줄넘기 5번 하기, 인절미 줄넘기 3번 하기 등), 같이 할 친구를 뽑아서 할 수 있도록 학급 친구 이름 막대를 준비한다.

❷ 모둠별 또는 학급 전체가 뽑은 미션을 차례로 도전한다.

 한차례 미션 활동이 끝나면 모둠별로 작전토의를 한다. 모둠별로 도전 과제에서 어려운 점, 잘된 점, 아쉬운 점을 찾아 해결 방법을 모색할 기회를 제공하여 공동체의 의지와 협동심을 발휘할 수 있도록 한다.

❸ 모둠 구성원을 바꿔가며 두세 차례 모둠 미션 줄넘기를 한다. 학급 전체 떡줄넘기는 성공 가능성이 높은 공동의 목표량을 정해 도전하도록 하여 학생들이 쉽게 포기하지 않고 도전하고 싶은 마음이 들도록 한다.

❹ 놀이가 끝나면 미션 성공을 위해 가장 크게 기여한 사람과 가장 흥미로웠던 미션, 어려웠던 점, 새롭게 도전하고 싶은 것 등에 대해서도 자연스럽게 이야기하도록 한다. 함께 놀이한 친구들에게 격려와 응원의 박수를 보내며 학급 구호를 외친다. 예를 들어, "서로 돕고 함께 빛나는 멋진 ○○반, 파이팅!", "고마워!", "사랑해!", "덕분에 즐거웠어." 하고 서로를 칭찬하고 격려하는 구호를 외치며 놀이를 마무리한다.

모둠별 작전회의

놀이하기

하나 더! • 한마음 줄넘기

   한마음 줄넘기 놀이를 해 보자. 학급 전체가 한 줄로 서고, 두 사람이 줄넘기 줄을 잡고 친구들은 두 사람이 잡은 줄이 움직일 때 줄을 넘고 지나간다. 이때 줄넘기 줄에 걸려 넘어지지 않도록 미리 안전지도를 한다. 처음에는 4~6명에서 시작하여 한 명씩을 더 늘려서 학급 전체가 몸과 마음을 맞춰 학급이 정한 목표(제한 시간) 내 성공할 수 있는 형태로 놀이를 변형한다.

투발루 섬을 완성하라

놀이 소개

　'투발루 섬을 완성하라'는 보물찾기 놀이의 형식을 빌려 학생들이 협력과 환경의 소중함을 생각해 보게 할 수 있다. 이 놀이를 통해 학생들은 친구들과 함께 퍼즐 조각을 어디에 숨길지 고민하며, 숨긴 곳을 찾는 과정은 놀이의 긍정적인 효과인 몰입의 즐거움을 준다. 퍼즐 조각을 찾고, 합치는 과정에서 자신들이 가진 퍼즐을 어디에 놓을지 함께 고민함으로써 문제 해결 능력이 향상될 수 있다.

　학생들은 이 놀이를 통해 자연의 소중함을 이해하고, 환경 보호의 필요성을 스스로 느끼며 실천 사항에 대해 고민하게 될 것이다. 이러한 경험은 학생들이 책임감 있는 지구 시민으로 성장하는 데 중요한 기초를 다지게 한다. '투발루 섬을 완성하라'는 재미와 교육적 가치를 동시에 제공하는 의미 있는 활동이다.

그림책 만나기

투발루에게 수영을 가르칠 걸 그랬어
유다정 글, 박재현 그림, 미래아이, 2008

이 책은 투발루에 사는 소녀 로자와 섬 이름과 같은 고양이 투발루의 깊은 우정을 다룬다. 로자와 고양이 투발루는 항상 함께 했지만, 투발루가 수영을 싫어해 함께 수영을 즐길 수는 없다. 지구 온난화로 인해 점점 가라앉고 있는 투발루 섬을 바라보며 로자는 "투발루에게 수영을 가르쳤어야 했는데!"라고 후회한다. 이 그림책을 통해 학생들은 지구 온난화와 환경 문제에 대한 경각심을 갖게 된다. 투발루는 아홉 개의 아름다운 섬으로 구성된 섬나라인데, 두 곳이 이미 바다에 가라앉아 버린 상태이다. '투발루 섬을 완성하라' 놀이를 통해 학생들은 친구들과 협동하며 투발루 섬의 가치에 대해 다시 한번 깊이 생각해 보는 기회를 갖는다.

놀이 즐기기

 **준비물:** 투발루 섬 퍼즐, 포스트잇, 네임펜

1단계 • 그림책 읽고 이야기 나누기

『투발루에게 수영을 가르칠 걸 그랬어!』는 지구 온난화로 인해 가라앉고 있는 실제 투발루 섬을 배경으로 하고 있다. 이 책을 통해 학생들과 환경의 소중함에 대해 깊이 생각해 보고, 우리가 환경을 위해 실천할 수 있는 것들에 대해 이야기를 나눌 수 있다.

자유롭게 진행할 수 있지만, 학생들의 논리적 사고력을 향상시키기 위해 '1단계_투발루 섬의 문제', '2단계_문제가 발생한 원인', '3단계_문제를 해결하기 위한 방법'으로 나누어 단계별로 이야기를 나눈다.

이 같은 단계적인 이야기 나누기는 학생들이 구체적인 문제를 이해하고, 그에 따른 원인과 결과를 분석하며, 실질적인 해결책을 모색하는 데 도움을 준다. 또한, 문제 해결에 대한 아이디어를 자유롭게 나누는 활동은 창의적 사고를 촉진하고, 다양한 관점을 통해 폭넓은 이해를 도모하는 데 기여한다.

2단계 ● 투발루 섬 숨기기

❶ 투발루 섬 이미지를 B4 사이즈로 출력한다.

❷ 출력한 이미지를 두꺼운 도화지 또는 우드락 위에 붙여서 9조각으로 나눈다. 종이에 단순히 출력해서 놀이를 준비할 수도 있지만, 학생들이 숨기거나 찾는 과정에서 훼손될 가능성이 있으므로 조금 더 내구성이 강한 두꺼운 도화지나 우드락에 붙여 준비하는 것이 좋다.

❸ 학급 학생들 중 9명을 뽑아 투발루 섬 조각을 교실에 숨긴다. 숨기는 시간은 약 2분 정도로 짧게 설정하여 학생들이 오랜 시간 동안 고민하지 않도록 한다. 조각을 모두 숨긴 후에는 자신의 자리로 돌아가 다른 학생들이 모두 숨길 때까지 기다린다.

 섬 조각을 너무 위험한 곳이나 높은 곳에 숨기지 않도록 사전에 안전 교육을 철저히 하여 놀이가 안전하게 진행될 수 있도록 한다. 가끔 다른 학생들이 못 찾게 하려고 위험한 곳에 숨기는 경우가 있으므로 안전 지도가 반드시 필요하다.

❹ 9명의 학생들이 교실에서 섬 조각을 숨기는 동안 나머지 학생들은 교실 밖에서 잠시 기다리게 한다.

모든 학생이 활동을 마칠 수 있도록 타이머를 사용하거나 짧은 노래를 틀어 준다. 이렇게 준비된 놀이를 통해 학생들은 협동심과 창의력을 기를 수 있는 즐거운 시간을 보낼 수 있다.

투발루 섬 퍼즐

투발루 섬 조각 숨기기

3단계 • 투발루 섬 완성하기

❶ 투발루 섬 조각을 모두 숨긴 후, 교실 밖에서 대기하던 학생들을 교실 안으로 들어오게 한다.

❷ 교사가 "시작" 신호를 주면 투발루 섬 조각 찾기를 시작한다. 시간을 너무 길게 주면 놀이의 긴장감이 떨어질 수 있으므로, 약 5분 정도로 짧게 설정한다.

❸ 각자 찾은 조각을 지정된 장소에 올려놓으며 퍼즐을 완성해 나간다. 정해진 시간 내에 모든 조각을 찾아 투발루 섬 퍼즐을 완성하면 성공으로 간주한다.

❹ 제한 시간 내에 퍼즐을 완성하지 못하면 실패이다. 섬 조각을 찾지 못한 경우에는 그것을 숨긴 학생들이 장소를 알려 주어 학생들이 다시 찾을 수 있는 기회를 제공한다.

❺ 숨기는 팀과 찾는 팀을 교체하여 놀이를 지속한다. 각 팀이 역할을 바꾸며 진행하면 학생들의 흥미를 높이고, 적극적인 참여를 유도할 수 있게 한다.

투발루 섬 조각 찾기

투발루 섬 완성하기

4단계 • 투발루 섬을 위한 우리의 약속

놀이가 모두 끝난 후, 투발루 섬 퍼즐 조각 뒤에 풀칠을 해서 하나의 그림으로 완성한다. 완성된 투발루 사진을 보며 학생들과 함께 섬의 아름다움에 대해 이야기를 나눈다. 이 과정에서 학생들은 투발루의 가치를 다시 한번 되새긴다.

교사는 학생들에게 포스트잇을 한 장씩 나눠 주고, 각 학생은 투발루 섬을 위해 자신이 할 수 있는 일을 한 가지씩 적는다. 다 쓴 후에는 포스트잇을 투발루 섬 아래에 붙인다.

'투발루 섬을 위한 우리의 약속'이라는 마무리 활동을 하면서 즐거움을 느끼는 것뿐만 아니라, 환경 문제 해결에 대해 깊이 생각해 보는 기회를 갖는다. 이렇게 만들어진 환경 관련 약속은 교실 한편에 게시하여, 학생들이 지속적으로 환경 보호의 중요성을 인식하고 실천할 수 있도록 독려한다. 이 활동은 학생들이 책임감 있는 지구 시민으로 성장하는 데 큰 도움이 된다.

투발루 섬을 위해 내가 할 수 있는 일

투발루 섬을 위한 우리의 약속

하나 더! • 투발루 섬 신문지 놀이

점점 가라앉고 있는 투발루 섬을 생각하며 '투발루 섬 신문지 놀이'로 변형해 볼 수 있다.

❶ 학생을 3인 1조로 나누고, 투발루로 여행을 떠난다는 스토리로 활동을 시작한다.

이야기 예시

1단계: 사람들이 쓰레기를 함부로 버리고, 그로 인해 빙하가 녹기 시작하면서 투발루 섬이 작아지기 시작했다.
2단계: 사람들이 전기를 함부로 써서 빙하가 계속 녹기 시작했고, 투발루 섬은 더욱 작아졌다.

❷ 각 팀에 투발루 섬을 상징하는 신문지를 한 장씩 준다.
❸ 교사의 이야기가 전개될 때마다, 학생들은 점점 좁아지는 투발루(신문지) 위에 선다. 교사가 다음 단계로 넘어갈 때마다 각 팀은 주어진 신문지를 반으로 접고 그 위에 서야 한다.
❹ 점점 작아지는 투발루 섬에서 가장 오래 버티는 팀이 승리한다.
❺ 놀이가 끝난 후, 투발루 섬이 점점 작아지면서 느꼈던 점과 투발루 섬이 원래의 모습으로 돌아오기 위해 우리가 할 수 있는 노력에 대해 이야기 나눈다. 이 마무리 활동을 하면서 학생들은 환경 문제에 대한 인식을 높이고, 지속 가능한 행동의 중요성을 깨닫는 기회를 갖는다.

친구 얼굴 그리기

놀이 소개

'친구 얼굴 그리기'는 친구에 대한 관심과 관찰력을 키우며, 각자의 개성을 존중하고 이해할 수 있는 놀이이다. 이 활동은 모둠원이 돌아가며 친구의 얼굴을 관찰하고, 눈, 코, 입과 같은 특징을 그림으로 표현하면서 진행된다. 단순히 그림을 그리는 것을 넘어, 친구의 특징을 새롭게 발견하고 표현하는 시간을 제공한다는 점에서 특별하다. 이 과정에서 학생들은 자신의 관찰에 집중하며, 친구의 개성을 더욱 깊이 이해하고 표현하는 데 초점을 맞춘다. 이를 통해 학생들은 타인의 장점과 특징을 새롭게 발견하고, 자신의 시각으로 이를 표현하는 기회를 갖는다.

완성된 그림을 모둠원들과 함께 감상하며 서로의 관점을 공유하고 이해함으로써 상호 관계를 돈독히 할 수 있다. 이 놀이를 통해 학생들은 재미와 함께 자신의 관찰력을 발전시키고, 친구의 개성을 존중하는 방법을 배우게 된다. 이러한 경험은 학생들이 서로를 더 깊이 이해하고 존중하며, 긍정적인 학급 문화를 형성하는 데 기여할 것이다.

그림책 만나기

어서와! 특별 보라 학교에 온 걸 환영해!
크리스틴 벨·벤자민 하트 글, 다니엘 와이즈먼 그림, 그림책사랑교사모임 옮김, 교육과실천, 2024

『어서와! 특별 보라 학교에 온 걸 환영해!』는 다양성을 존중하며 구성원 모두가 리더가 될 수 있는 특별한 학교를 만들어 가는 이야기를 담고 있다. 이 그림책은 엉뚱한 생각을 두려워하지 않고, 당당한 태도로 함께하는 것이 얼마나 중요한지를 아이들에게 자연스럽게 알려 준다. 자신의 이야기, 생각, 지혜를 모아 특별한 것을 만드는 특별 보라 학교의 규칙을 통해 특별 보라 학교의 학생이 되기 위한 방법을 제시한다. 궁금증과 호기심, 가끔씩은 엉뚱하면서도 당당한 자신감, 나다움을 인정하며 서로의 다름을 인정하고 다양성을 존중하는 것이 중요하다는 것을 알려 주는 그림책이다.

놀이 즐기기

 **준비물:** A4 용지, 필기도구, 색연필

1단계 • 그림책 읽고 이야기 나누기

그림책을 읽은 후, 학생들과 함께 책에 나온 특별 보라 학교의 규칙에 대해 이야기를 나눈다. '항상 호기심 가지기', '진짜 열심히 노력하기', '자기 생각에 당당하기', '그냥 너답게 있기' 등의 규칙 중에서 학생들이 가장 마음에 들어한 것은 '엉뚱하게 행동하기'였다. 학생들은 엉뚱한 생각과 행동이야말로 자신의 개성을 자유롭게 표현하고 창의적인 아이디어를 떠올리는 데 중요한 요소라고 느끼고 공감하였다.

이어서 학생들과 함께 우리 반에 필요한 규칙을 만들어 본다. 학생들은 '항상 인사하기', '바른말 사용하기'와 같이 익히 알고 있는 규칙들뿐만 아니라, '힘들어도 포기하지 않기', '어떤 친구와도 함께 놀기'와 같은 독창적인 규칙도 제안했다. 이러한 규칙은 학생들이 스스로 중요하다고 생각하는 가치를 반영한 것으로, 교실 안에서 모두가 존중받고 함께 성장할 수 있는 환경을 만들기 위한 의지를 보여 준다.

2단계 ● 친구 얼굴 관찰하고 장점 찾기

모둠 친구와 마주 보고 앉아서 손가락을 맞댄다. 30초 정도 서로 눈을 맞추고 서로의 얼굴을 관찰하며 상대방의 장점을 찾는다. 처음에는 어색하게 마주 보던 학생들도 활동이 진행되면서 점점 서로의 얼굴을 진지하게 관찰한다. 모둠 친구와 손가락을 마주 대고 마주 보는 활동은 학생들에게 서로를 깊이 관찰하며 이해하는 기회를 제공한다. 처음에는 어색하게 마주 보던 학생들도 시간이 지나면서 점점 자연스럽게 서로의 얼굴을 관찰하며 활동에 몰입하게 된다.

활동을 마친 후, 친구의 얼굴에서 발견한 특징과 개성 있는 점에 대해 이야기를 나눈다. "눈이 반짝거려서 인상적이었어요.", "웃을 때 보조개가 정말 예뻤어요."와 같은 칭찬이 오가며, 그동안 알지 못했던 친구의 새로운 모습을 발견한다.

친구의 모습 발견하기

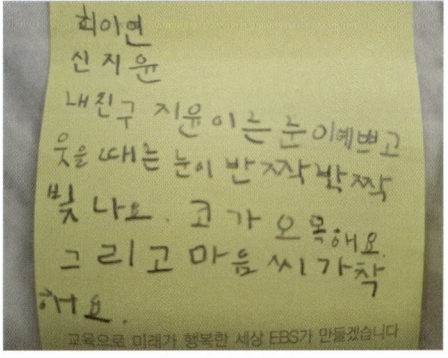
친구의 장점 찾기

3단계 ● 친구 얼굴 그리기

❶ 모둠을 4명으로 구성한다.

❷ A4 용지를 한 장씩 나누어 준다. 종이에 자신의 이름을 적은 후, 자신이 생각하는 '나의 얼굴형'을 간단히 그린다.

❸ 얼굴형을 다 그린 뒤에 종이를 오른쪽에 앉은 친구에게 넘긴다. 종이를 받은 친구는 친구의 얼굴을 관찰하며 눈을 그린다. 눈을 그린 후에는 다시 오른쪽으로 종이를 넘긴다. 이어받은 학생은 코를 그려 넣고, 그다음은 입을 그려 넣는다.

❹ 모둠원들은 돌아가며 친구의 얼굴을 협력하여 완성한다. 놀이가 진행되는 동안 학생들은 서로를 관찰하며 친구 얼굴을 더욱 자세히 알아가는 시간을 가진다.

❺ 활동이 끝난 후에는 각자 받은 그림을 보며 이야기를 나누며 친구들의 관찰력과 창의력을 느낄 수 있다.

종이를 돌려가며 친구의 얼굴 그리기

친구의 얼굴 관찰하기

4단계 • 특별 보라 학교에 어울리는 가치 찾기

모둠원들이 눈, 코, 입을 그린 후 나의 종이를 받는다. 내가 고치고 싶은 부분, 추가하고 싶은 부분을 그려 넣는다. 특별 보라 학교의 규칙을 떠올리며, 나만의 특별한 규칙을 종이의 윗부분에 적는다. 모두에게 웃으며 인사하기, 실수를 두려워하지 않기, 어떤 친구와도 함께 어울리기 등 개성 넘치는 규칙들이 있다. 또한, 종이의 아랫부분에는 '멋진 학생이 되기 위해 내가 고칠 점'을 적으며 자신을 되돌아보고 더 나아질 방향에 대해 고민해 본다.

아울러 친구가 그린 작품에 격려와 응원의 메시지를 남긴다. 각자 친구의 그림을 보며 느낀 점을 적거나, 친구의 얼굴 속에서 발견한 개성을 칭찬하며 따뜻한 글을 쓴다. 또한, 친구가 작성한 특별 보라 학교 규칙에 대한 자신의 생각을 함께 적으며 서로의 아이디어를 존중하고 공감해 본다. 친구의 장점을 찾고 칭찬하면서 서로의 다름을 존중하고 응원하는 긍정적인 관계를 경험한다. 이러한 활동은 학생들에게 자신감과 공동체 의식을 심어 준다.

활동이 끝난 후, 서로의 작품을 공유하며 생각을 나눈다. 친구들이 그려 준 그림이 자신과 너무 닮아서 놀랐다는 의견과, 작품을 소중히 간직하고 싶다는 소감이 많았다. 이 활동은 단순히 얼굴을 그리고 규칙을 적는 것을 넘어, 서로의 생각을 공유하며 공감과 존중을 배우도록 한다. 학생들은 자신만의 개성과 목표를 표현하는 동시에, 친구들의 이야기를 통해 다양성을 이해하고 협력의 가치를 깨닫는 의미 있는 경험을 한다.

작품 감상하기 　　　　　나와 닮은 점 찾기

하나 더! • 특별 보라 학생 그리기

특별 보라 학교의 규칙 중 하나를 선택해서, 그림책에서 나온 규칙을 기반으로 하는 활동을 한다. 예를 들어 '항상 궁금증과 호기심을 갖기', '엉뚱하게 행동하기' 같은 규칙을 고르고, 각자가 자신이 좋아하는 규칙을 종이의 윗부분에 적는다. 각 학생은 그 규칙에 맞는 행동을 하는 모습을 그린다. 일정 시간이 지나면 종이를 돌려서 모둠원이 다 함께 특별 보라 학교의 학생 모습을 완성한다. 필요에 따라 말풍선이나 다양한 동작을 추가하여 표현할 수 있도록 한다.

피사의 사탑 함께 쌓기

놀이 소개

'피사의 사탑 함께 쌓기'는 나무 블록을 학생들이 힘을 모아 함께 쌓는 놀이이다. 손 대신 '투게더 협력밴드'라는 도구를 활용하여 블록을 쌓기 때문에 의사소통 능력, 리더십, 집중력, 공동체 역량 등을 기르기에 좋다. 모둠원들이 협력밴드의 줄을 나누어 잡고 블록을 쌓아야 하므로 협동하는 자세가 필수적이다. 원형 나무 블록, 사각형 나무 블록, 기울기가 있는 블록이 있으며, 기울기가 있는 블록 위에 블록을 쌓으면 더 어려운 도전이 된다.

학급에서 생활하면 크고 작은 어려움과 다툼이 일어나기 마련인데 블록을 쌓으며 서로를 알아가고 격려하면 일상의 크고 작은 문제를 잘 해결해 갈 수 있다. 블록을 잘 쌓기 위해 탐구하고 모둠에서 자신이 기여할 수 있는 것이 무엇인지 고민하는 시간을 가짐으로써, 어려움 속에서도 포기하지 않고 서로를 다독이며 좋은 공동체로 나아갈 수 있다.

그림책 만나기

나는 모으는 사람
안소민 글·그림, 옥돌프레스, 2024

『나는 모으는 사람』의 주인공은 모으는 사람이다. 돌멩이, 조개껍데기를 비롯하여 공룡이 나오는 책 등의 물건들, 맛있는 시간, 이야기, 기억까지도 모은다. 그뿐만 아니라, 호기심, 도전, 긴장과 불안을 모을 때도 있다. 모으기를 계속하다가 비우거나, 친구와 나누기도 한다. 그리고 모은 것들이 쌓여 지금의 내가 된다는 것을 보여 준다. 학급 생활을 위해 학생들이 모아야 할 것은 무엇일지 생각해 보게 한다. 좋아하는 것을 모으고 비우는 과정의 의미를 알고, 차곡차곡 쌓는 자세를 배우는 계기가 될 것이다.

놀이 즐기기

 **준비물:** 아슬아슬 균형잡기 피사의 사탑 쌓기(학토재), 배움 쏙쏙 카드(학토재), 네임펜

1단계 ● 그림책 읽고 이야기 나누기

우리는 모두 『나는 모으는 사람』의 주인공처럼 성장하는 과정에서 무언가에 관심을 가지고 모으고 있다. 그러므로 그림책의 내용이 학생들에게 친근하게 와닿을 것이다. 표지를 함께 보면서 "주인공이 무엇을 모으나요?"라고 물어본다. 학생은 "고양이를 모아요.", "고양이와 함께하는 시간을 모아요."라고 대답한다. 그림을 유심히 살펴볼 시간을 주며 이야기를 읽어 준다. 학생들은 별것을 다 모은다는 표정으로 이야기를 듣는다. 아기자기하게 그린 그림을 관찰한다.

그림책을 다 읽은 후에 "무엇을 모으길 좋아하나요?", "어떤 모양의 문구를 좋아하나요?", "어떤 무늬의 양말을 모으나요?", "어떤 여행 기억이 있나요?", "도전하고 준비하는 마음을 모은 적이 있나요?", "짜릿한 순간은 언제였나요?", "긴장과 불안의 시간을 모은 적이 있나요?", "모으고 싶지 않은 것들을 모은 적이 있나요?", "그동안 모아둔 용기를 끌어모았던 적이 있나요?" 등으로 질문하며 무심히 지나쳤던 일상 속 순간과 경험의 순간들을 떠올리도록 한다. 긍정적인 것을 모으는 것은 당연해 보이지만, 긴장과 불안을 모으는 것은 이상하기도 하고 학생들에게 궁금증을 일으킨다. 긴장과 불안의 시간을 이겨냈을 때의 성취감과 뿌듯함, 모으고 싶지 않은데 모았던 것들을 적고 이야기를 나누어 보면 자신의 마음을 들여다보고 모으고 버리는 주체적인 자세를 기를 수 있다.

2단계 ● 피사의 사탑 함께 쌓기 준비하기

놀이를 하기 전에 우리 학급이 좋은 공동체가 되기 위해 모으고 싶은 것들을 이야기한다. 우리 학급이 좋은 공동체가 되기 위해 모으면 좋을 태도나 행동을 원형 및 사각형 블록에 적을 것이라고 안내한다. 교사가 "좋은 공동체가 되기 위해 우리는 어떤 것을 모아 쌓는 것이 좋을까요?"라고 질문한다. 학생들은 각자 4개씩 떠올린 것들을 배움 쏙쏙 카드에 적는다. 배움 쏙쏙 카드는 쉽게 뜯어지기 때문에 가위가 필요 없다. 낱개 카드에 각각의 내용을 적는다. 개별로 적은 4개의 카드를 모둠에서 모으고 그중 6개를 최종 선정하기 위해 모둠 친구들과 이야기를 나눈다. 블록이 6개이므로 6개의 태도나 행동을 최종 선정한다. 모둠별로 나누어 준 6개의 블록에 테이프를 이용하여 하나씩 붙인다.

1단계 피사의 사탑 쌓기는 10도 정도의 기울기가 있는 블록을 맨 아래에 두고 시작한다. 그 위에 원형 블록과 사각형 블록을 번갈아 가며 차례대로 6개를 쌓아 올린다. 기울기가 있는 블록은 위에 다른 블록을 쌓기 어렵게 만든다. 또한 공동체의 화합에 어려움을 주는 공동체의 방해물이다. 배움 쏙쏙 카드에 우리 공동체를 힘들게 하는 방해물을 2개씩 적는다. 모둠 친구들과 이야기를 나누어 보고 최종 2개를 선정한다. 2개 중에 우위를 정하여 좋은 공동체가 되지 못하게 방해되는 것을 기울기가 더 높은 빨간색 블록에 붙인다.

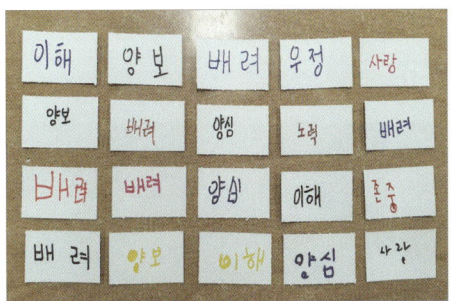 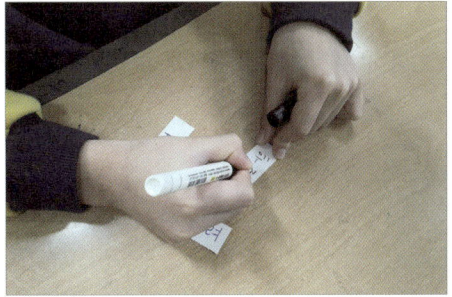

좋은 공동체가 되기 위해 모으면 좋은 태도나 행동

3단계 ● 피사의 사탑 함께 쌓기 놀이하기

1단계 쌓기

원형 블록과 사각형 블록 6개를 번갈아 차례대로 쌓는다. 우리 반이 사이좋게 잘 지내기 위해서 가장 먼저 필요한 것은 무엇인지 고민해 보고 쌓을 순서를 정한다. 협력밴드 끝을 잡고 해야 하며, 나무 블록에 손이 닿으면 안 된다고 안내한다. 원형 블록과 사각형 블록은 난이도가 다르다. 블록을 고무줄에 끼우기 위해서는 협력밴드에 비슷한 정도로 힘을 분배해서 주어야 한다. 한 친구가 밴드를 많이 당기면 블록을 끼우기가 힘들어지는데 이 과정에서 서로 불평하거나 충고하는 가운데 싸움이 일어날 수 있으므로 어려운 도전을 하고 있음을 주지시키고 격려해 준다.

2단계 쌓기

10도 정도의 기울기가 있는 파란색 블록을 맨 아래에 놓고 시작한다. 그 위에 원형 블록, 사각형 블록을 차례대로 6개를 쌓아 올린다. 어떤 블록을 먼저 쌓을 것인지 순서를 정한다. 블록을 잡고 옮길 때 이미 붙여 놓은 글자들을 구호처럼 외치고 하면 활동에 도움이 된다. "이해", "양심" 등 함께 구호를 외치며 마음을 모을 수 있다.

3단계 쌓기

15도 정도의 기울기가 있는 빨간색 블록을 맨 아래에 놓는다. 1, 2단계와 마찬가지로 원형 블록, 사각형 블록을 정해진 순서대로 6개를 차례대로 쌓는다. 3단계는 기울기가 심하기 때문에 쌓기가 매우 어렵다. 각자 또는 모둠이 손으로 미리 블록을 쌓아 보고, 모둠 전체가 협력밴드로 쌓는다.

하나 더! • 우리 반의 구호 블록

'배움 쏙쏙 카드'에 우리 반의 구호를 만들어 한 글자씩 적어 블록에 붙일 수 있다. 1단계는 여섯 글자 구호, 2단계는 일곱 글자 구호, 3단계는 여덟 글자 구호를 써서 붙인다.

원형 블록과 사각형 블록을 번갈아 가며 쌓는데 글자도 블록 순서에 맞게 적는다. 기울기가 있는 파란색과 빨간색 블록에 글자 구호 하나를 붙이면 2단계, 3단계의 시작 블록이 된다.

협력밴드를 이용하여 블록을 쌓지만, 손으로 블록을 쌓는 특별한 권한을 부여할 수도 있다. 예를 들어, 1단계 블록을 쌓을 때 6개의 블록을 6회에 걸쳐 쌓는다. 2회는 협력 밴드로, 1회는 손으로, 2회는 협력 밴드로, 1회는 손으로 쌓아 6회를 쌓을 수도 있다. 블록을 쌓는 동안 시간제한을 두어 정해진 시간 내에 해결하면 몰입도를 더욱 높일 수 있다. 성공을 위해서는 그만큼 노력이 필요하므로 놀이 시작 전에 파이팅을 외치거나, 단계에 성공할 때마다 성공 댄스 등의 세리머니를 하면 협력하는 분위기를 조성하는 데 도움이 된다.

학급 미니 올림픽

놀이 소개

'학급 미니 올림픽'은 신체적인 활동을 통해 협력, 긍정적인 사회적 상호작용을 배우는 놀이이다. 이 놀이는 서로를 이해하고 배려하는 기회를 제공하며 신체 능력을 발휘할 뿐 아니라 협동과 소통, 도전 정신을 배운다. 여기에서 중요한 것은 '승패'보다는 '과정'에 집중하는 것이다. 학생들은 각각의 놀이에서 도전 정신을 키우고, 어려운 상황을 극복하는 법을 경험하는데 노력과 성취는 그 자체로 큰 의미가 있다.

놀이가 끝날 때마다 중요한 덕목을 찾아보면서 어떤 덕목을 실천했는지 인식할 수 있다. 놀이를 통해 공동체 의식을 심어 주며 서로를 응원하고 격려하는 방법을 배운다. 학생들은 경쟁이 아닌 협력과 존중이 더 중요하다는 걸 깨닫고, 재미있는 놀이를 통해 덕목을 자연스럽게 습득하고 일상생활에 적용할 수 있는 능력을 키운다. 이러한 경험은 공동체의 일원으로 성장하며 긍정적인 사회관계를 형성하는 데 중요한 역할을 한다.

그림책 만나기

올림피그
빅토리아 제이미슨 글·그림, 이윤정 옮김, 호랑이꿈 2024

올림픽 챔피언에 도전하는 꼬마 돼지 이야기를 담은 그림책이다. 돼지 역사상 최초로 올림픽에 출전하는 통통이는 뛰어난 동물들 속에서 여러 차례 실패하지만, 이 과정에서 '노력과 도전'의 덕목을 강조하면서 회복하고 성장한다. 학생들은 '학급 미니 올림픽' 놀이를 통해 자신감을 가지고 어려움과 실패를 극복하며 도전하는 자세를 배울 수 있다. 또한 통통이처럼 꿈을 이루기 위해 노력하고 협력할 수 있음을 알게 되고 그 여정에서 중요한 덕목이 인내와 긍정적인 마음가짐임을 깨닫는다.

놀이 즐기기

 **준비물:** 훌라후프 2개, 펀스틱, 씨앗 덕목 자석 카드(이하 학토재), 팀빌딩 투게더 파이프, 마인드 업 스티커, 팔찌앤아이, 과녁 맞히기

1단계 • 그림책 읽고 이야기 나누기

그림책을 읽기 전에, 자신이 경험한 올림픽과 경기에서 승리하거나 진 경험 등을 이야기하고, 표지를 보면서 내용을 상상해 본다. 그림책을 읽은 후 책에 나온 올림픽 경기 종목과 경험해 보고 싶은 경기를 말하고, 인상 깊었던 장면과 그 이유에 대해 이야기를 나눈다. 짝이 주인공 통통이라고 생각하면서 해 주고 싶은 말을 하고, 짝은 통통이가 되어 대답을 한다.

내가 경험한 올림픽
- 실제로 올림픽 경기를 본 적은 없지만, TV에서 볼 때 정말 재미있었어요.
- 파리올림픽 양궁 결승전을 볼 때 조마조마했는데 우리나라가 금메달을 따서 좋았어요.
- 축구를 정말 좋아하는데 올림픽 경기에서 축구를 볼 수 있어서 좋았어요. 언젠가는 꼭

직접 가서 보고 싶어요.

> **경기에서 승리하거나 진 경험**

- 봄에 학교 운동회를 했는데, 우리 팀이 져서 매우 속상했어요.
- 지난 주말, 축구대회에서 우리 팀이 우승하고 트로피도 받아서 기분이 너무 좋았어요.
- 달리기를 할 때 처음에는 빨리 뛰다가 나중에 힘이 떨어져 친구를 끝까지 따라잡지 못했어요.

2단계 • 씨앗 덕목 찾기

씨앗 덕목 카드를 바닥에 펼쳐 놓고 짝과 함께 올림픽 경기를 할 때 필요한 덕목이 무엇인지 이유를 말하고 5개씩 고른다. 짝이랑 고른 덕목을 발표하고 칠판에 붙인다.

씨앗 덕목 카드

짝과 찾은 씨앗 덕목

예시 1	예시 2	예시 3
• 예절: 심판관과 상대 선수에게 예절을 지켜야 해요. • 자신감: 포기하지 않고 할 수 있다는 의지가 있어야 해요. • 성실: 연습을 꾸준히 하고 참여해야 해요. • 절제: 자기가 하고 싶어도 참고 인정해야 해요. • 격려: 팀이 경기에서 져도 팀 동료와 자기 자신을 격려해요.	• 용기: 승부를 생각하지 말고 용기를 내자. • 정직: 약속을 지키자. • 노력: 힘들다고 포기하지 말자. • 자신감: 잘할 수 있다고 생각하자. • 존중: 상대편과 심판을 존중하자.	• 협동: 동료와 협력하기 • 배려: 같은 팀 선수 돕기 • 정직: 거짓말하지 않기 • 자신감: 해낼 수 있다고 생각하기 • 긍정: 포기하지 않기

3단계 • 학급 미니 올림픽

올림픽에 나오는 경기 종목을 학급 상황에 맞춰 변형한 놀이를 한다. 놀이 기획 단계부터 학생들과 함께 논의하면서 만들면 참여도를 높이고 주도성을 키우는 데 도움이 된다. 학생들이 놀이를 제안하거나 새로운 규칙을 만들면서 창의적인 요소가 더해져 흥미로운 활동이 될 수 있다.

올림픽 경기이기 때문에 올림픽 분위기를 살릴 수 있도록 환경을 꾸민다. 장소를 넓고 활동적인 공간을 선택하면 올림픽 경기의 생동감을 더 느낄 수 있다.

개구리 멀리뛰기

개구리처럼 멀리 뛰는 놀이로, 신체적 한계를 도전하며 인내와 용기를 기를 수 있다.

❶ 출발선에 개구리처럼 웅크리고 앉아 준비 자세를 한 다음, 출발 신호와 함께 펄쩍 뛴다. 가장 멀리 뛴 사람이 이긴다.

❷ 팀에서 차례대로 한 명씩 경기한 후 이긴 사람을 모아 결승전을 한다.

❸ 경기가 끝나면 이긴 팀과 진 팀은 각각 이번 경기에게 자기 팀에게 필요했거나 활용했던 덕목이 무엇인지 이야기 나눈다. 이긴 팀부터 씨앗 자석 덕목을 하나씩 가져간다.

개구리 멀리뛰기 개인전

개구리 멀리뛰기 결승전

멀리 던지기

펀스틱을 멀리 던지는 놀이로 힘과 정확성을 기를 수 있다.

❶ 펀스틱을 1개씩 들고 출발선에 서서 출발 신호를 듣고 창을 던지듯이 멀리 던진다.

❷ 펀스틱이 떨어진 뒤쪽을 기준으로 멀리 던진 사람이 승리한다.

❸ 팀에서 차례대로 1명씩 경기한 후 이긴 사람을 모아 결승전을 한다.

훌라후프 사격

훌라후프 안에 실내화를 던지는 놀이로 집중력과 정확성을 기를 수 있다.

❶ 큰 훌라후프와 작은 훌라후프를 일정 거리에 둔다.

❷ 차례대로 실내화를 던져 각각 훌라후프 안에 넣으면 3~5점을 얻는다.

 학급 상황에 따라 훌라후프 개수를 늘리고, 훌라후프의 크기와 거리에 따라 점수를 정할 수 있다.

❸ 팀별 점수를 합산하여 가장 많은 점수를 얻은 팀이 승리한다.

펀스틱 멀리던지기

훌라후프 사격

릴레이

팀빌딩 투게더 파이프를 활용하여 탁구공을 옮기는 놀이로 균형과 민첩성이 필요하며 팀워크와 소통 능력을 기를 수 있다.

❶ 파이프를 하나씩 갖고 일렬로 서서 파이프를 연결한다.

❷ 처음 시작하는 사람이 자기 파이프에 탁구공을 올리고 연결된 파이프로 탁구공을 옮긴다.

 인원수에 따라 컵의 위치를 조정할 수 있다. 컵이 멀리 있는 경우 자기 파이프에 탁구공을 옮기면 자리를 이동해서 마지막 사람의 파이프와 연결하여 탁구공이 컵까지 갈 수 있도록 한다.

❸ 탁구공을 컵에 먼저 옮기는 팀이 승리한다.

 처음에는 탁구공 1개로 시작하여 개수를 늘릴 수도 있고, 시간제한을 두어 탁구공을 컵에 많이 넣은 팀이 이기는 놀이를 할 수도 있다.

팀빌딩 투게더 파이프 릴레이

모든 경기가 끝날 때마다 이긴 팀과 진 팀은 각각의 경기에서 자기 팀에게 필요했거나, 활용했던 덕목이 무엇인지 이야기 나누고, 이긴 팀부터 씨앗 자석 덕목을 갖고 간다. 올림픽 경기가 끝나면 팀별로 모은 씨앗 덕목을 들고 사진을 찍는다.

 각 팀이 나라를 정해 대표 선수가 되어 경기에 임하게 하면 협력과 단결의 가치를 배우는 동시에 세계 시민으로서의 의식도 함양할 수 있다. 이 놀이의 궁극적인 목표는 점수를 얻거나 이기는 게 아니라, 실패했더라도 도전 자체를 격려하며 협력과 소통하면서 성취감을 느끼게 하는 데 있다. 따라서 지나치게 경쟁적인 분위기가 조성되지 않도록 교사가 유연하게 진행하며 긍정적인 분위기를 유지하는 게 중요하다.

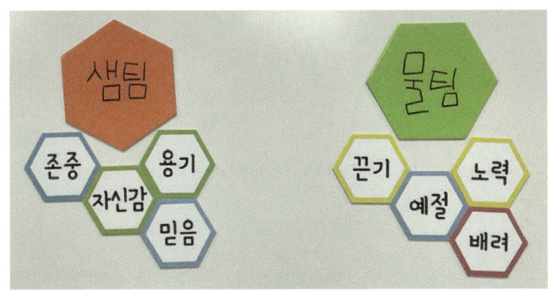
팀별 씨앗 덕목

경기 후 팀별 씨앗 덕목으로 사진 찍기

4단계 • 격려의 시간 갖기

경기가 끝나면 서로 격려하는 시간을 갖는다. 놀이와 상관없이 모든 학생이 노력의 가치를 인정받을 수 있도록 마무리한다.

❶ 상대 팀과 마주 보고 인사를 나눈다.
❷ 팔찌앤아이를 손목에 찬다.
❸ 마인드 업 스티커를 하나씩 들고 상대 팀 선수와 만나 서로 칭찬하고 격려한 후 스티커를 붙여 준다.

상대 팀과 인사하기

팔찌앤아이_서로 칭찬하고 격려하기

하나 더! • 타겟 슈팅

고무 공으로 과녁을 맞히는 놀이로 정확성과 집중력을 기를 수 있다.

❶ 고무공 하나를 들고 일정 거리에서 과녁을 향해 선다.
❷ 차례대로 고무공을 던져 과녁을 맞힌다.
❸ 고무공이 과녁에 맞을 때마다 점수를 획득한다.
❹ 팀별로 점수를 합산하여 가장 많은 점수를 얻은 팀이 승리한다.

한마음 모아 너트 쌓기

놀이 소개

'한마음 모아 너트 쌓기'는 공동체 의식을 함양하고 협력 능력을 키우는 데 효과적인 놀이이다. 이 활동은 학생들이 함께 힘을 모아 높은 탑을 쌓는 과정을 통해 협력의 중요성을 체험하게 한다. 여러 명이 함께 모둠을 이루어 진행하는 놀이로, 각 모둠에게는 일정 수량의 너트와 너트 스틱이 제공되고 이를 이용해 가능한 한 높은 탑을 쌓는 것이 목표이다.

이 과정에서 참가자들은 서로 소통하고 협력하며 문제를 해결한다. 학생들은 단순히 높은 탑을 쌓는 것을 넘어, 공동체 안에서 자신의 역할을 인식하고 타인과 협력하는 방법을 배울 수 있다. 모둠 친구들과 함께 높은 탑을 완성했을 때 느끼는 성취감을 나누면서 공동체 의식을 강화할 수 있다. 이는 향후 다른 공동 과제를 수행할 때도 긍정적인 영향을 미칠 수 있다.

그림책 만나기

성공이란 무엇인가
이성표 그림, 베시 앤더슨 스탠리 원저, 보림, 2023년

『성공이란 무엇인가』는 베시 앤더슨 스탠리의 원작을 바탕으로 이성표 작가가 그림을 그려 완성한 그림책이다. 이 책은 성공의 의미를 새롭게 정의하며, 물질적 성취나 개인의 영광이 아닌 일상 속 작은 행복과 따뜻한 관계를 성공으로 바라본다. '자주, 그리고 많이 웃는 것', '이웃에게 존경받고 어린아이들에게 사랑받는 것', '마음이 아픈 사람 곁에 있어 주는 것' 등을 성공으로 정의하며, 삶의 가치와 의미를 되새긴다. 공동체 놀이의 목표인 협력과 이 그림책에서 말하는 성공의 진정한 의미는 타인과의 관계 속에서 서로를 이해하고 배려하며 함께 성장하는 데 있다는 공통점이 있다. 진정한 성공이란 함께 만들어가는 것임을 깨닫게 한다.

놀이 즐기기

 **준비물:** 너트 30개, 너트 스틱(학토재)

1단계 • 그림책 읽고 이야기 나누기

책을 읽기 전에 제목과 표지를 보며 학생들이 생각하는 성공은 무엇인지 허니컴 보드에 적어 칠판에 붙인다. 각자가 생각하는 성공의 의미에 대해 이야기를 나눈 후 책을 함께 읽는다. 그림책에서 제시하는 다양한 성공의 모습들을 살펴보고, 학생들이 평소에 생각하던 성공의 개념과 무엇이 다른지 비교해 본다. 이를 통해 성공이 단순히 물질적인 성취나 개인의 영광이 아닌, 일상 속 작은 행복과 타인과의 관계에서 찾을 수 있다는 점을 깨닫는다.

책의 내용을 바탕으로 협력의 중요성에 대해서도 이야기 나눈다. 예를 들어, '마음이 아픈 사람 곁에 있어 주는 것'이 어떻게 협력과 연결되는지, 이것을 왜 성공으로 볼 수 있는지 학생들의 의견을 들어 본다. 이를 통해 협력이 단순히 목표 달성을 위한 수단이 아니라, 그 자체로 의미 있는 경험이 될 수 있음을 이해하도록 돕는다. 협력을 통해 성공을 경험한 사례나, 작은 행동으로 누군가를 행복하게 한 경험 등을 질문하며, 성공의 의미를 생활과 연결 지어 생각해 보도록 한다. 이를 통해 학생들은 성공과 협력의 진정한 의미를 깊이 있게 이해하고, 일상생활에서 실천하는 방법을 생각한다.

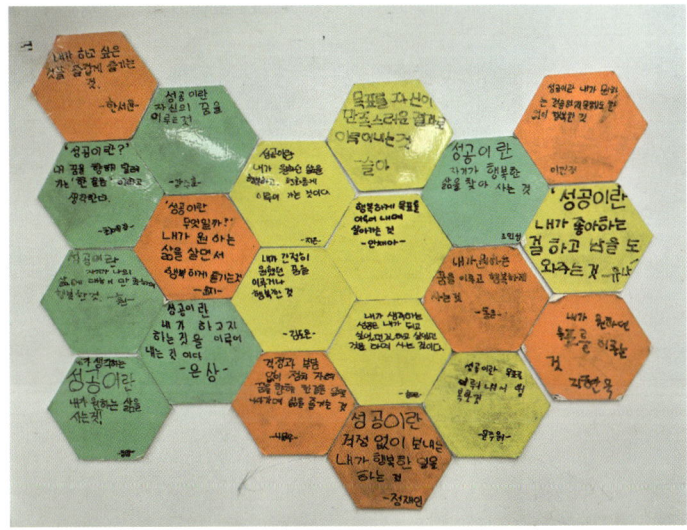

학생들이 생각하는 성공이란?

2단계 ● **자신의 성공 경험을 생각하며 개인 너트 쌓기**

❶ 각 학생에게 일정 수의 너트와 너트 스틱을 나눠 준다. 너트를 쌓을 때에는 너트 스틱만 사용해야 하고 쌓은 너트는 다른 손으로 만지거나 지탱할 수 없다는 것을 안내한다. 또한 너트는 세워서 쌓도록 한다.

❷ 그림책에서 배운 성공의 다양한 모습들을 떠올리며, 자신이 경험한 작은 성공들을 생각해 본다. 학업적 성취뿐만 아니라 친구를 도와준 경험, 새로운 기술을 습득한 순간, 가족에게 사랑받은 기억 등 일상의 모든 영역을 포함할 수 있다.

❸ 학생들은 성공 경험을 생각하면서 너트를 한 개씩 쌓는다. 너트 하나를 쌓을

때마다 그에 해당하는 자신의 성공 경험이나 의미를 마음속으로 되새긴다.

　이 과정에서 학생들은 성공이 거창하지 않고 일상의 작은 순간들 속에도 존재한다는 것을 체감한다. 너트를 쌓아가는 과정에서 균형을 잡고 안정적으로 쌓는 것의 어려움을 경험하며, 학생들은 성공을 이루는 것이 때로는 도전일 수 있음을 깨닫는다. 또한 학생들은 실제 생활에서 성공을 추구할 때 겪게 되는 어려움과 인내의 필요성을 안다. 아울러 개인적인 성찰의 시간을 제공하여, 각 학생이 자신의 성공 경험을 구체화하고 그 가치를 재인식하는 기회가 된다. 개인적 성찰과 경험은 이후 진행될 팀 활동에서 더욱 의미 있는 협력과 소통이 이루어질 수 있는 기반이 된다.

개인 너트 쌓기

3단계 • 모둠 성공을 위해 함께 노력할 것 생각하기

❶ 지금까지 학급이 함께 이룬 성공 경험을 전체 학생들과 자유롭게 나눈다. 이때, 학생들은 학급별 발야구 대회, 학년 소체육대회, 동아리 한마당 활동, 그림책 작가되기 프로젝트 등 다양한 경험을 이야기한다.

❷ 학급의 성공을 위해 필요한 요소가 무엇인지 질문한다. 학생들은 서로 존중하는 태도, 효과적인 의사소통, 책임감 있는 행동, 서로 돕는 마음 등 다양한 의견을 제시한다.

❸ 전체 협의가 끝난 후 모둠 활동을 한다. 모둠끼리 앞서 이야기한 '학급의 성공

요소'를 생각하며, 모둠의 성공을 위해서 함께 노력해야 하는 점을 이야기한다.

❹ 모둠에서 나온 의견을 실천하기 위한 구체적인 방법을 토론한다. 예를 들어, '서로 존중하기'를 선택한 모둠은 "실패해도 괜찮다 말해 주기", "긍정적인 말로 피드백 주기", "할 수 있다는 말로 응원하기" 등의 실천 방법을 제시할 수 있다.

❺ 모둠 토론이 끝나면 각 모둠의 대표가 나와 자신들이 선택한 요소와 실천 방법들을 발표한다. 이를 통해 학생들은 성공을 위한 실천 방법에 대해 다양하게 생각하며, 성공을 위해 필요한 요소들을 종합적으로 파악할 수 있다.

4단계 • 협력하며 너트 쌓기

❶ 모둠별로 너트와 너트 스틱을 제공한다.

'팀빌딩 투게더 너트 쌓기' 교구에는 너트가 30개씩 들어 있어서 모둠별로 한 개씩 나누어 줄 수 있다. 활동을 시작하기 전, 교사는 이전 토론에서 나온 모둠 성공을 위한 요소들을 다시 한번 확인하고 학생들에게 너트 쌓기 활동에 적용해 보도록 격려한다.

❷ 모둠별로 순서를 정하고 돌아가며 너트 쌓기를 시작하라고 안내한다. 각 모둠의 목표는 가능한 높고 안정적인 탑을 쌓는 것이다. 탑을 쌓다 보면 살짝 건드리거나 잘못 놓아도 탑이 무너진다. 이때 교사는 학생들에게 단순히 높이만을 추구하는 것이 아니라, 협력 과정 자체에 의미를 두도록 안내한다. 교사는 활동 중 모둠을 돌아다니며 협력하는 모습을 관찰하고, 필요시 적절한 조언을 제공한다.

❸ 활동이 끝난 후, 학급 전체가 활동에 대한 소감을 나눈다. 개인 활동과 비교하여 어떤 차이가 있었는지, 모둠의 성공을 위해 논의했던 요소들이 실제 활동에서 어떻게 적용되었는지, 그리고 이를 통해 무엇을 배웠는지 등을 이야기한다. 실제 학생들은 개인이 했을 때보다 모둠이 협력하여 너트를 쌓았을 때 더 높이 쌓는다. 이 활동을 통해 학생들은 협력의 중요성을 직접 체험하고, 공동체의 성공을 위해 필요한 요소들을 실제로 적용해 볼 수 있다.

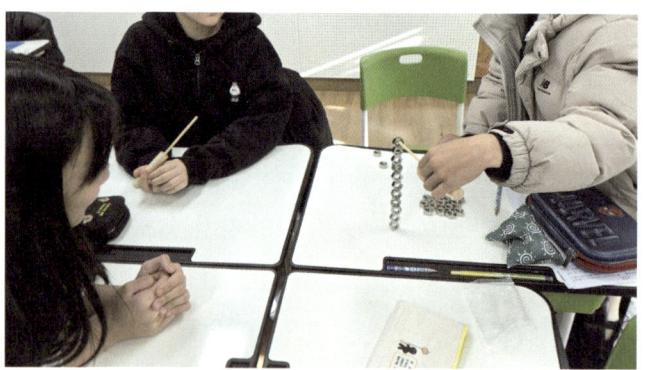

한마음 모아 너트 쌓기

하나 더! • 너트 타워 하나씩 빼기

'너트 타워 하나씩 빼기'는 신중한 의사결정, 모둠원 간의 효과적인 의사소통, 그리고 압박 상황에서의 집중력 등을 배울 수 있다.

❶ 정해진 수만큼 너트를 쌓는다. 처음에 각 모둠에게 너트 타워를 쌓을 시간을 10~15분 정도 준다.

❷ 모든 모둠의 타워가 완성되면 교사의 신호에 따라 시작한다. 모둠원들은 서로 의논하여 어떻게 너트를 제거해야 쓰러지지 않을지 전략을 세운다.

❸ 순서를 정해 돌아가며 한 번에 하나의 너트를 제거한다. 너트를 제거할 때는 너트 스틱만 사용할 수 있다. 다른 손으로 타워를 지지할 수 없으며, 너트를 제거할 때 타워가 무너지면 다시 너트를 쌓고 시작해야 한다.

❹ 가장 먼저 너트를 제거한 모둠이 승리한다.

협동 나무돌 쌓기

놀이 소개

'협동 나무돌 쌓기'는 나무돌을 위로 쌓으면서 협동에 대해 배우는 놀이이다. 높이 쌓기는 규칙이 간단하고 제한이 적어 누구나 참여할 수 있고, 도구와 참여 인원에 따라 난이도를 조절할 수 있어 공동체 놀이에 활용하기 좋다.

사람은 사회적 동물로 공동체 안에서 함께 살아야 한다. 더구나 요즘 같은 불확실한 시대에 마주하는 수많은 문제를 개인의 힘으로 해결하기는 어렵다. 혼자서 풀기 어려운 문제는 공동체와 같이 해결할 수밖에 없다. 공동체 구성원과 함께 문제를 해결하고 조화롭게 살아가려면 협동해야 한다. 협동은 일의 목적을 성취하려고 많은 사람이 힘을 모으고 마음을 하나로 하는 과정이다. 협동을 잘하려면 협동에 대한 과정을 배우고 익혀야 한다. 협동하는 과정에서 생길 수 있는 갈등 상황을 올바르게 판단할 수 있도록 배워야 모두를 위한 협동을 이룰 수 있다.

놀이를 활용하여 자연스럽게 협동의 단계를 익힌다면 생활 속에서도 협동을 실천할 수 있다.

그림책 만나기

빛나는 말, 힘 나는 말
고정욱 글, 릴리아 그림, 우리학교, 2024

『빛나는 말, 힘 나는 말』은 응원을 전하고 위로를 받을 수 있는 말을 포근한 그림으로 전하며 말의 힘을 느끼게 한다. 여러 사람이 함께 하나의 목표를 이루기 위해 협동할 때 말의 힘은 중요하다. 특히 포용적인 언어 사용은 함께하는 모두가 환영받고 존중받는다고 느끼게 한다. 놀이하는 과정에서 응원과 위로를 전하는 말은 포용성이 높은 공동체를 만든다. 이 공동체의 개인은 편안함을 느끼고 공동체의 일원으로 목표를 달성하기 위해 최선을 다하게 한다.

놀이 즐기기

 **준비물:** 나무돌 쌓기(학토재), 마스킹테이프, 네임펜

1단계 • 그림책 읽고 이야기 나누기

그림책에는 내 마음을 응원해 주는 힘 나는 말 11개와 우리를 반짝이게 하는 빛나는 말 11개가 실려 있다. 60쪽으로 분량이 많은 편이지만, 학생들이 공감할 만한 이야기에 힘 나는 말과 빛나는 말을 소개해 모두 집중하며 그림책을 읽는다.

그림책을 읽으면서 마음에 와닿는 말이나 계속 듣고 싶은 말이 있으면 메모하며 들으라고 안내한다. 빛나는 말과 힘 나는 말이 큰 글씨로 제목으로 쓰여있고, 그 말이 필요한 상황을 이야기로 설명하는 구성이라, 교사가 그림책을 읽는 동안 마음에 와닿는 말을 공책에 충분히 옮겨 쓸 수 있다.

그림책을 읽은 뒤 메모한 말 중 마음에 남았거나 인상 깊게 남은 말을 발표한다. 여러 말 중에 그 말을 고른 까닭도 함께 이야기 나눈다. 생각 외로 겹치지 않고 다양한 글을 들을 수 있어 그림책 내용을 다시 떠올리기 좋다. 그래도 가장 많이 나온

말은 "나랑 같이 놀자."와 "내일 또 놀자."였다. 친구랑 같이 놀 때 가장 신나고 즐거워 골랐다고 한다.

학생이 마음에 와닿은 말을 발표하면 교사는 그 말을 이용하여 학생에게 되돌려 준다. 예를 들어 "누구나 자기만의 속도가 있어."라고 발표한 학생에게 "누구나 자기만의 속도가 있어. 너도 너만의 속도로 하면 돼. 잘하고 있어."라고 피드백을 하면 교실에 따뜻함이 감돈다.

2단계 • 나무돌 쌓기

❶ 나무돌 쌓기 교구 사용법에 대해 안내한다. 학생들에게 나무돌을 나누어 주고 살펴볼 수 있는 시간을 준다. 교구 구성품 중 하나인 주사위의 용도도 알려 준다. 학생들이 나무돌을 살펴보는 동안 교사는 책상에 마스킹테이프를 붙인다.

❷ 학생들은 그림책에서 마음에 와닿은 글을 마스킹테이프에 쓴다. 마스킹테이프는 두세 번 떼었다 붙여도 접착력이 남아 있고, 흔적이 남지 않아 활용하기 좋다. 마스킹테이프에 글을 쓸 때 바른 글씨로 쓸 수 있도록 안내한다. 대충 쓴 글과 정성을 들여 쓴 글 중 어느 쪽이 더 자신의 마음을 잘 표현하는지 생각해 보자고 하면 학생들은 정성스럽게 글씨를 쓴다. 마스킹테이프에 글을 쓸 때는 네임펜을 사용하여 글이 눈에 잘 띄도록 한다.

❸ 주사위를 던져 내가 고를 나무돌 색깔을 정한다. 주사위에 나오는 색깔에 따라 빨강, 노랑, 파랑, 연두, 원목 색 나무돌을 고른다. 주사위에 'PASS'가 나오면 다시 던진다. 자신이 골라 온 나무돌에 아까 써 둔 마스킹테이프를 붙인다.

❹ 학급에서 평소에 사용하는 다양한 방법으로 나무돌을 쌓는 순서를 정한다. 순서대로 나와서 나무돌을 쌓는다. 자기가 쓴 글을 큰 소리로 말하며 나무돌을 쌓는다. 친구가 외친 말을 듣고 나머지 학생들은 그 말을 따라 외친다.

❺ 교실 가운데 책상 하나를 놓고 나무돌을 쌓을 공간을 마련한다. 정해진 차례대로 나와 나무돌을 쌓는다. 학급 전체 학생이 참여하는데, 나무돌을 쌓다가 무너지면 무너뜨린 그 학생부터 다시 쌓는다. 무너진 나무돌은 학생들이 안전하도록 책상 한쪽에 둔다. 학생들은 처음에 나무돌 쌓기를 쉽게 생각한다. 하지만 막상 나무돌

을 쌓아 보면 3개 쌓기도 쉽지 않음을 알게 된다.

마스킹테이프에 마음에 와닿은 글 쓰기

나무돌에 마스킹테이프 붙이기

나무돌 쌓기

3단계 • 협동 전략 세우기

학생들이 나무돌 쌓기를 어려워하는 그 순간, 협동이 필요하다는 사실을 인지시킨다. 혼자 하는 일에는 협동이 필요 없다. 협동은 다른 사람과의 관계에서 일어나며 개인이 잘하는 것뿐만 아니라 같은 목표로 묶인 공동체 구성원을 신뢰해야 한다. 그 신뢰를 바탕으로 구성원이 한 일에 대해서도 공동의 책임을 져야 한다. 나무돌 쌓기는 내가 잘 쌓는다고 목표를 달성할 수 있는 놀이가 아니다. 학급 구성원 모두가 잘해야 나무돌을 쌓을 수 있고, 누군가 무너뜨린 나무돌도 우리 모두의 책임이니 모두 서로를 도와줄 수 있어야 한다.

❶ 학생들에게 나무돌을 잘 쌓기 위해 우리에게 필요한 덕목이 무엇인지 묻는다. 학생들은 '협동'이 필요하다고 말한다. 학생들이 협동이라고 답하면, 교사는 협동의 의미를 설명한다. 협동이란 하나의 목표를 설정하고 이를 이루기 위해 서로 도우며 각자 맡은 역할을 충실히 수행하는 활동이라고 알려 준다.

❷ 모두가 도전할 수 있는 구체적인 목표를 정한다. 나무돌 쌓기 활동에서 우리의 목표가 무엇인지 함께 생각해 보며 목표를 명확히 인지하도록 돕는다.

❸ 목표를 달성하는 방법을 의논할 시간을 준다. 학생들에게 어떻게 하면 잘 쌓을 수 있을지 의논하면서 들고 있던 나무돌도 유심히 살필 수 있도록 안내한다. 다음 돌을 쌓아 올리기 힘든 모양의 나무돌을 가진 학생이 나무돌을 바꾸기를 원하면 교체할 시간을 준다.

❹ 새 마스킹테이프에 마음에 와닿은 문장을 다시 쓴다. 새 나무돌에 붙일 마스킹테이프를 책상에 붙인다. 나무돌을 교체한 학생에게는 새 테이프에 글을 쓰고 나무돌에 붙이라고 안내한다.

다른 색 마스킹테이프에 글 쓰기

새로 바꾼 나무돌에 마스킹테이프 붙이기

4단계 ● 협동 나무돌 쌓기

❶ 새롭게 정비한 나무돌을 준비한다.
❷ 2단계에서 안내한 그대로 놀이를 진행한다. 이번 단계에서는 학생들이 정한 구체적인 목표를 칠판에 써서 학생들에게 목표를 인지시킨다.
❸ 순서를 정하고 차례대로 나무돌을 쌓는다. 나무돌을 쌓을 때 마음에 와닿은 글을 큰 소리로 외친다. 다른 학생들도 따라 외친다.
❹ 나무돌이 무너지면 무너뜨린 학생부터 다시 쌓는다. 목표 개수만큼 나무돌이 쌓이면 스스로 목표를 높여 계속 도전한다.
❺ 다음 도전을 이어가다가 아슬아슬한 상황이 되면 친구에게 용기를 주기 위해 친구가 말한 빛나는 말을 외치며 친구를 둘러싼다.

협동 나무돌을 쌓으면서 학생들은 공동의 목표를 이루기 위해서는 서로의 의견을 경청하고 수용하는 의사소통 과정이 꼭 필요함을 깨닫는다. 더불어 서로를 도와가며 공동의 목표를 이루었을 때 공동체가 하나되는 벅찬 감동을 느낀다.

목표에 도달하는 순간

목표를 높여 도전하는 순간

하나 더! • 다양한 쌓기 놀이

2인 1조로 나무 쌓기

나무돌을 쌓을 때 2인 1조로 쌓아 보자. 처음에는 한 사람이 한 개의 나무돌을 쌓았다면 두 사람이 한 개의 나무돌을 쌓도록 놀이를 변형한다. 두 사람이 손을 잡고 손을 잡지 않은 손으로 나무돌을 잡아서 쌓는 것이다. 혼자 하는 것보다 많이 어렵지만 성공했을 때의 기쁨은 엄청나다.

역할 바꾸고 쌓기

2인 1조로 나무돌을 쌓을 때 각자의 역할을 변형할 수 있다. 한 사람은 눈을 감은 상태에서 나무돌을 만져 고르고, 다른 사람은 건네받은 나무돌을 쌓는다. 각자의 역할을 성실히 수행하여야 공통의 목표를 이룰 수 있기에 나무돌을 고르는 학생도 시간을 들여 신중하게 고르고, 나무돌을 쌓는 학생도 조심스럽게 쌓는다. 함께하는 재미를 느끼며 놀이를 즐긴다.

협동 컵 쌓기

놀이 소개

'협동 컵 쌓기'는 모둠원들이 함께 협동하여 컵을 쌓는 놀이다. 컵을 쌓아 올린다는 공동의 목표를 달성하기 위해서 모둠원은 서로 소통하며 여러 시행착오를 겪는다. 시행착오를 겪으며 모둠에서 가장 적절한 전략을 찾고, 소통하며 함께 문제를 해결하는 방법을 배울 수 있다. 컵을 쌓아 올린다는 단순한 목표로 인해 오히려 모둠원들과 소통하고 협력하는 방법을 잘 배울 수 있다.

협동 컵 쌓기에 필요한 교구들의 부피도 작고, 동그랗게 모여 앉아서 할 수 있는 놀이이기 때문에 교실에서도 충분히 할 수 있다. 놀이하는 컵 소재가 가벼운 플라스틱이므로 날씨의 영향을 받지 않는 교실이나 강당 등 실내가 적당하다.

그림책 만나기

컵? 컵!
수아현 글·그림, 시공주니어, 2021

모양과 색, 크기가 다양한 컵을 쌓는 내용을 담은 그림책이다. 책 속의 컵들이 자신을 소개하며 등장한다. "나는 넓은 컵이에요.", "나는 큰 컵이에요.", "나는 노란색 컵이에요." 이처럼 다양한 크기와 색 용도로 쓰인 컵들을 탑처럼 쌓기도 하고, 원래 컵의 용도를 반영하여 무언가를 담을 수 있도록 쌓기도 한다. 컵들이 다양한 모습으로 쌓이는 과정을 참고하여 학생들과 함께 협동 컵 쌓기를 어떤 모양으로 할지 정해 본다.

놀이 즐기기

 **준비물:** 스포츠 스태킹 컵 10개(모둠별), 팀빌딩 투게더 협력밴드(학토재) 모둠 수만큼

1단계 • 그림책 읽고 이야기 나누기

각 교실이나 강당 등 놀이 공간에 맞게 학생들을 6모둠 정도로 나눈다. 놀이하는 공간의 크기와 전체 학생 수를 고려하여 모둠 인원수를 조정한다. 한 모둠의 학생 수는 최소 3, 4명부터 많게는 7, 8명까지 가능하다. 협력 밴드를 여러 개 연결하면 한 모둠의 인원을 원하는 만큼 조절할 수도 있고, 한 사람당 배정되는 밴드의 수를 한 개 또는 두 개로 배정하여 규칙을 다양하게 만들 수 있다.

모둠끼리 모여 앉은 후 먼저 함께 그림책을 읽는다. 그림책 속에는 다양한 모양과 색을 가진 컵이 등장한다. 그림책 속의 컵에 착안하여 자신을 컵에 비유하면 어떤 컵인지, 왜 그렇게 생각하는지 이야기를 나눈다. 자연스럽게 이야기를 나누면서 서로에 대해서 알게 되어 이후 놀이 과정에서 서로 편안하게 의견을 교환할 수 있다. 그

다음 그림책 속에 다양한 컵들의 배열을 참고하여 모둠에서 어떤 모양으로 컵을 배치할지 미리 구상한다. 그림책 속에는 탑 모양과 트로피 모양의 컵 쌓기가 나온다. 모둠별로 스태킹 컵을 10개씩 제공한 후 그림책 내용을 참고하여 어떻게 컵 쌓기를 할지 구상한다. 모둠별로 다양하게 쌓으며 어떤 모습이 컵 쌓기에 좋을지 서로 이야기를 나누어 정한다.

2단계 ● 한 줄 탑 쌓기

❶ 그림책 속 첫 번째 컵 쌓기를 참고하여 탑처럼 쌓는다. 학생들은 협력 밴드로 함께 컵을 쌓는 것이 처음이므로 어려운 디자인보다 간단한 미션을 제공하는 것이 좋다.

❷ 모둠별로 나눠 준 10개의 컵을 바닥에 흩어 놓고, 이를 하나로 겹쳐서 쌓는다. 서로 일정한 힘을 주어야 고무밴드가 벌어져 컵을 놓을 수 있는데, 한쪽으로 기울지 않도록 동시에 당겨야 한다. 협력 밴드를 잘 조정할 수 있도록 서로 소통하는 것이 핵심이다.

 첫 번째 시도이므로 학생들이 익숙하게 컵을 옮길 수 있도록 충분한 시간을 준다. 모둠별로 격차가 있지만, 첫 번째로 컵을 함께 쌓는 단계이므로 잘 안 되는 모둠도 충분히 연습할 수 있도록 시간도 주고, 어려워하는 모둠은 다양한 시도와 전략을 찾도록 돕는다.

3단계 • 피라미드 모양으로 쌓기

첫 번째 줄에는 4개, 그 위쪽 두 번째 줄에는 3개, 그 위 세 번째 줄에는 2개, 마지막 네 번째 줄에는 1개로 쌓아서 피라미드 모양을 만든다. 위로 쌓아 올리면서 위치를 잘 맞추지 않으면 컵이 다 쏟아지므로 손으로 약간 조정하는 것은 허용한다.

❶ 다양한 전략

교사는 모둠별로 다양한 전략을 세우기 위해 서로 많은 이야기를 나눌 수 있도록 독려한다. 컵을 하나씩 움직여서 피라미드 모양을 만드는 모둠도 있고, 밴드를 좀 더 넓게 잡아서 2개의 컵을 한꺼번에 옮기려고 시도하는 모둠도 있다. 하나씩 옮기면 좀 더 정교하게 쌓을 수 있다. 2개씩 한꺼번에 옮긴 모둠은 처음에 익숙하기까지 시간이 걸리지만, 익숙해지면 빠른 속도로 탑을 쌓는다.

❷ 시간제한 점수

시간을 제한하여 컵 쌓기를 해도 좋고, 실패 횟수를 정한 후 그 이내로 쌓으면 3단계를 통과했다고 해도 좋다. 점수는 가장 먼저 성공한 모둠에게 높은 점수를 부여하는 방식으로 진행할 수 있다. 실제 컵 쌓기 놀이를 할 때는 단계별로 가장 먼저 성공한 모둠에게 가장 높은 점수를 부여하는 방식으로 진행하여 전체 놀이가 끝난 후 총 점수를 계산한다.

컵을 1개씩 옮기는 전략을 쓴 모둠

컵을 2개씩 옮기는 전략을 쓴 모둠

4단계 • 모둠별 다양한 모양으로 컵 쌓기

2, 3단계의 경험을 토대로 모둠에서 함께 쌓을 컵 모양을 정한다. 1단계에서 생각한 모양대로 쌓는 것도 좋지만 모둠원과 함께 이야기를 나누며 함께 쌓기 좋은 모양으로 바꿀 수 있도록 해도 괜찮다. 처음 구상한 컵 쌓기 모양에서 여러 단계를 거치며 생긴 노하우를 발휘할 수 있도록 모둠 안에서 함께 협력하여 쌓기 좋은 모습으로 바꾸어 진행한다.

단계가 높아질수록 자연스럽게 모둠 안에서 역할이 생긴다. 컵을 잘 잡을 수 있도록 바닥에 있는 컵을 가운데로 옮기는 학생, 주도적으로 모둠원들을 이끌며 구령을 넣는 학생, 중간에 컵이 쓰러져도 괜찮다고 말하며 모둠원들을 독려하는 학생, 컵 쌓기를 완성하면 손을 들어 교사에게 알리는 학생 등 목표를 달성하기 위해 역할이 나뉜다. 놀이를 통해 자연스럽게 서로 격려하며 협력하는 방법을 배우게 된다.

마지막 단계에서는 시간을 충분히 주어 각 모둠이 생각한 컵 쌓기를 할 수 있도록 하고, 서로 격려하며 성취감을 느끼도록 한다.

학기 초에 팀빌딩 프로그램으로 진행하면 좋다. 놀이를 통해 자연스럽게 서로 협력하며 친해질 수 있고, 협력하면서 관계성을 쌓을 수 있다. 함께 쌓아 올린 관계성을 바탕으로 교실에서 좀 더 편안하게 지낼 수 있을 것이다. 학생들과 활동을 한 후 놀이를 통해 느낀 점, 배운 점, 새롭게 알게 된 점 등 간단하게라도 소감을 나눈다. 서로의 경험을 공유하면서 단순한 놀이에서 다양한 성찰로 연결할 수 있으며, 소감을 들으며 함께 많은 것을 배울 수 있다. 하나의 경험으로 다양한 생각을 나누면서 조화롭게 살아가는 방법을 배우는 첫걸음을 뗀다.

하나 더! • 피라미드 컵 쌓기

학생들이 놀이에 익숙해지면, 이번에는 모둠끼리 모여서 단계를 높여 놀이를 진행해 본다. 총 6 모둠이 놀이에 참여했다면, 이번에는 두 모둠씩 총 3팀을 만들어서 놀이를 진행한다. 예를 들면 1·2 모둠을 A팀, 3·4 모둠을 B팀, 5·6 모둠을 C팀으로 구성한 후 팀별로 피라미드 모양으로 컵을 쌓는다. 팀별로 컵을 1개 더 제공하면 모둠별로 컵이 21개가 된다. 1층에 6개, 2층에 5개, 3층에 4개, 4층에 3개, 5층에 2개, 1층에 1개를 쌓아서 총 6층의 피라미드 컵 쌓기에 도전할 수 있다. 인원이 많을수록 협력이 더 중요해지므로 협력하는 여러 방법을 배울 수 있다.

협력 풍선 배구

놀이 소개

'협력 풍선 배구'는 자신을 힘들게 만드는 각종 고민들을 풍선에 불어 넣고 친구들과 함께 쳐서 올리면서 고민을 해소하는 놀이이다. 자신을 힘들게 만드는 요소들, 걱정거리가 되는 부분들을 풍선에 적은 뒤 짝꿍, 모둠원, 더 많은 친구들과 함께 배구 형식으로 그 고민을 해소한다.

혼자 생각할 때는 커져만 가던 고민이 친구들과 게임을 하면서 해결할 수 있는 것으로 변화한다. 혼자 하나의 고민거리를 해결하려고 애쓸 때와 비교해, 2명이 2개의 고민, 4명이 4개의 고민거리를 마주할 때 고민의 크기가 달라지는 것은 아니지만, 같은 고민을 가지고 있는 친구들끼리 공감하고 해결할 수 있는 자신감으로 성장할 수 있다.

그림책 만나기

한숨풍선
명하나 글·그림, 한림출판사, 2024

『한숨풍선』의 주인공 로은이는 동생이 태어나면서 반갑고 신기하기도 했지만, 시간이 지나면서 속상한 일들이 생기기 시작한다. 그럴 때 로은이는 한숨풍선에 속상한 일을 불어 넣는다. 그림책은 이렇게 일상에서 발생할 수 있는 속상한 일들을 풍선이라는 매체를 통해 해소하는 방법을 제시한다. 그림책의 로은이처럼 속상한 일을 풍선에 불어 넣고 친구들과 함께 협력 배구 놀이를 하면서 문제를 해결할 수 있다는 자신감을 가질 수 있다.

놀이 즐기기

 준비물: 풍선

1단계 • 그림책 읽고 이야기 나누기

그림책을 읽은 후, 학생들을 4명씩 모둠으로 나눈다. 각 모둠은 그림책 속에서 로은이가 속상해하는 부분들을 찾는다. 엄마가 어린 동생에게만 관심을 둬서 속상해하는 로은이의 모습을 찾고 로은이의 감정을 추측해 본다. 로은이의 감정을 추측한 뒤에는 자신에게 속상했던 일들을 이야기한다. 가정에서나 학교에서 속상했던 상황들을 떠올리면서 각자 속상했던 일을 이야기하고 서로 어떤 감정이었는지 추측하여 공감해 준다.

2단계 • 한숨풍선 불기

 1단계에서 나눈 속상했던 일을 생각하며 풍선을 분 뒤 그 일을 풍선에 적는다. 속상한 마음이 크다면 풍선을 더욱 크게 불어 조금이라도 그 마음이 해소되도록 돕는다. 자신을 속상하게 만드는 일을 공부, 학업, 학교라고 적는 학생도 있다. 사건 위주로 적도록 지도하면 학생들이 자신을 속상하게 했던 일을 구체적으로 쓴다. 이때 구체적인 사람보다는 사건 위주로 적는 것이 좋다. 사람을 적을 경우, 학급 친구와 관련된 일을 적을 수도 있어 갈등이 발생할 수 있다. 1인당 하나의 풍선에 1개씩 쓰도록 하지만, 속상한 일을 더 쓰고 싶다고 하면 풍선을 더 나눠 주고 속상한 일들을 기록하도록 한다.

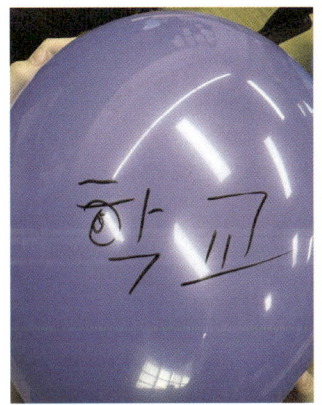
학교 때문에 속상한 학생

공부 때문에 속상한 학생

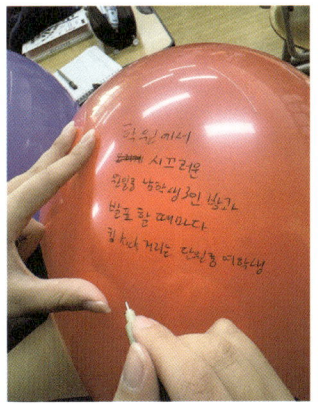
학원에서 겪은 일 때문에 속상한 학생

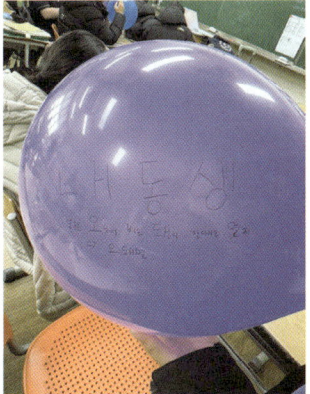
동생 때문에 속상한 학생

3단계 • 협력 풍선 배구

❶ 풍선을 각자 하늘 위로 3회 쳐서 올린 뒤 "해결된다!"라고 외친다.
❷ 두 사람이 양손을 맞잡고 풍선 두 개를 동시에 각각 3회씩 총 6회 하늘로 쳐서 올린 뒤 "해결된다!"라고 외친다.
❸ 4명이 모두 손을 맞잡고 풍선 4개를 각각 3회씩, 총 12회 하늘로 쳐서 올린 뒤 "해결된다!"라고 외친다.

 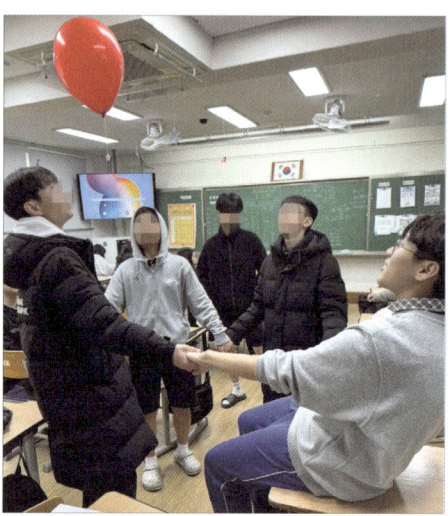

2명씩 손을 맞잡고 풍선 2개를 치는 사진   4명씩 손을 맞잡고 풍선 4개를 치는 사진

풍선을 친다고 문제가 해결되거나 속상한 마음이 사라지는 것은 아니다. 하지만 문제를 이전보다 가볍게 마주하게 되고, 친구들도 비슷한 상황을 겪고 있다는 사실과 함께 그 일을 해결해야 한다는 것을 아는 것만으로도 스스로 이겨낼 힘을 갖게 된다.

하나 더! • 걱정 터뜨리기

협력 풍선 배구를 한 뒤, 속상한 일들이 적힌 풍선을 배구 파트너와 함께 터뜨린다. 성향에 따라서 동성 친구끼리 세게 끌어안아서 큰 소리를 내며 터뜨리는 활동,

또는 풍선에 테이프를 붙인 자리에 바늘로 구멍을 내서 바람이 조금씩 빠져나가듯 속상한 일들이 조금씩 해소되기를 바라는 활동 모두 학생들이 좋아한다. 비슷한 종류의 일들로 속상한 친구들끼리 모여서 풍선을 터뜨리면 그 일이 좀 더 잘 해결되는 듯한 느낌을 받는다.

만약 풍선을 터뜨리는 소리를 불편해하는 학생이 있거나 바람이 조금씩 빠져나가는 방식이 조금 밋밋하다면, 풍선을 불기 전에 속상한 일들을 기록하고 풍선을 분 뒤 묶지 않고 날려버리기 활동을 해도 된다.

흔들탑 쌓기

놀이 소개

'흔들탑 쌓기'는 협동심과 창의력을 동시에 기를 수 있는 공동체 놀이로, 팀의 목표를 달성하기 위해 노력하는 활동이다. 이 놀이는 팀과 의견을 나누고 조율할 때 타인의 의견을 존중하면서 공동의 목표를 이루는 협력적 소통 역량을 기르도록 해 준다. 아울러 제한된 자원과 규칙 속에서 새로운 방법으로 탑을 쌓고 협동 문구 만들기를 체험하면서 창의적 사고 역량을 함양하는 데 중점을 둔다.

또한 학생들은 배려와 나눔, 협력의 덕목을 실질적으로 경험하고, 놀이 과정을 통해 자연스럽게 자신감을 키우고 자기 주도적 태도를 키울 수 있다. '흔들탑 쌓기'는 전인적 성장과 공동체 의식을 경험할 수 있는 놀이다.

그림책 만나기

특종! 쌓기의 달인
노인경 글·그림, 문학동네, 2024

이유나 목적 없이 순간의 즐거움에 집중하여 다양한 물건을 쌓으며 몰입하는 아이들의 놀이 본능을 담은 그림책이다. 이 과정은 실패와 무너짐을 두려워하지 않고 다시 도전하며 창의성과 성취감을 키운다. '흔들탑 쌓기 놀이'도 그림책의 내용처럼 새로운 방식으로 도전하는 과정을 통해 성취와 협력을 경험하며 창의적 사고를 강조한다. 그림책과 놀이를 통해 학생들은 실패를 극복하고 열린 마음으로 세상을 바라보는 태도를 배운다.

놀이 즐기기

 **준비물:** 빈 카드 8장(모둠별), 나무 블록, 흔들탑 쌓기 교구(학토재), 질문 카드

1단계 ● 그림책 읽고 이야기 나누기

그림책을 읽을 때 비둘기 기자의 질문에 어떤 답을 했을지 상상하면서 읽는다. 또는 역할을 맡아서 직접 인터뷰하는 것처럼 읽어 본다. 책을 읽은 후 가장 재미있거나 인상 깊었던 장면과 책에서 쌓기에 활용한 물건이 무엇이었는지, 무엇으로 쌓기를 해 보고 싶은지 등 이야기를 나눈다.

2단계 ● 흔들탑 쌓기에 필요한 덕목 찾기

나무 블록으로 높이 쌓기 놀이를 한 후, 탑을 함께 쌓을 때 필요한 덕목이 무엇인지 모둠별로 논의한다.

나무 블록 쌓기

논의한 것을 바탕으로 모둠별로 두 글자로 된 덕목을 4개씩 정하고, 각 글자를 빈 카드에 한 글자씩 적어 총 8장의 카드를 만든다. 이 같은 활동을 하면서 협력적 소통 역량을 발휘하며 역할 분담과 의견 조율 방법을 자연스럽게 배운다.

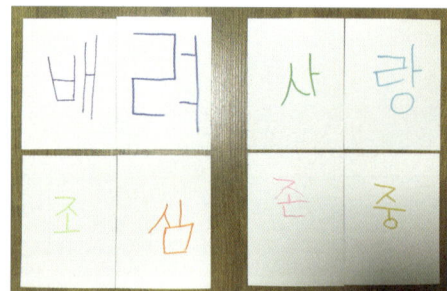 

흔들탑 쌓기에 필요한 덕목 카드 쓰기

3단계 • 탑 쌓기 놀이하기

흔들탑 쌓기 교구는 원목 반구 1개, 원목 조각 6개, 원목 캐릭터 1개, 원목 주사위 1개로 구성되어 있다. 반구 원목 위에 원목 조각 7개를 균형을 잡아 쌓아 올리는 중심 잡기 놀이 교구이다.

❶ 모둠별로 반구 위에 원목을 쌓는다. 어떻게 쌓으면 좋을지 논의하면서 좋은 방법을 찾는다. 한쪽에는 흔들탑 쌓는 책상을 놓고, 반대편에는 흔들탑 교구와 모둠별로 쓴 덕목 카드를 순서에 상관없이 뒤집어 놓는다.

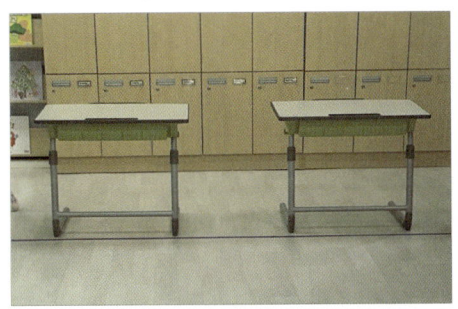
흔들탑 쌓는 책상

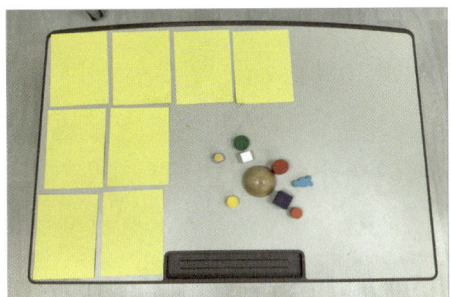
흔들탑 교구와 모둠별 쓴 덕목 카드

❷ 모둠별로 순번을 정한다. 처음 학생은 반구 원목을 갖다 놓고, 다시 반대편에 가서 카드 한 장을 가지고 온다. 글자는 탑 쌓는 곳에 보이게 놓는다.

❸ 다음 차례 학생은 쌓을 원목을 골라서 반원 위에 올리고, 성공하면 다시 가서 글자 카드를 들고 와서 덕목 낱말을 완성한다.

❹ 모든 원목을 가져와서 떨어지지 않게 쌓고, 글자도 모두 맞히면 놀이가 끝난다. 중간에 원목이 무너지는 경우 처음부터 쌓아 놓고 글자 카드를 갖고 온다. 실패하면 전략을 수정하고 협력하면서 자기주도 역량과 창의적 사고 역량을 기른다.

흔들탑 쌓기

흔들탑 쌓기와 덕목 카드 맞히기 완성

4단계 • 흔들탑 쌓기 변형 놀이

흔들탑 쌓기를 응용하여 원목 주사위를 굴려서 나온 색상의 원목 조각으로 흔들탑을 쌓는다. 모둠별로 첫 번째 학생은 원목 반구를 갖다 놓는다. 그리고 원목 주사위를 굴린 후 주사위에 나온 색상을 큰 소리로 말한다. 다음 학생은 그 색상 조각을 갖고 와서 탑을 쌓는다.

　탑 쌓기 활동이 끝나면 그림책에 나온 비둘기 기자의 질문을 뽑아 친구들과 인터뷰 놀이를 한다. 질문 카드를 가지고 일대일로 만나, 서로 묻고 답한 후 질문 카드를 교환한다. 교환한 카드를 가지고 다른 친구를 만나서 질문하고 답하는 것을 정해진 시간 동안에 반복한다. 이런 과정을 통해 공동체 의식을 느끼고 팀원 간 배려와 존중을 배운다.

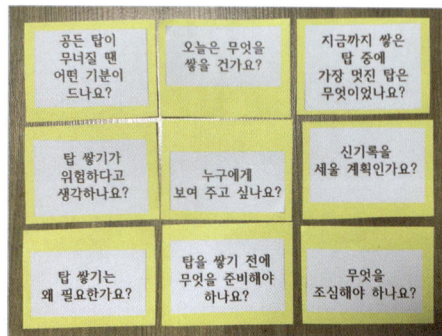

질문 카드

질문 카드로 인터뷰하기

하나 더! • 미션 탑 쌓기 놀이

❶ 탑 쌓기 미션 카드를 뽑는다. 미션은 '한 손으로만 블록 쌓기', '30초 안에 3개 쌓기', '상대 팀이 말한 조각으로 탑 쌓기', '2분 동안 쌓기' 등이 있다.

❷ 탑을 쌓은 후, 탑에 이름을 붙이고 탑에 관한 스토리를 만든다. 이 활동에서 표현력과 창의성을 기를 수 있다.

❸ 놀이에 필요한 덕목을 카드에 적고, 놀이할 때 그 덕목을 보여 준 친구를 찾아가 칭찬하고 덕목 카드를 전해 준다.

❹ 탑을 쌓기 위해 좋은 방법을 발표하고 활동 과정에서 느낀 점을 나눈다. 이를 통해 문제 해결력과 의사소통 능력을 기를 수 있다.

그림책 공동체 놀이 50

초판 1쇄 인쇄 2025년 4월 2일
초판 1쇄 발행 2025년 4월 9일

지은이	그림책사랑교사모임
펴낸이	하태민
책임편집	김유진
디자인	오성민
펴낸곳	(주)학토재
출판등록	2013-000011호
주소	서울시 송파구 법원로 114
전화	02-571-3479
팩스	02-571-3478
홈페이지	www.happyedumall.com
전자우편	haktojae@happyedumall.com

ISBN 979-11-93693-31-5 13370
ⓒ 2025, 그림책사랑교사모임 All rights reserved.

※ 이 책은 저작권법에 따라 보호받는 저작물이므로 무단 전재와 무단 복제를 금지하며,
이 책의 내용을 전부 또는 일부를 이용하려면 반드시 저작권자와 도서출판 학토재의 서면 동의를 받아야 합니다.